经济发展"新常态"理论与创新

首届全国数量经济技术经济研究
博士后论坛文集

THEORY AND INNOVATION
ON ECONOMIC NEW NORMAL DEVELOPMENT

Symposium of the First National Quantitative
Economics and Technological
Economics Research Postdoc Forum

主 编
张冠梓 李富强 李 平

社会科学文献出版社
SOCIAL SCIENCES ACADEMIC PRESS (CHINA)

目 录

附　录

专题报告

用现代马克思主义政治经济学评析
经济"新常态"

程恩富 [*]

摘　要：进入 2015 年以来的中国经济运行，初步表现出新常态经济提质增效的实质特征。本文基于现代马克思主义政治经济学观点，在"认识新常态、适应新常态、引领新常态、探索新常态"这一经济发展的逻辑框架下，结合 2015 年以来的经济运行状况，从经济增长、自主创新、产业结构、生态环境、区域协调、改善民生、混合所有制、金融发展、市场与政府的协同作用、搞好适度扩大需求和供给侧结构性改革等十个角度，对当前和近期国民经济发展进行评论与展望。

关键词：马克思主义政治经济学　经济"新常态"　宏观经济发展　经济结构　经济改革

进入 2015 年以来，中国经济是以新常态运行的。这种新常态是近年来中国经济新呈现出来的稳定发展态势。当前和今后一个时期，中国经济发展需准确把握"认识新常态、适应新常态、引领新常态、探索新常态"这一经济发展的大逻辑。

---

　　* 程恩富，中国社会科学院学部委员、学部主席团成员兼马克思主义研究学部主任、经济社会发展研究中心主任、教授，世界政治经济学学会会长、中华外国经济学说研究会会长、全国社会主义经济规律系统研究会会长，主要从事中外经济学研究。

本文将结合 2015 年以来的经济运行状况，运用现代马克思主义政治经济学观点，对近期国民经济发展进行评论与展望。

一　必须继续确保 6.5%~7.5% 的中高速增长

中国经济新常态基本特征是，经济以中高速增长。而经济向新常态的转变，是各种规律和政策掌控共同作用的良好结果，是一个逐步渐进的过程。2002~2011 年，中国国内生产总值一直以每年 9% 以上的高速度增长[①]。其中，2002~2007 年和 2010 年 7 个年份国内生产总值的增长速度则在 10% 以上，而 2007 年国内生产总值增长速度最高，达 14.2%。但是，2012 年以来，国内生产总值一直以低于 8% 的中高速度增长。2012 年和 2013 年增长速度均为 7.7%，2014 年的增长速度为 7.4%，2015 年的增长速度为 6.9%，2016 年上半年的增长速度达到 6.7%。在全球经济体中，经济增长位居前列。根据国际货币基金组织公布的数据，中国经济对全球经济增长的贡献率超过 25%，仍然是全球经济增长的最重要动力。

进入新常态后，虽然中国经济增长速度低于此前的高速阶段，但经济增长量仍然接近或超过高速阶段。在经济发展的不同阶段，相同或接近的经济增长量代表的经济增长速度存在较大差异。在经济规模较小阶段，同样的增长量代表较高的增长速度；而在经济规模较大阶段，同样的增长量代表较低的增长速度。2007 年 GDP 总量为 268631 亿元，比 2006 年增加 51384.4 亿元，其增长速度已高达 14.2%；2014 年 GDP 总量为 634367.3 亿元，比 2013 年增加 51170.6 亿元，其增长速度却只有 7.4%。

除了经济增长速度的变化以外，中国经济"新常态"还包含 GDP 指标无法直接反映的质量和效益方面的常态性变化。一是经济发展方式从规模速度型粗放增

---

① 本文引用的统计数据，如无特别说明，均来自于国家统计局网站 http://data.stats.gov.cn。

长转向质量效率型集约增长。2011~2014 年，年度单位国内生产总值能耗的下降幅度分别为 2.0%、3.6%、3.7% 和 4.8%。2015 年，单位国内生产总值能耗的降幅则达到 5.6%。二是经济结构从增量扩能为主转向调整存量、做优增量并存的深度调整。在产业结构方面，2013 年第三产业增加值占国内生产总值的比重第一次超过第二产业，2014 年这一比重高于第二产业 5.6 个百分点，2015 年这一比重达到 50.5%，高于第二产业 10.0 个百分点。在需求结构方面，内需成为拉动经济增长的决定性力量。2011~2014 年，最终消费支出对国内生产总值增长贡献率分别为 62.8%、56.5%、48.2% 和 51.6%；资本形成总额对国内生产总值增长贡献率分别为 45.4%、41.8%、54.2% 和 46.7%。经初步核算，2015 年最终消费支出对国内生产总值增长的贡献率达到 66.4%。三是经济发展动力由要素驱动、投资驱动等传统增长点转向以创新驱动为代表的新增长点。中国国内发明专利申请授权量由 2004 年的 18241 项上升至 2014 年的 162680 项。在规模以上工业中，2014 年高技术产业增长 12.3%，所占比重为 10.6%。经初步核算，2015 年高技术产业增长 10.2%，在规模以上工业中所占比重达到 11.8%。

二 实施自主知识产权战略，加速创新型国家建设

在新常态下，科学技术创新成为经济发展的第一驱动力。从广义上讲，生产关系领域或上层建筑领域的改革是促进生产力发展的重要动力。而科学技术本身就属于生产力中的渗透性要素。科学技术使人们能够在认识和掌握自然规律的基础上创造和开发新的生产力[1]。科学技术的创新是生产力发展的集中体现。正如习近平所指出的，创新是引领发展的第一动力[2]。

---

① 杨承训、承谕：《资源配置向"自觉化"演进："三元机制"——学习恩格斯〈自然辩证法〉的再思考》，《海派经济学》2015 年第 4 期。

② 《当好改革开放排头兵创新发展先行者 为构建开放型经济新体制探索新路》，《人民日报》2015 年 3 月 6 日。

　　自主知识产权战略是以科技创新驱动经济发展的核心内容。首先，重要领域的核心技术创新是一个国家在国际竞争中占据发展先机的关键。历史上，一些国家凭借自身在一些重要领域掌握的核心技术占据发展先机而成为强国。而核心技术不可能通过国外技术转让而获取，只能依靠自主创新。其次，核心技术的自主创新既是企业获取合理商业利润的基础，也是国家安全的保障。例如，美国凭借对芯片核心技术的掌握垄断了对现代社会具有重要影响的信息技术，不仅获得了自主创新带来的技术垄断利润，而且把握了信息安全的制高点和主动权。中国企业由于受制于美国对芯片核心技术的垄断，只能从事相关生产领域的外围产品生产。这些企业获取的利润在制成品总利润中的份额极低。据统计，全球超过 70%的手机由中国制造，但只有不到 3% 的手机用的是中国芯片[①]。因此，只有在重要领域进行核心技术的自主创新，中国才能实现国家的富强和安全。正如习近平所指出的，实施创新驱动发展战略，根本在于增强自主创新能力[②]，而有钱买不来核心技术，市场也换不来核心技术。

　　在经济新常态下，中国要以自主知识产权战略为重点加速推进创新型国家建设。一是全面实施以中国特色自主创新为核心的创新驱动发展战略。一方面，经济增长要更多地依靠产业化创新，将创新成果转化为实际产业活动，从而不断培育和形成新的增长点。另一方面，中国要通过完善科学技术创新相关的法律、法规和政策来保护和激励创新主体的创新活动，并培育市场化的创新机制，从而充分发挥政府、企业、科研单位、教育部门和劳动者个人在人力资本质量提高、科学技术进步等方面的积极作用。二是要根据每个产业的自主创新能力来具体确定该产业对外开放的程度和速度，从而为该产业提高自主创新能力营造较为宽松的环境。

---

　　① 胡化凯：《把核心技术掌握在自己手中》，《人民日报》2015 年 8 月 2 日。
　　② 《当好改革开放排头兵创新发展先行者 为构建开放型经济新体制探索新路》，《人民日报》2015 年 3 月 6 日。

三 加大产业结构合理化和高级化调整

现代庸俗经济学妄言"政府不需要产业政策",这是极其错误的新自由主义极端思路。新常态下产业结构的合理化和高级化,就是要在化解产能过剩的基础上促进产业之间在较高技术层次上的协调发展。一是要推进生产能力过剩的化解。过去的大规模投资在很多行业形成了较为严重的过剩生产能力。一方面,这些过剩产能使相关企业由于产品滞销而出现效益下滑、亏损甚至破产。另一方面,这些过剩产能大多是以粗放型生产技术为载体,不仅会带来资源能源的低效率消耗,而且容易引起较为严重的环境污染。因此,化解过剩产能是新常态下经济提质增效的内在要求。一般而言,化解过剩产能的方式主要包括转产、兼并重组等。而化解过剩产能的具体方式应以各地区、各行业的实际产业状况来确定。①二是要推进产业之间的协调发展。产业分工出现以来,各产业并不是独立运行的,而是密切联系、相互支撑的。其中,农业是国民经济的基础,为其他产业的发展提供必需的生活资料和原材料;工业不仅能够创造和蓄积物质财富,而且是科技创新的实现载体和必备工具,为其他产业的发展提供必要的技术支撑;服务业,尤其是生产性服务业,为其他产业生产效率的提高提供服务保障。因此,新常态的产业发展,不能片面发展某一产业,而应该促进各产业之间的协调与平衡。三是要提高各产业的科学技术水平。其中,农业部门要通过推进农业科学技术的创新与推广、完善农业支持保护的政策体系、培养具有较高科技素质的新型职业农民、提升农业技术服务水平等措施,提高农业的生产效率和可持续性发展;工业部门要通过技术创新来改造现有生产能力和装备的新增生产能力,从而推进工业生产从粗放型模式向以绿色化、精致化、高端化、信息化和服务化为主要内

---

① 张树俊:《转型升级:建构新型产业结构体系路径研究——以江苏省兴化市转变发展方式实践为样本》,《管理学刊》2015 年第 1 期。

容的集约型模式转变；服务业部门要通过不断改进服务质量、提升服务能力，既服务于人民生活的改善，又服务于劳动生产率的提高。

四　从严保护生态环境，高效利用自然资源

保护生态环境和高效利用自然资源是新常态下经济发展的应有之义。新常态下经济发展以提高经济发展的质效和改善民生为中心。在进入新常态以前的较长时期内，中国是以规模速度型粗放增长为主的经济发展方式，使能源资源和生态环境的承载能力已经达到或接近上限。这种状况在局部地区的表现尤为严重。它不仅是经济发展质量较差、效益较低的反映，而且直接破坏了人民的生存环境。在新常态下，只有从严保护生态环境、高效利用自然资源，且中央政府不拖欠已定的每年环保投入（相当于 GDP 的 1.5%），这种状况才能从根本上得到缓解，从而既提高经济发展的质量和效益，又改善人民的生活环境。

在新常态下，从严保护生态环境、高效利用自然资源，就是要求经济发展遵循人与自然之间矛盾运动的客观发展规律，从而实现经济发展与生态环境保护的和谐统一。

一是在全社会范围内牢固树立人与自然和谐发展的生态文明理念。这就要求在认识和理解自然界规律的基础上，辩证看待经济发展与生态环境保护之间的关系，从而使善待自然、顺应自然和保护自然的理念在全社会范围内深入人心。其中，不断深化对自然界发展规律的认识和理解是树立生态文明理念的前提。正如恩格斯所强调的，"我们一天天地学会更加正确地理解自然规律，学会认识我们对自然界的惯常行程的干涉所引起的比较近或比较远的影响"[①]。而辩证看待经济发展与生态环境保护之间的关系是树立生态文明理念的关键。经济发展与生态环境保护构成对立统一的矛盾关系。两者的统一性是矛盾的主要方面，主要表现为"保

---

① 恩格斯:《自然辩证法》，人民出版社，1971，第 159 页。

护生态环境就是保护生产力、改善生态环境就是发展生产力"[①]。两者的对立性是矛盾的次要方面，主要体现在，没有遵循自然规律而片面追求短期利益与局部利益的经济发展，将以生态环境的破坏为代价。二是推进生态文明制度的完善与执行。首先，要完善和执行环境保护的相关法律法规。在《环境保护法》、《大气污染防治法》以及《污染防治行动计划》等相关的环境保护法律法规不断健全和完善的条件下，政府、企业、公众都要依法履行各自在生态环境保护方面的责任、权力（利）与义务。其次，建立健全包括生态环境评价在内的各级政府行政绩效考核制度。这种行政绩效评价体系，不仅要考核经济发展的速度，更要考核资源消耗、环境损害、生态效益等经济发展的质量指标与效益指标。

五　加速区域经济的协调发展

区域经济的协调发展，是新常态下整体性、结构性提高经济发展质量的内在要求。经济的区域结构是产业结构、对外开放、生态环境、资本、劳动力、居民生活等经济变量在空间上的展开。因此，区域经济的协调发展，对于顺利实现产业结构升级、对外开放层次提升、环境保护、资本与劳动力的合理流动、人民生活水平提高等新常态下经济发展的质量目标与效益目标，具有全局性战略意义。

区域经济的协调发展，就是要从全局角度统筹协调各区域的经济发展战略。目前中国已启动实施"一带一路"倡议和京津冀协同发展、长江经济带、西部大开发、东北老工业基地振兴等一批重点区域发展战略。新常态下的经济发展要从全局角度促进这些战略的有机融合，推进经济区之间的优势互补与良性互动。一是推进区域间基础设施的互联互通。由于中国是幅员辽阔的大国，各区域的自然禀赋、人文环境、人口数量与质量等条件差异较大，区域经济发展战略的有机融

---

① 《坚持节约资源和保护环境基本国策　努力走向社会主义生态文明新时代》，《人民日报》2013年5月25日。

合，离不开区域之间商品、资金、人员、信息等的有序流动。这就需要通过交通、金融、通信、物流等基础设施在区域之间的互联互通来构建覆盖全国、迅捷高效的立体式基础设施网络体系。二是推进区域间经济管理制度的衔接与协调。区域经济发展战略的有机融合，离不开生产要素在区域间的自由流动。这就需要通过全局性的统筹协调与改革来推进区域间财税制度、户籍制度、公共服务供给制度、社会保障制度等经济管理制度的衔接与协调，从而逐渐消除区域间要素流动的体制机制障碍。三是推进区域间生态环境保护的统筹协调。根据开发方式，中国将国土空间分为优化开发、重点开发、限制开发和禁止开发等四类主体功能区。[①]区域经济发展战略的有机融合，需要根据中国主体功能区规划统筹协调、分类指导各区域国土空间的开发。新常态下的经济发展要依据各经济区域的主体功能定位，推进当地经济发展与人口调节和国土空间开发的有机结合，从而实现区域经济的可持续发展。四是推进区域间对外开放战略的统筹协调。中国各区域的发展战略都在不同程度上包含了对外开放的内容。区域经济发展战略的有机融合，要求各区域根据国家的总体发展战略部署以及本区域的区位优势，在突出区域特色的基础上确定本区域对外开放的重点领域、范围、速度和程度。

六　改善民生就是发展，谋划六大领域发展

从改善民生就是发展的战略高度来谋划财富和收入分配、就业、医疗、住房、教育、扶贫、食药品安全、社会保障等八大领域的发展，是新常态下经济发展的根本价值导向。社会主义经济发展的最终目标是以共同富裕为基础的生活质量持续提高。而财富和收入分配、就业、医疗、住房、教育、社会保障等六大领域是人民生活质量的最直接体现。"改善民生就是发展"的价值导向，与社会主义经济发展的根本目的是内在统一的。

---

① 　张汉飞：《打造空间经济新格局》，《人民日报》2015 年 4 月 20 日。

提升经济新常态，从改善民生就是发展的战略高度来谋划六大领域发展，必须加速健全和完善相应的体制机制。其中，最为关键的是两大体制机制。

一是按劳分配为主体的分配制度体系。首先，坚持和完善公有制经济中的按劳分配制度。公有制生产单位要通过分配制度的完善，来确定积累与消费之间较为适当的比例，以确保劳动报酬在初次分配中的合理比重，促进劳动报酬增长与劳动生产率提高同步。其次，坚持和完善政府对财富和收入的调节制度。在初次分配领域，政府要通过对收入分配的相关法律法规的完善和执行，科学调节收入和财富的分配。在再分配领域，政府通过完善税收制度来调节高收入群体的过高收入，通过完善转移支付制度来提高低收入群体的收入，并通过完善法律制度来取缔非法收入。在收入分配结构方面，城乡居民收入差距已有缩小的迹象。2014年城乡居民人均可支配收入倍差 2.75，比上年缩小 0.06；2015 年城乡居民人均可支配收入倍差 2.73，比上年缩小 0.02。但是，中国总体收入差距仍然较大。2015年全国居民收入基尼系数仍高达 0.462。

二是在就业、医疗、住房、教育、扶贫、社会保障等领域建立提供底线保障的基本公共服务体系。这些领域的基本公共服务要以服务均等化为主要目标，这一目标的核心是机会均等。这种机会均等既包括区域之间的机会均等，也包括群体之间的机会均等。

七　重点发展公有资本控股的混合所有制

重点发展公有资本控股的混合所有制，是新常态下"理直气壮地、坚定不移地做强做优做大国有企业"（习近平四次强调）的根本途径。一方面，公有资本控股的混合所有制，能够在公有制为主体的前提下在企业内部形成公有股份与非公有股份相互监督、相互激励、有机融合的利益共同体，从而激发企业的活力，并提高企业的生产效率。另一方面，公有资本控股的混合所有制，能够通过降低私人剩余价值规律的负面作用而有效缓解经济发展的剧烈波动。①

　　新常态要求重点发展公有资本控股的混合所有制，需努力做好以下几方面工作。一是要防止国有资产流失。中央通过专项巡视发现，一些国有企业的干部以改革为名，打着建立现代企业制度的旗号，通过贱卖贵买、予取予求来侵吞国有资产。防止发展混合所有制过程中的国有资产流失，要通过人大立法来强化包括企业内部监督、出资人监督和审计、纪检巡视监督以及社会监督在内的全面覆盖、分工明确、协同配合、制约有力的国有资产监督制度体系。二是通过双向参股或控股来发展公有资本控股的混合所有制。公有资本控股的混合所有制，既可以通过非公资本参股国有资本来实现，也可以通过国有资本等公有资本控股非公资本来实现。具体实现方式可根据各地区各行业的实际状况来确定。三是要与科技发展趋势紧密结合。发展公有资本控股的混合所有制，不能局限于传统的投资领域。在经济新常态下，无论是亟待优化升级的传统产业，还是新兴产业和服务业，都要坚持发展公有资本控股制为主体的混合所有制，以便贯彻落实习近平关于国有企业改革的"三个有利于"，即要有利于国有资本保值增值，有利于提高国有经济竞争力，有利于放大国有资本功能。

八　金融发展要确立服务实体经济和富民强国的思路

　　金融发展服务于实体经济和富民强国，是新常态下经济平稳运行的前提条件。服务于实体经济是金融的基本职能。这一职能正常发挥作用的条件是金融发展的速度和水平与实体经济相适应。金融业发展滞后于实体经济，就不能为实体经济发展提供足够的资金支持，从而阻碍实体经济的发展；金融业发展超前于实体经济，则会使金融风险不断积累，在金融监管缺位的情况下最终将导致金融危机和经济危机。②因此，与基于新自由主义的"金融深化论"相对应的马克思主义政治

---

① 高建昆、程恩富：《论中国经济新常态下的价值导向》，《探索》2015 年第 1 期。
② 张明：《警惕金融业过度发展》，《人民日报》2015 年 5 月 28 日。

经济学视域下的金融理论，应是"金融实化论"。

新常态下金融发展服务于实体经济和富民强国，需重点做好以下几方面工作。一是要防止外国资本在中国形成金融垄断。外国资本在中国的金融垄断，不仅会攫取大量的金融垄断利润，而且会使中国失去经济自主权和国家安全屏障。新常态下防止外资的金融垄断，要求中国在发展混合所有制的过程中，通过法律手段严格限定外国资本在商业金融机构的参股比例和参股条件。二是要谨慎对待并充分论证资本项目开放的问题。资本项目管制是防止外国资本冲击国内经济发展的有效手段。资本项目开放的程度和速度要与国内资本市场的抗风险能力和金融监管部门的监管能力相适应。三是加快金融市场的事先、事中和事后全过程的监管，特别是加强以有效治理股灾为重点的股市监管法制和能力建设。一方面，人大要完善金融市场监管的法律制度体系，使法制建设与金融市场发展实践相适应；另一方面，金融监管部门要在监管人员素质、监管技术、监管机制等方面不断提高监管能力。

九　协同发挥好市场和政府的双重调节作用

协同发挥好市场和政府的双重调节作用，是新常态下经济高效运行的基本机制。在资源配置中，政府与市场能够实现功能上的良性互补、效应上的协同、机制上的背反。其中，机制上的背反，指的是市场通过价值规律来自发调节配置资源而实现短期利益和局部利益，而政府通过专业职能机构来主动规划配置资源以实现长远利益和整体利益。①

新常态下的经济发展，需要坚持将市场在一般资源配置中的决定性作用与政府在重要资源配置中的导向性作用有机结合起来。一是要充分发挥市场在一般资源配置中的决定性作用。市场通过商品价格的波动调节商品的供给和需求，进而

---

① 程恩富：《构建"以市场调节为基础、以国家调节为主导"的新型调节机制》，《财经研究》1990年第12期。

影响商品生产者和消费者的经济行为，从而实现对生产资源和消费资源的配置。市场调节资源配置的功能具有两面性。市场的功能强点主要包括资源短期配置功能、微观均衡功能、信号传递功能、技术创新功能和局部利益驱动功能，而这些功能强点同时构成了市场的调节目标偏差、调节速度缓慢、调节成本昂贵、调节程度有限、技术垄断、负外部效应等功能弱点。在一般资源的短期调节领域和局部调节领域，市场调节资源配置的功能强点处于支配地位，从而使市场能够有效发挥配置资源的作用；在一些重要特殊资源的长期调节领域与全局调节领域，市场调节资源配置的功能弱点处于支配地位，从而使市场配置资源的作用处于失灵状态。在市场能够有效发挥作用的领域，市场调节规律对资源配置的自发调节，而实现商品生产者之间的短期利益和局部利益。在这些领域，政府要通过简政放权来充分发挥市场在一般资源配置中的决定性作用，从而激发各类市场主体的活力，增强创新驱动的动力，构建现代产业体系以及培育开放型经济发展的新优势。二是要充分发挥政府在重要特殊资源配置中的导向性作用。政府运用经济、法律、行政、劝导等国家政权手段，自觉利用社会大生产发展的客观规律，根据社会生产的实际运行状况和发展态势，预先制定社会生产的总体规划，并科学合理地调节社会总劳动在各生产部门的分配。政府调节资源配置的功能也具有两面性。政府的功能强点主要包括宏观制衡功能、结构协调功能、竞争保护功能、效益优化功能和收入再分配功能等，政府调节可能出现的功能弱点主要有调节偏好主观、调节转换迟钝、调节政策内耗、调节动力匮乏等。政府能够有效发挥调节作用的领域，恰恰是市场失灵状况较为严重的领域，这些领域主要包括：宏观调控、微观规制以及公共产品供给等直接矫正市场失灵的领域；地藏资源等特殊资源的直接配置领域以及许多一般资源的长期配置领域；教育、文化等非物质资源的配置领域；财富和收入的再分配领域。在这些领域，政府能够通过专业职能机构主动规划配置资源以实现整个社会的长远利益和整体利益。因此，政府要充分发挥自身对资源的长远性、整体性规划配置作用，以化解新常态下的各类经济风险，促进国民经济稳中求进的良性发展。

十　搞好适度扩大需求和供给侧结构性改革

《中华人民共和国国民经济和社会发展第十三个五年规划纲要》指出："必须以提高供给体系的质量和效率为目标。"可以说，这是发展主线的精炼表述。可以把投资需求、消费需求和净出口增长这"三驾马车"构成的需求侧改革、发展和管理，与要素供给、结构供给和科技创新的"新三驾马车"构成的供给侧改革、发展和管理，有机高效地结合起来。在适度扩大总需求的同时，着力加强供给侧结构性改革，着力提高供给体系质量和效率，增强经济持续增长和发展的动力。这是由于，从现代政治经济学视角看，供给与需求有着内在复杂的辩证关系。例如，供给（生产）可以决定需求（消费），人们只能消费所生产、所供给的商品和服务，但需求（消费）也可以决定供给（生产），因为不适合买方需求或消费的商品和服务，就属于无效供给和盲目生产。又如，对本期或短期来说，投资属于需求，表现为支出货币购买生产要素，但对于下期或长期来说，投资即沉淀的资产决定生产和技术状况，又属于供给。因此，协调供给侧与需求侧改革发展的关系，要有辩证的整体思维和精准的操作艺术。那种新自由主义的供给学派理论和政策思路明显有误；那种无视大量非公企业亏损而只把极少数盈利性差的国有企业统称为"僵尸企业"，是带有歧视国有企业及其职工的用语，也不利于"以人民为中心的发展思想"的贯彻。

目前有五项重点任务，就是"三去一降一补"。去产能，重点是钢铁和煤炭等少数行业；去库存，重点是房地产库存；去杠杆，重点是企业的杠杆，需要金融系统配合；降成本，重点是对企业的不合理收费；补短板，重点是通过加大投资力度来补短板，调整经济结构。

总之，进入2015年以来的中国经济运行，初步表现出新常态经济提质增效的实质特征。当前和今后一个时期，只要准确把握经济发展的大逻辑，努力做好以上几方面工作，中国经济就能够既继续保持7%左右的中高速增长，又不断提高经济发展的整体质量和效益。

参考文献

恩格斯:《自然辩证法》,人民出版社,1971。

《当好改革开放排头兵创新发展先行者 为构建开放型经济新体制探索新路》,《人民日报》2015 年 3 月 6 日。

《坚持节约资源和保护环境基本国策 努力走向社会主义生态文明新时代》,《人民日报》2013 年 5 月 25 日。

程恩富:《构建以市场调节为基础、以国家调节为主导的新型调节机制》,《财经研究》1990 年第 12 期。

杨承训、承谕:《资源配置向"自觉化"演进:"三元机制"——学习恩格斯〈自然辩证法〉的再思考》,《海派经济学》2015 年第 4 期。

张树俊:《转型升级:建构新型产业结构体系路径研究——以江苏省兴化市转变发展方式实践为样本》,《管理学刊》2015 年第 1 期。

高建昆、程恩富:《论中国经济新常态下的价值导向》,《探索》2015 年第 1 期。

胡化凯:《把核心技术掌握在自己手中》,《人民日报》2015 年 8 月 2 日。

张汉飞:《打造空间经济新格局》,《人民日报》2015 年 4 月 20 日。

张明:《警惕金融业过度发展》,《人民日报》2015 年 5 月 28 日。

（此文合作者为高建昆博士）

中国科技人力资源概况及国际比较

罗　晖　黄园淅　赵吝加[*]

摘　要： 科技人力资源是创新人才的重要载体。一国科技人力资源的总量结构和利用效率，决定着国家科技创新实力和发展潜力。本文从总量与结构两个方面对中国科技人力资源的基本情况进行了深入分析，指出中国已进入科技人力资源红利释放的黄金时期。结合国际经验，就如何解决中国科技人力资源的开发利用中的突出问题提出对策建议。

关键词： 科技人力资源　总量结构　国际比较

科技人力资源是最丰富、最宝贵的战略资源，充分开发利用好中国的科技人力资源，不断培育和释放人才红利，必将为中国更好地参与国际竞争注入新动力，为加快实施创新驱动发展战略、加快推进以科技创新为核心的全面创新增添新活力。

---

　* 罗晖，中国科协创新战略研究院院长、中国科普作家协会副理事长、中国科学与科技政策研究会常务理事、中国科学技术大学兼职教授，中美创新对话专家组成员、联合国亚太经社会（ESCAP）咨询委员会成员，获清华大学精密仪器系工学学士学位、华中科技大学管理学院管理科学与工程硕士学位、西安交通大学管理学院管理学博士学位，美国斯坦福大学访问学者；主要研究领域为科技战略与政策、创新区域、科技人才、国际科技合作、科学传播等，发表论文40余篇。黄园淅、赵吝加，中国社会科学院数量经济与技术经济研究所博士后。

一　科技人力资源总量世界第一

科技人力资源总量是反映一国科技实力的重要指标。科技人力资源是指"接受过自然科学相关专业的高等教育，以及虽然没有接受过自然科学相关专业的高等教育，但实际在科技相关岗位上工作的人"。简而言之，科技人力资源主要从"资格"和"职业"两个条件来定义。

目前，中国科技人力资源总量位居世界第一，截至 2014 年年底达到 8114 万人。其中大学本科及以上学历的科技人力资源总量达 2960 万人，相当于美国科学家、工程师数量的总和，根据美国《科学与工程指标（2014）》数据，美国科学家、工程师总量为 2190 万人。中国科技人力资源中全时投入研发活动的人数也位居世界第一位，2014 年达到 371.1 万人年，相比美国的 126.5 万人年（2012 年）、日本的 89.5 万人年（2013 年）、英国的 36.2 万人年（2013 年）大幅领先。

改革开放以来，中国经济持续高速增长，教育和科技投入稳步增加，加之新兴产业的迅猛发展，推动了中国科技人力资源总量持续大幅增长。特别是高等教育对中国科技人力资源的贡献最为显著，在 2006~2014 年短短的 9 年时间里，中国科技人力资源总量累计增加 3784 万人，其中普通高校在 9 年间累计培养科技人力资源 2758 万人，占总量的比重从 2005 年的 50% 上升至 2014 年的 61%，提高了 11 个百分点。在今后较长一段时期，中国高等教育还将为科技人力资源提供持续的贡献。

二　科技人力资源结构持续优化

（一）以青年人为主体释放人力资源红利

截至 2014 年年底，中国科技人力资源的平均年龄为 33.73 岁。在本科与专科层次的科技人力资源中，39 岁以下占 77.8%，其中，29 岁以下的占 43.5%，30~39

岁的占 34.3%。由于高等教育发展迅速，有大量年轻人通过教育渠道进入科技人力资源存量，可以预计，这一年轻化趋势还将继续保持较长时间，中国进入了科技人力资源红利释放的黄金时期。

（二）学历层次以本、专科为主并逐年提高

截至 2014 年年底，专科层次的科技人力资源为 4374.9 万人，占科技人力资源总量的 57.5%；本科层次的科技人力资源为 2824.3 万人，占科技人力资源总量的 37%；研究生层次的科技人力资源约有 422.5 万人，占科技人力资源总量的 5.5%。总体来看，中国科技人力资源的学历层次正在逐步提高，特别是自 1998 年以来，随着高校扩招政策的实施，本科及以上层次科技人力资源的数量增长较快。到 2009 年，中国高校本科招生人数开始超过专科。可以预计，未来本科及以上层次科技人力资源比重将进一步提升。

（三）科技人力资源培养渠道以普通高等教育为主

当代中国高等教育毕业生的培养渠道主要包括以普通高校为主的普通高等教育体系、以成人高等院校为主的成人高等教育体系、以全国 68 所重点大学开设的网络学院为主体的网络高等教育体系、以自学考试为主要形式的高等教育自考体系等 4 类。从数量构成比例看，普通高等教育是中国科技人力资源最为重要的培养渠道，1963~2014 年累计培养科技人力资源 4673 万人。从目前状态和发展趋势看，普通高等教育的科技人力资源培养主渠道地位将会进一步加强。

（四）学科结构覆盖理工农医主要门类

科技人力资源的学科结构可以分为核心、延伸和外延三大领域。其中核心领域主要包括理学、工学、农学和医学等学科，其培养的科技人力资源是支撑中国科技事业发展的中坚力量。目前，工学仍然是中国科技人力资源的第一大来源学科，其余依次为医学、理学和农学。截至 2014 年年底，工学学科科技人力资源占总

量的 68.3%；其次为医学，占 16.3%；再次为理学，占 10.5%；农学位列第四，占 4.9%。从半个世纪以来的趋势看，在中国新增本科以上层次科技人力资源中，工学、医学所占比例呈提高态势，理学、农学所占比例则逐步降低。其中，工学培养的研究生学历科技人力资源比例由 1963 年的 44.8% 提高到 2014 年的 60.1%，医学由 9.4% 提高到 16.9%，理学由 30.6% 下降到 17.3%，农学由 14.9% 下降到 5.7%。

（五）教育、公共管理和科技等行业集聚高层次科技人力资源

从 2006~2012 年各行业从业人员学历水平来看，高学历从业人员主要聚集在教育、公共管理、科技和金融等行业。2012 年统计数据显示，各行业中，大学专科以上受教育程度人员占就业人员比重超过 50% 的有五个，依次是教育（67.4%），公共管理、社会保障和社会组织（62.5%），卫生和社会工作（59.3%），科学研究和技术服务业（58.3%），金融业（54%）。这五个行业科技人力资源的聚集度较高。同时，卫生、工业和文化娱乐业等行业的吸引力在逐渐增强。与 2006 年数据相比，2012 年大学专科以上受教育程度人员占就业人员比重上升较高的行业有：卫生和社会工作（提高 11%），采矿业（提高 9.2%），文化、体育和娱乐业（提高 7.5%），电力、热力、燃气及水生产和供应业（提高 7.1%），水利、环境和公共设施管理业（提高 7%）。

（六）女性科技人力资源比例较高

女性科技人力资源的增长速度超过科技人力资源整体的增长速度，但由于基数较小，因此总量仍略低于男性。但是从国际比较的角度看，中国女性在科技人力资源中的比例已处于世界较高水平。截至 2014 年年底，中国共有女性科技人力资源 2971.3 万人，约占中国科技人力资源总量的 40.5%。从女性科技人力资源占各学历层次总量的情况来看，在专科、本科、硕士和博士层次中，女性占科技人力资源总量的比例分别为 38.5%、42.8%、48.1% 和 32.7%。

（七）科技人力资源区域分布特征相对稳定

中国科技人力资源主要分布在经济较发达地区，这些地区具有各类资源流动性强、竞争性较高、科技创新活力较大的特征。目前，科技人力资源的规模和密度在不同区域的分布相对稳定，大致可分为规模和密度都较高的科技人力资源丰厚区、规模和密度一高一低的科技人力资源发展区以及规模和密度都较低的科技人力资源贫瘠区等三大类区域。科技人力资源丰厚区主要是规模在 60 万人以上、密度在每万人口 200 人以上的地区，包括山东、山西、陕西、黑龙江、北京、上海等 6 省市；科技人力资源贫瘠区为规模在 60 万人以下、密度在每万人口 165 人以下的地区，包括贵州、重庆、海南、西藏等 4 省市区；其余的地区可归为科技人力资源发展区。

（八）科技人力资源国际流动、交往更加频繁

中国海外留学人数持续居世界首位，高学历技术移民受发达国家青睐。随着中国经济的持续增长和科研环境的改善，学成归国的留学人员数量持续上升，外籍专家和高端人才来华数量不断增长。据统计，从 1978~2013 年年底，中国各类出国留学人员总数达 305.86 万人。仅 2013 年，中国出国留学人员的总数就达到 41.39 万人，比 2012 年增加 1.43 万人，增长 3.58%；比 2003 年增加 29.66 万人，增长 253%。截至 2013 年年底，以留学生身份出国的有 161.38 万人，其中 107.51 万人正在国外进行相关阶段的学习和研究。据不完全统计，2011 年境外来中国大陆工作的专家有 52.9 万人次，2013 年达 61.2 万人次，增加了 8.3 万人次。

三 典型国家促进科技人力资源发展的举措

现代国家间的综合国力竞争，取决于科技发展的水平和科技人才素质，说到底是科技人才的竞争。相对于资本、土地、劳动等传统生产要素而言，科技人力

资源在国家核心竞争力培育中的重要作用日益凸显。因此，世界各国都高度重视科技人力资源的培育引进和开发使用，并有针对性地出台了一系列政策举措。

美国大力支持大学和科研机构开展研究，不断加强人才激励，在构建充满活力的创新生态系统的同时，吸引大批来自世界各国的科技人才。美国政府一直视科技为保障国家利益之根本，高度重视对创新要素的投入，不断加强对科技人才的激励，构建起一个充满活力的创新生态系统，激发了全社会的创新创造能力。同时，美国卓越的教育、科研体系以及浓厚的创新氛围吸引了来自世界各国的优秀科技人才，外来科技人才已成为美国科技人力资源的重要组成部分。美国科学与工程劳动力队伍也开始呈现老龄化趋势，尤其是近20年来，在美国劳动力队伍中，年长科学家和工程师的比例明显上升。

欧盟建立人才政策体系的核心是科技人力资源。欧盟近年来顶尖人才流失的势头不仅没有得到遏止，反而有增强的趋势。为解决这一迫切的问题，欧盟意识到要以科技人力资源为核心建立有效的政策体系。欧盟的科技人力资源政策主要从培育、使用、吸引和流动四个方面展开，欧盟层面的政策重点在"培育"和"流动"环节，成员国层面的政策重点则在"吸引"和"使用"环节。

日本制定科技人力资源政策的根本出发点是基于长远发展和社会变化需求，最大限度地发挥每个人的创新能力。长期以来，日本在科技创新人才的培养、使用和引进方面付出了诸多努力，现在已取得明显的成效，这为日本保持世界科技领先地位和提升国际竞争力奠定了坚实的人才基础。

俄罗斯政府也已深刻认识到科技人力资源对于促进国家科技创新、推动生产力增长的重要意义，非常重视科技人力资源队伍建设。从2000年开始，俄罗斯政府自上而下进行改革，颁布实施了一系列旨在加强科技人才队伍建设的政策法规，对科研投入给予政策优惠，努力为科研人员提供良好的研究和生活环境，提升优秀科技人才的经济和社会地位。目前，俄罗斯科技人才队伍基本稳定，科技人力资源在俄罗斯经济社会发展中的重要作用不断显现。

印度特别重视发展科技和高等教育。印度政府通过推进普通高等教育的迅速扩张并积极发展精英教育，培养了一大批优秀科技人才，使印度在信息技术、生物制药等众多科技领域走在了世界前列。同时，印度也一直备受优秀科技人才外流问题的困扰。近年来，随着印度科技和经济的崛起，印度政府积极调整完善科技人力资源政策，努力增加科研活动投入，为各类科技人才发挥作用创造良好环境。经过不懈努力，目前印度优秀科技人力资源外流的局面得到了一定程度的扭转。

四 问题与建议

在世界多极化、经济全球化背景下，必须以全球的视野、开放的理念，加快制度创新和环境建设，面对国家战略需求和未来发展，突出"高精尖缺"导向，积极参与全球人才竞争。当前，以美国为代表的科技领先国家正在采取相关战略行动，强化其在人才领域的优势，应对人才全球化竞争格局。相对而言，中国在科技人力资源方面还存在一些问题亟待解决。

（一）符合"资格"的科技人力资源进入"岗位"的比例不高，建议形成良好的激励机制和环境条件，吸引更多的青年人以科技创新为职业选择

目前，中国高等教育每年都培养出大量受过良好教育的科技人力资源，2012~2014 年，累计新增科技人力资源 1312 万人，但同期新增高等教育毕业生多达 3230 万人，这表明半数以上的高等教育毕业生没有进入到科技相关领域工作。一方面，新兴产业对科技人力资源有很大需求，但高等教育的学科设置调整相对滞后，人才培养需要一定周期，使需求与培养有脱节的现象；另一方面，相对于金融、投资、商业等"白领"行业，科技创新相关领域特别是生产一线技术岗位的薪酬缺乏竞争优势，而且需要"甘坐板凳十年冷"的执着，这些都影响了符合"资格"的科技人力资源向"岗位"从业者转换。在这方面，一些发达国家出现的问题是前车之鉴。在美国，由于年轻人选择科技为职业的越来越少，产业界和科研部门不得不引

进大批科学家和工程师。2007 年，麻省理工学院的一项调查表明，该校 28.7% 的毕业生准备进入金融业，13.7% 的毕业生愿意做管理，只有很少的毕业生愿意从事技术工作。

借鉴美国、日本等国家经验，可通过确保研究经费投入、构建公正且透明度高的评价制度、提高青年研究人员的独立性以及完善研究人员的职业发展道路等措施，营造一流的研究环境，吸引青年人加入到科学研究的行列中。针对青年人新入职所面临的特殊困难，建立宽松、包容的学术环境，给予必要的经费支持，改革评价导向，突出能力和贡献，淡化资历和学历，提高薪酬待遇，引导青年科技工作者淡泊名利、持之以恒地在科技创新领域埋头攻关。

（二）科技人力资源质量影响利用效率，建议提高科学、技术、工程和数学教育质量，培养大批高素质科技人力资源

中国科技人力资源学历结构呈金字塔状，专科层次科技人力资源占绝大多数，本科学历和研究生学历的科技人力资源所占比例不高，这在很大程度上制约了利用效率的提高。中国科技事业发展正从以跟踪模仿为主的"跟跑"向"并跑""领跑"转变，需要大批能够参与全球竞争的高素质人才，在这方面我们的短板还十分明显。中国科协 2014 年开展的第三次科技工作者状况调查结果显示，74.1% 的科研人员认为中国科技工作者的研究能力落后于发达国家。麦肯锡《新兴市场人才报告》的数据表明，中国工程方面的毕业生只有 10% 左右具备全球化企业所要求的能力。从主要的人才评价指数的国际排名上看，中国科技人力资源整体质量处于全球中等水平。世界经济论坛发布的全球人力资本指数（Human Capital Index，HCI）显示，2015 年中国在 124 个国家中位居第 64 位；英国经济学人情报部与海德思哲国际咨询有限公司发布的全球人才指数（Global Talent Index，GTI）显示，2015 年中国在 60 个国家中位居第 31 位；英士国际商学院、新加坡人力资本领导能力研究院和人力资源公司德科集团发布的全球人才竞争力指数（Global Talent Competitiveness Index，GTCI）显示，2015 年中国在 109 个国家中位居第

48 位。

美国于 2013 年 5 月推出了《联邦科学、技术、工程和数学教育五年战略计划》，为科技人才的长期持续供给确立了目标和方向，将国家教育质量不断推向更高水平。印度政府通过推进普通高等教育的迅速扩张、积极发展精英教育，培养了一大批优秀科技人才，使印度在信息技术、生物制药等众多科技领域走在了世界前列。鉴于此，一方面我们要积极探索教育系统全面深化改革的方式和方法，围绕培养高素质人才为目标，全面调整院校学科布局、完善教师队伍；另一方面，应根据中国实际情况，在基础学科、前沿战略需求等领域选择一批重点学科、专业，重点培养高质量人才，夯实科技基础，以尽快实现、赶超目标。

（三）区域间人才分布的"马太效应"突出，建议国家科技力量布局应向欠发达地区倾斜，提升区域发展活力

科技人力资源流动是追逐经济效益的过程，目的地经济发展水平、中间路径和个体特征成为影响科技人力资源流动的重要因素。以 R&D 人员为例，区域分布主要集中在东部地区，人数总量排名前三的省份是广东、江苏和浙江，三地均位于中国东部地区，东部地区其他省份（除海南）的 R&D 人员总量也显著高于中部和西部地区。中部地区的 R&D 人员分布较为均衡，省份之间差距较小；西部地区的 R&D 人员总量相对较少，特别是甘肃、青海、宁夏和新疆，R&D 人员十分匮乏。从 R&D 人员的学历层次上看，区域之间的差距要小于 R&D 人员总量的差距，但是高学历 R&D 人员在北京、上海等大型城市的集聚效应较为突出。

以国家科技力量合理布局缩小地区科技差距，是许多国家的普遍做法。美国的橡树岭国家实验室、洛斯阿拉莫斯国家实验室，英国的国家核实验室等国立科研机构均远离所在国家的政治、经济中心，均衡了国家科研力量的区域布局。美国在 1978 年实施的"激励竞争性研究试验计划"，主要目的也是防止联邦研发经费过分集中于有强势竞争力的发达地区和大学，消除研发资金"马太效应"。中国在进行科技规划时也应注意区域间的平衡，重点实验室建设、科研经费和研究项

目分配应适度向欠发达地区倾斜。这样不仅能够引导更多的人才向欠发达地区流动，也能为培养当地的科技人力资源提供条件。

（四）对全球科技人力资源利用水平较低，建议加强顶层设计，突出"高精尖缺"导向，引进大批世界一流人才

中国的高端创新型人才仍非常稀缺，同时对全球优质科技人力资源利用水平较低。一直以来，中国引进的外籍人才占比都处在全球较低水平。根据《中国国际移民报告（2014）》，2013 年居住在中国境内的外籍人士为 84.85 万人，占中国人口比例仅为 0.06%，而发达国家和地区的平均水平则为 10.8%，世界平均水平为 3.2%，发展中国家的平均水平为 1.6%，最不发达国家的平均水平为 1.2%。

在经济全球化迅猛发展的今天，科技人才竞争日趋激烈，科技人力资源的全球流动更加广泛。美国凭借优厚条件吸引和网罗世界人才，移民政策更是向高技术人才倾斜，在提出技术移民职业清单的基础上划分为若干优先级，并且拓展到移民创业者可以按"国家利益豁免"，自行直接申请绿卡。澳大利亚以本国紧缺人才为依据，建立技术移民职业清单，并由专业第三方评估机构对引进人才进行评定，保障人才引进队伍质量。建议中国强化战略导向，突出国家重大战略对人才引进的迫切需求，突出"高精尖缺"导向，体现学科交叉，加强部门协同，凝聚广泛共识，尽快制订出适合中国国情的顶尖人才引进目录，加紧引进世界一流人才。当然，在重视吸引世界一流人才的同时，更要重视留住、用好能为中国科技发展做出贡献的优秀人才。

参考文献

科学技术部发展计划司、中国科学技术指标研究会:《科技人力资源手册》,新华出版社,1995。

中国科协调研宣传部、中国科协创新战略研究院:《中国科技人力资源发展研究报告(2014)》,中国科学技术出版社,2016。

R&D Personnel by Sector of Employment and Occupation, OECD, https://stats.oecd.org/.

罗晖:《我国科技人力资源的总量、结构与利用效率》,《中国国情国力》2016 年第 7 期。

论坛论文

多维度时频管理的供给侧改革与改革陷阱

李锦成[*]

摘　要： 在中国经济进入新常态的背景下，2015 年中共中央提出了供给侧改革方案，目的是使中国经济可以持续稳定地发展，避免掉入中等收入陷阱，为未来实现中华民族伟大复兴夯实经济基础。2016 年中央又提出了供给侧结构改革五大攻坚任务的顶层设计，为改革的理论方法与路径厘清了思路。同时，中央提出中国供给侧改革不是照搬西方供给学派，而是结构性供给侧改革，要加强多维比较学，结合历史学，要善于把握改革工作的时度效。中国历次经济改革并非一帆风顺，改革的时机和力度如果把握不好，反而会产生较大的经济阵痛，会使新常态没有产生新经济，进而掉入改革陷阱。本文认为只有从多个维度进行时频管理的供给侧改革才可以避免改革过程中的失误，确保改革效用最大化。

关键词： 多维度改革　新常态　供给侧改革　改革陷阱　时频管理

一　引言

党的十八大以来，中央定调中国经济形势为新常态，经济走势呈现 L 型，改

---

* 李锦成，中国社会科学院数量经济与技术经济研究所博士后，研究方向为资本市场。

革开放后以投资驱动的高增长模式在各种因素限制下无法继续。在全球经济疲软与内部需求不足的现状下，中国经济面临较为严重的困局，亟须进行一场改革来化解当前的经济问题，并使中国经济稳步健康地发展，从而实现伟大理想的"中国梦"。在此背景下，中央提出了供给侧改革方案，同时列出了"去产能、去库存、去杠杆、降成本、补短板"五大攻坚任务，即从 2016 年开始中国经济改革的方法、策略和路径就是以上五点。这意味着如果五大攻坚任务可以有效、有力、及时推进和完成，中国经济就可以避免掉入中等收入陷阱，进而走向二次腾飞。然而，作为改革方案，仅依据五大任务自上而下的督导、推动、执行、落实是否可以达到预期目标，这其中就涉及时机的合理性、推动的适度性、执行的积极性、督导的有效性、落实的到位性等目标。然而，这些目标实际上很难进行准确量化，也意味着多少会有偏左或者偏右的摇摆，从而使供给侧改革的有效性大打折扣，产生经济阵痛。这就是所谓的"改革陷阱"，即全社会动员的一场改革会产生"船大难掉头"的现象，比如二十世纪的拉美国家和东欧国家，改革的初衷是好的，但是改革陷入泥潭，经济衰退，物价暴涨，各个产业被境内和境外的寡头瓜分，起初的经济改革愿景不但没有实现，反而更加糟糕。所以，中央在十八届三中全会通过《中共中央关于全面深化改革若干重大问题的决定》后，陆续提出了国企改革、金融改革、收入分配改革、财税改革、医疗改革、教育改革、新能源革命、人口政策改革、土地改革等几大重点维度改革。新常态背景下供给侧经济改革牵一发而动全身，必须统筹协调这几大改革，才可以使供给侧改革顺利完成使命。

改革有重有轻，有些改革通过市场自身调节就可以使其达到供需平衡，而以上几点却不同，是需要中央自上而下的推动，强调政府在改革过程中的作用，深化改革才可以使其转型成功促进经济增长。习近平总书记在 2016 年也提出了各级领导干部要加强新发展理念的学习，结合历史学，多维比较学，联系实际学。本文认为只有在时间和频率上把控好这几大维度改革，才可以有效转变中国经济结构，产业成功升级，跳出中等收入陷阱，实现再次腾飞。所谓维度改革就是指突破二次元，几大改革都是一个维度，中心是五大攻坚任务，几大改革在不同的时频上以中心为基点向外扩散，彼此形成对立统一的辩证关系，即达到协调、平衡、有效的综合性改革，使几大维度改革互相促进，使供给侧改革效用最大化。所谓时频性，即在时间和频率上控制好各个维度改革，结合中国特殊的社会主义市场经济制度和国情进行深化改革，即使深化改革在一定时期内产生效果，又不至于改革过猛或者过轻达不到预期效果。以下将从五个维度改革进行一一阐述。图1展示的是多维度时频管理的供给侧改革，一个横坐标是时间，即改革的时机性。另一横坐标是频率，即改革的力度性。

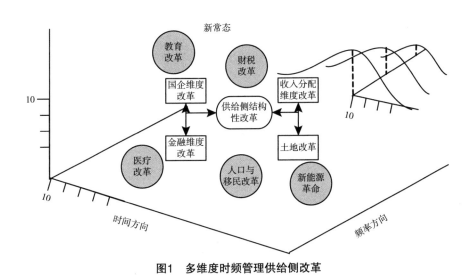

图1　多维度时频管理供给侧改革

二　国企维度的时频改革

基于中国几次经济结构转型，国有企业经历多轮改革，从纯计划经济体制下的国有企业逐渐向现代化股份制企业转型。过去中国的经济结构是从第一产业向第二产业过渡，当前，经济结构是从第二产业向第三产业过渡。那么，在这个转型过程中第二产业就有很多问题，比如库存高、产能过剩、杠杆率高、成本高企等，这个问题实际上通过供给侧改革就可以直接解决，对应的就是五大攻坚任务。比如河北省钢铁业去产能，山西省的煤炭业去产能等。经济新常态下，在时间和频率上要对第二产业的改革进行把控，某些制造业频率高一些，某些低一些，某些先进行改革，某些后进行改革，比如可以先进行焦煤的去产能，然后进行钢铁去产能，也可以先进行电煤的去产能，再进行发电企业的去产能；如果煤炭企业相对钢铁企业产能更剩，那么对煤炭企业的去产能频率要更高。再比如房地产市场，三四线城市的去库存频率要高，二线城市可以相对低一些，先去三四线城市库存，再去二线城市库存。进一步的深化改革就是对制造业中的僵尸企业或者已经不再具有竞争力的产业彻底撒手，对其进行市场化改造，兼并重组、破产，这项改革可以在时频角度进行详细安排。

从产业分类和产业结构维度上还可以进一步转型调整。产业分类上，从第二产业向第三产业过渡，在中国人口进入老龄化、劳动力红利已经不在的基础上，加大第三产业的培养和发展，满足日益增加的服务业需求。产业结构上，在 20 世纪 90 年代进行的国企改革主要是继续垄断上游产业，放开了下游产业，民营企业进入下游服务业。2001 年加入 WTO 以后，民营企业的快速扩张反哺国有上游企业，产生了中国经济增长的奇迹。全球经济一体化的背景下中国国企，应该面向海外，与海外的相似机构竞争，而不是内部竞争。因此，可以消除过去两家央企竞争的格局，形成一家大集团共同实施"走出去"策略，比如中央推出的"一带一路"倡议。对中游的制造业进行产业升级，发展高端装备制造业，可以加强过去的中国外贸低附加值产品的竞争力，加大国企竞争力。与经济实力相似的国家相比，中国当前的服务业占比仍然很低，那么，应该把当前国企仍然垄断的上游生产型服务业门槛降下来，放开准入，使民营企业进入垄断的金融、电信、通信等行业，让市场来决定资源配置，这样可以加大这些产业的竞争力，竞争力的提高又可以使产品的价格下降，从而反哺下游民营企业扎堆的消费型服务业。因为民营企业经营困难的一个方面就是上游制造业的高成本，比如中国的电信成本与发达国家相比仍然偏高，成本的下降可以促进民营企业的发展。2012 年，中国的服务业在

GDP 中的占比已经超过了制造业，这意味着中国将进入一个比较典型的老龄化和中等收入阶段，随着人民群众收入的提高对文、教、卫、旅游、娱乐等的需求越来越大。那么，对制造业和服务业的再平衡就显得尤为重要，供给侧改革可以使其供需相对平衡，物价稳定，通胀水平保持良性。同时，在产业结构和产业分类上仍然应该注重时频管理。教育和医疗供给严重不足，那么就应该在时间和频率上给予重点偏向，奢侈品对富裕阶层的供给也相对不足，导致富裕阶层出行海淘，这方面就可以相对教育和卫生方面的改革缓慢和低频一些。还有就是关系国家安防、战略和命脉的国企可以在时频上进行相对渐进式的改革，改革力度不宜过大，倒逼推动混合所有制、军民融合、国有投资平台、股权激励等。当然，既要市场自主发挥主导作用，政府也应该协助市场，使其进一步完善。

三　金融维度的时频改革

中国人民银行研究局局长陆磊指出，中国金融体制一共经历了三次改革，第一次是 1993 年国务院推出的《关于金融体制改革的决定》，第二次是 1999 年国有银行的经营与业务方面的改革，第三次是 2012 年中央颁布的《中共中央关于全面深化改革的若干重大问题的决定》。三次改革奠定了中国金融改革的蓝图。新常态背景下，中国金融业面临着方方面面的问题，那么以供给侧改革为中心对金融业的去杠杆就成了首要问题。但是，仅仅以供给侧改革为中心是不够的，必须多维度地在时频方面进行改革才可以真正使中国金融业稳定发展而不产生系统性金融危机，为新常态下的新经济保驾护航。

第一个维度首先要建立多层次资本市场。中国当前的金融市场是以商业银行间接融资为主的市场，那么，从供给侧改革的去库存和去杠杆角度看，力度把握不好就会对商业银行的不良率和资产端产生影响。建立多层次资本市场可以有效平衡金融市场的融资系统，使直接融资和间接融资逐渐达到平衡，比如发达金融市场都是以直接融资为主。中国国企一直过度依赖商业银行间接融资，一旦经济下行、产能过剩，金融行业就会产生兑付危机。多层次资本市场建设，比如发展新三板、主板、创业板、产权交易中心等是可以有效转嫁商业银行信用风险的。从时频角度看，创业板从开通以来推动了民营新兴产业的发展，那么，就应该首先加大对创业板的进一步开放，同时，也要建立退出机制，注重投资端，既可以使中小创业型企业融到资，又可以使广大人民群众通过投资创业板公司股票进行理财，在时间先后和频率上就应该先加大对创业板和新三板的各要素投入。从另一个角度看，时间上可以先放开创业板的注册制试点，通过实验来检验注册制的有效性。

第二个维度就是利率和汇率要进行市场改革。利率方面，要按照市场化原则彻底推进利率市场化。中国金融市场长期发展不平衡的一个重要因素就是利率的管制，这导致银行业独大，券商、基金、信托等金融机构处于劣势，利率管制导致息差固定，商业银行缺少创新动力，投入大量资本进行拉存款、放贷款，这使中国的商业银行在短短十几年里就成为超级大型银行。银行规模越大，导致其客户类型更趋于大型的国有企业，资源配置集中到了增长力较差的国企体系，导致资源错配，而真正推动中国经济增长的中小民营企业就越来越难以从商业银行得到信贷支持，从而推动了"中国影子"银行的泛滥，扭曲摊高了市场实际利率，对整个金融系统产生了潜在危害。利率市场化维度金融改革可以加大资金价格的竞争，从而使资金价格下降，对整个社会融资的降成本有很大益处。汇率维度的改革也是同样，要继续推动汇率市场化，汇率长期僵化会导致大量的套利产生，降低企业竞争力，使企业更注重国家汇率管控带来的出口盈利，而不是自身产品的竞争力。但是，汇率在现有国情下快速实现市场化也有其弊端，所以在时频角度上，就要把握好度和时点，在不具备推行市场的时点上，就要渐进式改革，或者缓慢改革，以防范休克式改革带来的阵痛和系统性风险。

第三个维度是可以建立以自贸区为代表的增长极和增长点引擎的改革。在自贸区进行实验资本与货币的自由化，这样，可以使自贸区的金融资源进行市场化配置。经过试点，如果成功可以向全国进行推广，这就是在时频上先对自贸区进行试点，然后再铺向全国。

第四个维度就是允许民营资本进入金融投融资垄断领域。比如在 2014 年首批颁发的五家民营银行牌照，直接导致金融业竞争力加强。资源配置的高效率是金融业竞争力的直接表现，竞争加强可以促进金融消费端的更多剩余价值，这是一个良性循环。按照连平的研究，从 2009 年小贷公司发展起来至今，共 8000 多家小贷公司的信贷总规模不超过 1 万亿元，根本无法满足中国 4000 多家小微企业，这 4000 多家小微企业里有 90% 从来没有银行信贷的历史。同时，类似小贷公司这样的影子银行是轻资产的，因为其没有存款资质，导致一旦产生兑付危机，就会导致一系列社会问题。所以，需要民营小型银行进入金融服务领域，获得银行的存款资质，这样，就可以解决中小企业融资难的问题。在时频上也要进行度的把握，时间上可以是每年批准几家民营银行，频率上可以是在经济好的时候多批准，经济差的时候少批准。

第五个维度就是要解决金融监管分割问题。20 世纪 90 年代设立的一行三会监管模式是为了平衡金融机构的发展，避免银行业独大，逐步加强证券业、保险业、基金、信托等的发展，使金融资源可以更好地配置。然而，经过长期发展，非银行类金融机构已经壮大，继续保持监管分割会导致一系列金融传染效应，比如，银监会的一道发文就可能会导致 A 股市场的暴跌。所以，监管分割需要重新规划改革。

第六个维度是要在全球一体化的背景下，推进中国金融业的全球战略。以上几点都是分析中国本土的金融改革，而本土金融改革和国际金融改革是相辅相成、辩证统一的。向松祚指出，1979~2010 年，国际金融市场发生了 147 次货币危机，而这些危机都是有溢出效应的，对中国有着或多或少的负面影响。从国际经验看，国际货币体系的无秩序和非约束化，导致了例如 20 世纪 70 年代和 90 年代的拉美和亚洲经济危机。在全球金融资本主义的扩张下，金融脱实向虚，1980 年全球金融资产占全球 GDP 的 100% 左右，而到了 2015 年这个比值按照不完全统计已经超过 700%，美国达到了 1200%。这种国际金融资本的扩张又导致了国际收入分配两极化、信用资源两极化、虚拟经济与实体经济两极化。对中国在世界金融市场的直接影响：首先，中国是世界最大的原材料进口国，却没有大宗商品的定价权；其次，中国对美元的过度依赖导致中国央行在货币政策的实施与调整上就面临很大的"美联储依赖性"，即美联储的货币政策导致美元变化，而美元变化又会对人民币产生溢出效应，从而抑制中国央行对货币政策调整的灵活度；最后，导致中国无法对国际货币进行定价。中国自身的货币不能成为国际货币，对中国的国际金融安全产生潜在的风险。所以，应该在以下几个维度进行时频控制的改革，即首先应该输出以人民币计价的金融资产，同时，输出中国金融机构；其次是建立自身的金融中心，以上海和深圳为金融增长极形成大东亚辐射面；最后就是积极参与国际金融改革体系，比如丝路基金、亚洲基础设施投资银行、金砖组织开发银行和上合组织开发银行，努力使人民币成为国际储备货币和国际金融结算货币。

其他维度还有金融反腐、存款保险制度的完善、金融科技的推广与建设。在时间和频率上金融反腐优先考虑，不解决金融腐败问题，违规放贷、内幕交易、利益输送、道德损害等现象就难以遏制，其最根本的危害是扰乱信贷市场、导致资源错配。其次金融科技的建设与推广在新常态下也十分重要，一行三会金融科技的发展更利于监管机构对类似影子银行等的监管。这几方面同样是在时频上要从先到后、从重就轻。

四　收入分配维度的时频改革

新常态背景下，中国不是需求不足或没有需求，而是需求变了，供给的产品却没有变，质量、服务跟不上。有效供给能力不足带来大量"需求外溢"，消费能力严重外流。没有需求，供给就无从实现，新的需求可以催生新的供给。[①] 解决这些结构性问题，必须推进供给侧改革。而从需求端来看有三个维度需要分析，即

---

① 习近平：《在省部级主要领导干部学习贯彻党的十八届五中全会精神专题研讨班上的讲话》，《人民日报》2016 年 5 月 10 日。

外需、消费内需和投资需求。首先，从外需维度看，经过长期高速增长后，国际市场需求疲软，出口减速，但出口减速主要是因为中国出口型企业是以低附加值产品为主，即高端装备的出口非常少，这就导致在全球经济转型的背景下，中国企业产品竞争力不足。出口维度提高有效供给，就是从衣食住行的基本耐用品、非耐用品、快消品的出口逐渐转向新能源汽车、机器人、新材料、基因技术、人工智能技术、分布式制造、无人机等高端制造业和服务业的出口。所以，在外需方面想要加大出口，就需要企业进行转型升级。2015 年国务院通过了《中国制造 2025》，2016 年又通过《装备制造业标准化和质量提升规划》，就是要提高有效供给，把长期以来中国依赖进口的关键装备、核心技术、高端产品逐渐掌握在自己手中。只有掌握了新技术、新产业、新业态，才可以对中国在新常态背景下的出口提供源源不断的内生动力。其次，从内需维度看，根据王小鲁对中国内需的研究，认为中国投资占 GDP 比值高于消费占 GDP 比值，并且代表投资需求的固定资产投资增速长期高于 18%，十八大以后有所下降，2015 年以来基本维持在 10% 左右。而代表内需的社会消费品零售总额同比增速却长期保持在 10% 左右，可见二者之间的不平衡。同时，王小鲁指出：中国消费占储蓄的比例在 2000 年时为 60% 左右，到了 2010 年已经下降到 48%。储蓄率和投资率的长期上升，说明经济结构失衡，中国居民消费占 GDP 大约 34%，低于同期发展中国家的平均值，说明内需是不足的。贺铿指出，中国长期以凯恩斯政策产生的 GDP 初次分配格局扭曲，导致资本形成长期扩张、政府财政和消费扩张，进而挤压个人消费，收入分配差距加大不利于解决内需不足问题。1998 年以后，中国政府开始执行积极的财政政策，扩张的财政政策导致基建投资过度，超过了经济发展水平，间接导致生产资料价格的上涨，因成本推动消费品价格上涨，在劳动者报酬不够的情况下就会产生滞胀和居民消费下降。另外，政府对资源的集中控制导致政府控制资源回报用于自身的消费和投资过高，"三公"消费不协调，政府公费错配或流失。所以，应从以下几个维度进行收入分配的结构性改革：第一，垄断行业与民营企业相比有极大的优势，那么，就应该对垄断行业征收垄断税。比如资源税改革的 5% 征税率是否可以有所提升，使其真正做到和非垄断行业的公平一致，从量税转变为价税，政府将资源收益和垄断收益纳入到公共财政收入，这部分收入如果用于公共服务，就可以促进收入分配公平。第二，地方政府土地财政需要合理配置。事实上，很多地方政府在得到出让 70 年产权的土地收入后，竟然一次性投资、还债或消费掉了，这等于透支了未来 70 年的开销。所以，这个开销是错配的，应该进行合理的财政分配。同时，政府的支出应该透明化，可以利用社会监督和网络公示等手段。第三，收入分配的改革还需要对政府体制做进一步改革。如果没有有效的监督，存在大量灰色交易，就会导致公共资金流失，而这些资金本来是可以提高收入分配平衡性的。第四，扩大政府资源到社会保障、公共服务和转移支付，减少"三公"消费，对中国 2 亿农民工建立社保体系，加强农村文教卫等基础设施建设，使大量的乡镇地区人口敢于消费，没有后顾之忧，带动制造业和服务业的产能出清。

五　土地维度的时频改革

供给侧结构性改革五大攻坚任务里最严峻的任务就是去库存和去产能，这里涉及土地维度的改革，其中包括房地产和工业区维度改革。中国从 1994 年开始的分税制改革，导致了地方政府财政收入占全国总财政收入的比重由 1993 年的 78% 下降到了 1994 年的 44.3%，而地方财政支出比重一直维持在 70% 左右。这使地方政府开始依赖土地财政，通过土地抵押等廉价信贷筹得资金，继而利用贷款进行基础设施建设，然后低价出让一部分土地建造工业开发区，吸引企业进驻。大量企业输入工业区后带动了周边的商业和土地价值，政府再以高价出让商业用地，用低价出让工业用地和高价出让商业用地的差对银行还本付息，盈余再投资。这种土地财政模式在过去是有效的，尤其是在加入 WTO 后，中国的工业区的政策优惠、土地便宜、廉价劳动力、地方保护等因素吸引了大量外包代工工厂，带动了中国经济增长。作为地方政府来说，开发区的建设既能吸引外资创造收入和就业，又可以使自己得到政绩方面的利益，所以都借着"经营城市"的口号，通过建立新城区、城市开发区和各类工业发展园区加大土地征用和供给规模。但是在新常态下，国际经济疲软，海外需求减少，老龄化社会导致劳动力成本上升，周边东南亚国家相对更低的成本，导致代工工厂转向他国。这直接导致了大量工业区企业停产，一线工人失业，周边开发的大量地产过剩。比如东莞、温州、台州等地都出现了大量人口流出现象。这又会导致工业开发区工业能力过剩、工业企业输入能力下降、财政能力不足以覆盖银行贷款，地方融资平台的信用产生较大压力，政府刚性兑付的潜在风险加大。所以，需要从城市土地维度来进行改革。第一，应该限制以短期土地出让回报和短期城镇化率作为地方业绩，以长期的土地出让回报和城镇化率为考核指标，这样可以避免恶性竞争和政绩工程带来的资源浪费。第二，打破地方政府土地垄断。引入 PPP 分担地方政府进行投资的风险，形成互相监督机制。第三，加强土地出让收入的监督与管理。很多地方政府出让的是 50 年或 70 年的产权，然而收到出让金后就一次性开销了，这等于是对未来几十年的透支，形成恶性循环。土地出让收入应当合理利用，有效管理，多应用到公共服务上。第四，中央也应当对地方进行一定的转移支付，尤其是分税制的缺陷需要进一步修正，从而避免地方过度依赖土地财政。同时，在时间和频率上也要就重避轻，从根本性的改革先入手，循序渐进。

从农村土地维度改革来看，地方政府为制造业发展而进行的大规模低价圈地已经造成了高达 3000 万～4000 万的失地农民。党国英指出，好的土地制度一是要在国民收入第一次分配当中，谁投入谁收获。二是国民收入的第二次分配，在这个土地上住的人应该平等享受公共服务。中国从 1998 年就提出承包权要长期化，产权要明晰，土地问题上公权和私权要有合理的边界。自 2008 年开始，中国对土地要素市场化也取得了共识。十七届三中全会提出了承包权长期化，建立农村建设用地和城市建设用地的统一化，改革集体经济制度等措施，但实际上至今仍然难以落地，农村土地维度改革是一个倒逼式、渐进式、长期的改革。所以，要从以下几个维度进行时频管理的改革：第一，明确承包权长期不变的期限，对土地产权要有一个明确的界定，这是对农村土地最基本的法律保障；第二，统一长期分割的城乡土地制度，建立以市场为导向的城乡土地制度，这样可以缓解大城市用地紧张的状况，但是在收入分配上要给予农民合理的回报；第三，建立农业保护区，大力发展 1.5 线城市，即一线城市与二线城市之间的城市，可以在城乡接合部建立针对农民工的特殊用房。同样，在时间和频率上也要就重避轻，从根本性的改革先入手，循序渐进。

六　其他维度的时频改革

以上四大维度改革从时频上来讲是最重要的，这四大维度的改革顺利进行对其他维度的改革会起到带动促进的效果，彼此之间相辅相成，独立且统一。供给侧结构性改革就是要提高有效供给，五大攻坚任务里强调补短板，新常态强调从要素驱动转向创新驱动，产业从低端转向高端、从拷贝学习转向自主创新。这些都离不开人才队伍的建设。首先，中国的教育和医疗实际上是供给不足的，那么，推动"互联网＋教育和医疗"，加大家庭医生和社区门诊供给，加大民营教育业的供给，就可以在一定程度上缓解有效供给不足。这两个领域的长期垄断和行政化管理，导致医疗和教育改革进展缓慢，同时，城乡之间的公共服务差异越来越大，导致为中国经济建设做出巨大贡献的农民工得不到应有的服务。其次，优秀人才流失是国家人才的浪费，接受了本国的基础教育、高等教育却输出海外并为海外工作服务，这就又涉及人口和移民政策的改革，放开二胎应对未来老龄化造成的年轻劳动力短缺，放开出入境限制、双国籍和绿卡的推广，可以使海外优秀的学子和中国建立纽带，中国传统文化在间接上又会使海外优秀人才回馈国家。同时，这又涉及能源革命，即干净、方便、便宜的资源可以使人民生活水平达到更高层次，环境变好，水质干净，又可以间接减少国家医疗财政支出，留住对环境较为敏感的群体。最后，财税改革也同样关系到各个维度的改革。怎么样差异化征税，协调中央和地方的财政收入，保持中国现阶段还需要的长期基础设施建设的支出，一次分配和二次分配的结构性改革，社会保险的全覆盖，都对此次供给侧结构性改革起到了决定性的作用和意义。当然，在时机和力度上同样要区分对待，根据重要性和紧迫性逐一进行。

七　总结

进行多维度的时频控制管理的供给侧改革是一个系统工程，需要多部门统一、协调、沟通后才可以找出最佳组合方法，五大攻坚任务应该在维度和时频上协调发展，使其效率达到最高。维度到底有哪些？最佳时机在何时？这是需要进一步深入实证研究的。如果不做压力测试，不进行改革效果预估，不做细分化维度改革，不重视时频管理，那么，改革最终要达到预期目标很难，更多的是"摸着石头过河"绕弯路，无法实现中国在国际舞台上的弯道超车。自上而下地强力推动改革，可能会使中国经济产生较大阵痛，历史规律显示：有些国家可以担起阵痛和压力，跨越中等收入陷阱，改革成功，比如东亚国家的成功转型和改革；而有些国家却因为改革带来的阵痛过大而陷入改革陷阱，最终掉入中等收入陷阱和发展陷阱，比如拉美和东欧国家的改革。中华人民共和国 60 年社会主义经济发展和改革道路的探索是一个整体，前 30 年经历了从新民主主义经济体制向计划经济体制的社会主义改革，后 30 年经历了从有计划的商品经济体制向社会主义市场经济体制的改革，在社会主义建设道路上经历了艰辛的探索和曲折的改革，取得了伟大成就，也遭受过重大挫折。新中国 60 年经济史证明，包括经济发展战略和所有制结构、体制结构、产业结构等在内的经济制度与发展模式是可以选择的。[1] 所以，中国需要与时俱进地改革，一成不变、教条主义、故步自封只会使中国走回头路，无法融入全球一体化的大趋势。中国经济的前 30 年和后 30 年虽然在进行社会主义建设的思想指导、方针政策、实际工作上有很大差别，但两者

---

① 　邹东涛、欧阳日辉：《新中国经济发展 60 年（1949~2009）》，人民出版社，2009。

绝不是彼此割裂的，更不是根本对立的。[1]世界上没有放之四海而皆准的发展道路和发展模式，也没有一成不变的发展道路和发展模式。[2]在客观的国情因素制约下，保证政策的不失误、与时俱进、适合性，是决定中国经济在持续下降背景下再次起飞的关键。中国改革开放前利用苏联经济改革模式，进行快速的中国版工业革命是有必要的，为今后的改革开放打下了重工业的基础。改革开放后中国利用过西方发达国家的凯恩斯经济主义理论、古典经济学理论、货币主义理论、自由市场理论、供给侧改革理论，这些改革理论和方法充实了中国政策制定、经济决策、监管、经济实施部门的政策"百宝箱"，使党中央在遇到经济问题时更加灵活高效，充实了经验，吸取了教训。在亚洲金融危机后的1998年，朱镕基总理就强力推动了供给侧改革，然而，时隔多年今日的中国经济已和过去大不相同，如果说今日的供给侧改革是2.0版，那么，就应该对供给侧改革进行升级，不是简单地拷贝当年的方法，更不是翻版西方供给学派。供给学派强调的重点是减税，过分突出税率的作用，并且思想方法比较绝对，只注重供给而忽视需求，只注重市场功能而忽视政府作用。中国的供给侧改革是结构性改革，用改革的方法调整经济结构，减少无效和低端供给，扩大有效和中端供给。事实证明，中国不是需求不足或没有需求，而是需求变了，供给的产品却没有变，质量、服务跟不上。有效供给不足带来大量需求外溢，所以供给侧结构性改革强调供给和需求是既对立又统一的关系，二者相互依存、互为条件。[3]结合多维度的供给侧改革，并对时间和频率进行有效的控制，循序渐进地推进五大攻坚任务，中国经济一定不会掉入改革陷阱，并能成功跨出中等收入陷阱和发展陷阱，推动"十三五"时期中国经济持续稳步健康发展，确保如期实现全面建成小康社会的奋斗目标。

---

① 《习近平总书记系列重要讲话读本》，《人民日报》2014年7月2日。

② 胡锦涛：《在纪念党的十一届三中全会召开30周年大会上的讲话》，《人民日报》2008年12月19日。

③ 习近平：《在省部级主要领导干部学习贯彻党的十八届五中全会精神专题研讨班上的讲话》，《人民日报》2016年5月10日。

参考文献

党国英:《中国土地规划管理及其改革》,《上海国土资源》2014 年第 3 期。

贺铿:《中国经济减速原因与出路》,《中国市场》2013 年第 31 期。

胡锦涛:《在纪念党的十一届三中全会召开 30 周年大会上的讲话》,《人民日报》2008 年 12 月 19 日。

李郇、洪国志、黄亮雄:《中国土地财政增长之谜——分税制改革、土地财政增长的策略性》,《经济学(季刊)》2013 年第 4 期。

连平:《新形势下中国银行业发展呈现五大新趋势》,《中国银行业》2014 年第 9 期。

陆磊:《中国金融改革的逻辑和思路》,《经济导刊》2014 年第 1 期。

陶然、陆曦、苏福兵、汪晖:《地区竞争格局演变下的中国转轨:财政激励和发展模式反思》,《经济研究》2009 年第 7 期。

吴晓求:《理念错位误导资本市场》,《资本市场》2013 年第 1 期。

王小鲁:《经济增长、收入分配与结构调整》,《经济体制改革》2015 年第 1 期。

王小鲁:《收入、消费与中国经济结构再平衡》,《劳动经济研究》2014 年第 6 期。

向松祚:《全球金融资本主义》,《新财经》2014 年第 2 期。

《中国证券登记结算有限公司 2015 年年度报告》,中国证券登记结算有限公司,2015。

中国证券监督管理委员会:《股票投资者分类标准》,2015 年 1 月 9 日。

《习近平总书记系列重要讲话读本》,《人民日报》2014 年 7 月 2 日。

习近平:《在省部级主要领导干部学习贯彻党的十八届五中全会精神主题研讨班上的讲话》,《人民日报》2016 年 5 月 10 日。

邹东涛、欧阳日辉:《新中国经济发展 60 年(1949~2009)》,人民出版社,2009。

Aslund A., Boone P., Johnson S., "Escaping the Under-reform Trap", *IMF Economic Review* 48 (2001).

法治指数量化评估中的实践与反思

胡慧馨 *

摘　要： 随着法治话语获得广泛认同，如何以指数评估衡量一国一地的法治发展水平，通过中立化技术方式促进法治发展，成为当今各国高度重视的课题。当前，法治指数在中国具有独特意义，各地兴起的地方法治实践中以量化指标方式推动法治发展已逐渐成为重要手段。量化法治有助于政府和法院对照既有的法治标准寻找差距，从而找到法治社会建设的着力点。法治政府指数和司法公正指数是量化法治的两项重要指数，但中国在这两种指数体系的设计思维上体现出同构性的缺点。要构建科学合理的地方法治量化评估机制，需要解决好以下四个方面的问题：一是法治理论研究与评价指标设置的协调；二是地方法治评估的中立性；三是指标内容设置的合理性；四是定量与定性的有机结合。

关键词： 法治指数　评估实践　量化评估

随着法治话语获得广泛认同，如何以指数评估衡量一国一地的法治发展水平，通过中立化技术方式促进法治发展，成为当今世界公认的重大课题。当前，法治

---

*　胡慧馨，中国社会科学院数量经济与技术经济研究所博士后。

指数①在中国具有独特意义，各地兴起的地方法治实践中以量化指标方式推动法治发展已逐渐成为重要手段。近年来，全国许多地方积极探讨和实施法治评估机制。法治评估体系、法治政府指标体系、司法公开标准等在实践中得到广泛应用，法治指数、司法透明指数、电子政务发展指数、司法文明指数、司法公信力指数、司法公正指数等指数化测评相继出现。2013 年 11 月 12 日，党的十八届三中全会通过的《中共中央关于全面深化改革若干重大问题的决定》，更是明确提出"建立科学的法治建设指标体系"②，这意味着更大范围、更深程度的法治评估实践将会全面展开。

对于法学研究而言，法治指数研究是法学跨学科研究的一个重要成果。近年来，中国法学开始走出"政法话语"和法条分析的藩篱，开始注重实证研究和交叉学科研究，方法论和视角的转变可能为中国法学研究的发展提供一个新的突破口。③ 而在国外诸多国家，法律和社会科学领域的学者们也是一直关注运用法治"数据集"（data sets）促进他们研究成果的质量和"厚度"提高。④

一　国外法治指数的评估

法治指数这一概念最初出现于 2005 年世界银行《国别财富报告》之中。在该报告中，法治指数主要为说明国家财富与法治程度关联度而存在。根据世界银行的研究，一国约 57% 的无形资本价值由其法治程度决定，约 36% 由学校教育所

---

① 法治指数，是经过设计、观察、统计、分析、评价、计算等步骤得出的量化数据。它同时也是以数据为基础，对法治发展水平进行数字化评估所设定的评价标准。法治指数并非单纯数字，它蕴含了一种社会发展理念，是一个动态体系的系统性工程。法治指数大致分为评估体系建构与指数计量方法两部分。前者包括对法治发展水平的总体把握以及评估指标结构的科学设计，后者则以前者为基础，运用科学方法搜集、处理相关数据并选择恰当的数学模型进行计量。

② http://www.gov.cn/jrzg/2013-11/15/content_2528179.htm.

③ 钱弘道等：《法治评估及其中国应用》，《中国社会科学》2012 年第 4 期。

④ Skaaning S. E., "Measuring the Rule of Law", *Political Research Quarterly* 63 (2010).

决定。①

国际上涉及法治指数及专门的法治量化评估体系的研究和实践起步较早，且较具代表性的是世界银行全球治理指数（Worldwide Governance Indicators, WGI）以及世界正义工程法治指数（The WJP Rule of Law Index）。

（一）世界银行全球治理指数

WGI 由世界银行创建于 1999 年，覆盖面超过 200 个国家，数据来自于 30 多个关于治理数据指标的不同数据源。收集标准是 WGI 对治理的定义"在一国之中通过传统与制度行使权力"以及其对定义解释的 3 个方面与 6 个维度。

表1　WGI治理概念及层次

一定义	三方面	六维度
全球治理指数治理定义	政府的选择、监管、替代的过程	发言权与问责
		政治稳定与杜绝暴力/恐怖主义
	政府有效制订（formulate）与实行合理政策的能力	政府效能
		监管质量
	尊重公民，并对管理经济与社会交互的制度予以阐释	法治
		控制腐败

WGI 的数据源包括企业和家庭的调查，商业信息提供者、非政府组织、多边机构以及其他公共部门机构的评估。② 这与国内当前许多"政府推进型"法治评估所采用的数据源类别存在明显差异。WGI 在对各指标权重计量时，引入了"未能观测要素模型"（Unobserved Components Model）对 6 个维度的数据进行处理。在WGI 中，一个数据准确度越高，权重就应越高，这使指标权重的计算转化成为指

---

① The World Bank, *Where is the Wealth of Nations? Measuring Capital for the 21st Century*, Washington, D.C: WB, 2013-4-29, http://www-wds.worldbank.org /external /default /WDS Content Server/WDSP/IB/2006/02/27/00016 0016_20060227181029/Rendered/PDF/348550REVISED0101Official0use0ONLY1.pdf.

② Daniel Kaufmann et al., *The Worldwide Governance Indicators Methodology and Analytica Issues*, Washington, D.C:WB, 2013-4-20, http://papers.Ssrn.com/sol3/papers.cfm?abstract_id=1682130.

标准确度考量。简言之，"未能观测要素模型"判断同一维度下两个独立数据之间的相关程度，准确度高低由二者之间相关程度决定，相关程度越高，其准确度就被认为越高，权重也就越大。

WGI 有利于组织和总结大量数据源，但其将"法治"置于六维度治理指标中的设置方式，使其专业法治指数的针对性有一定减弱。不少数据源在专业法治指数中应被归入法治维度之下。以"发言权与问责"为例，在此维度下，机构概况数据库（IPD）中所包括的"新闻自由""结社自由"等数据即为上述情况。实际上，"发言权与问责"与"法治"两维度存在交叉，同样的情况亦出现在"政治稳定与杜绝暴力 / 恐怖主义"与"法治"以及"控制腐败"与"法治"之中。

WGI 数据庞大而丰富是其显著优点，但也因此出现对一个地区或者国家具体情况反应迟钝等问题。所以有学者认为，WGI 只能作为其他评价具体治理情况的方法的补充。[①]

（二）世界正义工程法治指数

世界正义工程是完全独立的非营利组织，由美国律师协会联合国际律师协会、泛美律师协会、泛太平洋律师协会等律师组织发起，意在推动世界法治进程。近年来，世界正义工程的工作主要在三个相辅相成的项目领域展开，其中之一便是世界正义工程法治指数。[②]

世界正义工程法治指数来源于一套对法治进行系统定义的规范体系，其中法治基本原则包括四项：① 政府及其官员均受法律的约束；② 法律应当明确、公开、稳定、公正，并保护包括人身和财产安全在内的各项基本权利；③ 法律的颁布、管理和执行程序应公开、公平、高效；④ 正义通过称职、具备职业道德且独立的代理人和中立者

---

① 俞可平：《国家治理评估——中国与世界》，中央编译出版社，2009，第 121 页。

② Mark David Agrast et al., *The World Justice Project Rule of Law Index 2012-2013*, Washington, D.C.：WJP, 2013-3-20, http://worldjusticeproject.org/sites/default/files/WJP_Index_Report_2012.pdf.

得以实现，他们数量充足、装备精良并能够反映其所服务社会的特性。^①这些抽象原则由庞大的绩效指标体系加以细化，从而对一国法治程度进行全方位、多维度的评估与展示。

世界正义工程法治指数数据主要来自于两个方面。首先，采用"普通人口抽查"（GPP）方式，由资深的专业统计调查公司在每个国家 3 个最大城市中随机选取 1000 名受访者进行抽样调查。其次，采用"专家型受访者调查问卷"（QRQ）方式（问卷问题均为封闭式问题），以民商法、刑法、劳动法和公共卫生等领域的专家学者为受访者。

根据世界正义工程公布的信息，在法治指数 1.0 版中，共 4 项原则、13 个一级指标、49 个二级指标。2009 年，世界正义工程对测评体系进行了细化与扩增：法治指数 2.0 版包含 4 项原则、16 个一级指标、68 个二级指标。2010 年，世界正义工程将评估体系整合、简化成法治指数 3.0 版，其中依然包含 4 项原则，但一级指标与二级指标分别减至 10 个和 49 个。2011 年、2012 年与 2010 年体系大致一致。

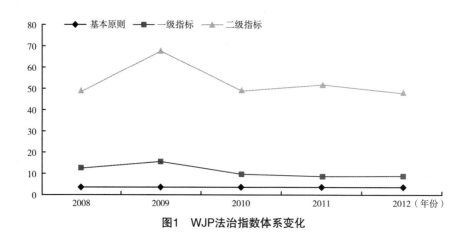

图1　WJP法治指数体系变化

---

① 前三项原则引自赵昕编译的《可以量化的正义：衡量法治水平的十六项"法治指数"（上）》，《人民法院报》2010 年 6 月 18 日；第四项原则因为原文与以前版本有所区别，故根据世界正义工程法治指数 2012~2013 年报告的相关内容译出。

由图 1 可知，在 2009 年到 2010 年间，法治指数 3.0 版对法治指数 2.0 版从体系上进行了较大改动，将一级指标与二级指标进行了整合，呈现出精简化趋势。

表2　WJP法治指数2009年版缩略[①]

原则	一级指标	二级指标
第一条：负责任的政府	1. 政府权力受到宪法制约	1.1–1.3
	2. 政府和非政府的监督	2.1–2.5
	3. 对政府及其工作人员依法问责	3.1–3.3
	4. 对军队、警察和监狱官员依法问责	4.1–4.4
	5. 遵守国际法	5.1–5.2
第二条：以公开、稳定的法律保护基本权利	6. 法律是明确、公开且稳定的	6.1–6.3
	7. 法律保护基本权利	7.1–7.6
	8. 法律保护人身安全	8.1–8.2
	9. 法律保护财产安全	9.1–9.4
第三条：公开、公正、高效的程序	10. 公开的程序	10.1–10.6
	11. 法律公平、有效地实施	11.1–11.7
第四条：可实现的正义	12. 公正负责的司法系统	12.1–12.3
	13. 高效、方便、有效的司法制度	13.1–13.8
	14. 称职、独立的律师或代理人	14.1–14.4
	15. 公平、高效的替代性纠纷代理人	15.1–15.5
	16. 公平、高效的传统正义	16.1–16.3

表3　WJP法治指数2010年版缩略[②]

原则	一级指标	二级指标
第一条：负责任的政府	1. 对政府权力的制约	1.1–1.8
	2. 杜绝腐败	2.1–2.3

---

① Mark David Agrast, et al., The World Justice Project Rule of Law Index 2012-2013, Washington, D.C.: WJP, 2013-3-20，http://worldjusticeproject. org /sites /default /files /WJP_Index_Report_2012.Pdf.

② Mark David Agrast, et al., The World Justice Project Rule of Law Index 2012-2013, Washington, D.C.: WJP, 2013-3-20, http://worldjusticeproject. org /sites /default /files /WJP_Index_Report_2012. pdf.

续表

原则	一级指标	二级指标
第二条：保障安全与基本权利	3. 法律是明确、公开且稳定的	3.1–3.3
	4. 秩序与安全	4.1–4.3
	5. 基本权利	5.1–5.8
第三条：政府公开与监管执法	6. 政府公开	6.1–6.3
	7. 监管执法	7.1–7.4
第四条：可实现的正义	8. 可行的民事司法	8.1–8.8
	9. 有效的刑事司法	9.1–9.6
	10. 非正式正义	10.1–10.3

通过观察可以发现 WJP 法治指数 2009 年版与 2010 年版的区别较为明显，对中国各地构建地方法治指数评估体系而言，这些变化无疑具有重要参考价值，主要有如下三个方面。

第一，从数量上看，2010 年版一级指标与二级指标个数比 2009 年版减少不少，使体系在整体上更加简洁。以第一组"负责任的政府"所含指标为例，2010 年版改变了 2009 年版划分方法，将"1. 政府权力受到宪法制约""2. 政府和非政府的监督""3. 对政府及其工作人员依法问责""4. 对军队、警察和监狱官员依法问责""5. 遵守国际法"5 个一级指标整合为"1. 对政府权力的制约""2. 杜绝腐败"两个一级指标。2010 年版对其他条目指标也进行了类似整理。

第二，在 2009 年版基础上，2010 年版将前一年中"第四条：可实现的正义"所含指标进行整合，梳理出从民事到刑事，再到其他非正式救济方式这一逻辑思路，并将这三条实现正义的路径囊括在涉及司法的相关指标之下，而涉及司法的指标又与涉及行政的指标组合起来，共同构成与国家机关义务相关的指标。经过整合梳理之后的 2010 年版将 WJP 设计法治指数时的两条思路线索——公民权利与政府义务更加明显地呈现出来。

通过上述两点阐释可以明确：指标并非越多越好，体系的复杂程度与科学性也并非成正比。对指标体系进行科学、合理设计，加以整合优化才是最佳选择。

第三，与体系的简洁度和类型化相得益彰的是对关键问题的把握。在 2010 年版中，世界正义工程推出"2. 杜绝腐败"这一一级指标作为测评"负责任的政府"的重要视角。现代法治国家尤为重视对权力的制约和对其滥用的监督，腐败作为权力滥用的典型形态，是各国法治建设的重点关注对象。习近平在中国共产党第十八届中央纪委第二次全体会议上强调："要继续全面加强惩治和预防腐败体系建设，加强反腐倡廉教育和廉政文化建设，健全权力运行制约和监督体系，加强反腐败国家立法，加强反腐倡廉党内法规制度建设，深化腐败问题多发领域和环节的改革，确保国家机关按照法定权限和程序行使权力。"[1] 将反对腐败、建设廉洁政治作为限制权力的重点之一，是国内外的共同选择。在地方法治指数评估体系中，将惩治、杜绝腐败置于重要位置，并对反腐测评工作开展更加深入的研究，以制度建设规范行为，正是"深入推进依法行政，加快法治政府建设"的突破口之一。

世界正义工程法治指数最大优势之一在于出色的数据覆盖，这与其指标体系精简化可谓双轨并行。虽然一级指标与二级指标个数均有所减少，但其调查问题个数在 2012 年版中由 479 个增至 516 个。体系精简并非意味着数据集包含的变量减少，反而可能增多。进一步讲，法治指数最基础环节应是数据覆盖，而非指标体系。这也从另一个角度解释了精简后的法治指数为何能做到对一国一地法治状况准确把握。[2]

在指标与评估体系反映出的变化之外，世界正义工程在降低数据测量误差方面的改进也值得一提，其与欧洲委员会计量经济学与应用统计学联合研究中

---

① 习近平：《更加科学有效地防治腐败 坚定不移把反腐倡廉建设引向深入》，《人民日报》2013 年 1 月 23 日。

② 在 JRC 关于世界正义工程的法治指数的统计审查报告（statistical audit）中也谈到了这一点。Michaela Saisana 以及 Andrea Saltelli 认为 2012 年的数据覆盖非常出色（共计 97 个国家，平均每国数据包含所设置的 516 个变量中的 96%）。而进一步的数据质量问题就需要对缺失值进行处理，主要方法包括删除缺失值的个案与缺失值插补等。

心（the Econometrics and Applied Statistics Unit of the European Commission's Joint Research Centre）进行合作，对指数进行敏感性分析，并为法治指数评估体系中的数值进行了置信区间计算。[①]

之后两年的体系与 2010 年版本大体一致，部分指标表达方式更趋规范化和类型化，此处不再详述。

二　中国的法治指数量化评估实践

中国第一个法治指数产生于香港。2005 年，香港通过计量得出法治水平得分为 75 分。[②]而后，浙江省杭州市余杭区、广东省深圳市、云南省昆明市等地或推出法治指数，或构建法治政府评估体系，以探索地方法治建设量化评估的科学路径和有效方法。

从全国范围内观察，中国法治评估按照测评层面不同可以分为两类：一类以香港和杭州市余杭区为代表，对地区内法治建设进行全方位量化评估，推出法治指数；另一类以《深圳市法治政府建设指标体系（试行）》为代表，主要聚焦于法治政府建设目标构建评估体系。[③]当前，全国各地根据国务院《全面推进依法行政实施纲要》精神认真组织制定落实具体办法与配套措施，一些地区更是已经在法治指数、法治政府评估的理论与实践方面积累了大量经验，这里将对全国部分地方的法治评估实践进行梳理分析。

（一）香港的法治指数

香港的法治指数由香港社会服务联会倡导并赞助进行。香港的法治指数主

---

① Mark David Agrast et al., *The World Justice Project Rule of Law Index 2012-2013*, Washington, D. C.: WJP, 2013-3-20, http://worldjusticeproject.org /sites /default /files /WJP_Index_Report_2012.

② 戴耀廷：《香港的法治指数》，《环球法律评论》2007 年第 6 期。

③ 除此之外还有一类主要以依法行政为考察对象的评估办法或实施规划，如《湖南省人民政府 2012 年度依法行政考核方案》等。但需说明的是，此类与第二类在实质上有大量交叉，且当前建设法治政府的主要目标之一就是实现政府依法行政，故对第三类不再单独探讨，仅针对第一类与第二类展开分析。

要经历了"归纳法治条件"阶段,"收集法治指数数据"(包括硬数据与观感数据①)阶段,"专家评测"阶段,"计算法治指数"阶段等四个阶段。

在"归纳法治条件"阶段,设计者主要是从西方法治理论和实践中归纳并系统整理出来的。②这其中包括了富勒、拉兹等人对法治的经典论述。在完成归纳法治条件之后,需进行法治数据收集。这个阶段先需要根据前一步骤所概括的法治条件列出所需收集的具体数据。香港法治指数收集的相关数据包括直接反映法治状况的量化客观数据与反映主观感受的量化主观数据。而在设计者对所需评估的法治概念进行阐释时,又具有较为明显的体制性进路的特点——聚焦政府是否依法行事。从以上两方面可以看出,香港法治指数试图以量化主观指标与客观指标的方式模拟出政府是否依法行事。此关注点也在一定程度上反映出香港的法治理念继承于英美法系,偏重程序正义的特点。

在"专家评测"阶段,设计者从多个方面尽力做到评测专业、科学。评审者包括行内专家、法官、立法会议员、执法官员、法律专业人士等。设计者将经过归纳法治条件与收集法治数据两个步骤所掌握的资料发给评审专家,并附上评审表格(见表4)。

表4　香港法治指数专家评审表格

序号	条件	分数1(不太重要)~10(非常重要)	比重(%)
1	法律的基本要求		
2	依法的政府		
3	不许有任意权力		
4	法律面前人人平等		
5	公正地实施法律		
6	司法公义人人可及		
7	程序公义		

① 香港法治指数评估中的硬数据是指能够反映香港法治程度高低的量化的客观数据,而观感数据是香港法治指数设计者为弥补直接使用硬数据所存在的弊端,对香港市民法治主观观感进行统计的数据,是量化的主观数据。

② 戴耀廷:《香港的法治指数》,《环球法律评论》2007年第6期。

此阶段评审者针对每一条件进行打分,并给出比重,还要就给出的分数进行精简解释。此外,为进一步保证评审者所持意见的准确性,设计者还加入一群独立人士的评测用于检视。若评审者与检验者之间测评结果出入较大,则需进一步考察谬误。

最终,设计者再运用数学计算方法对评审者的权重与分数进行处理,获得香港法治指数得分。香港法治指数无疑为后来国内其他地方法治指数的设计与实施提供了大量宝贵经验,但其与内地的法治指数评估体系仍存在许多差异。

(二)浙江余杭的法治指数

浙江余杭法治指数的出台,与"法治浙江"建设有很大关系,甚至可以说,余杭法治指数是最具有地方法治"基因"的地方法治指数评估实践。浙江是中国"重商主义"的发祥地,是中国东部经济发展的标杆。2011年,浙江全省生产总值(GDP)达32000亿元人民币,成为全国四个省级GDP"三万亿俱乐部"成员之一。经济的高度发展对浙江的社会和谐稳定提出了更高要求。[①] 2006年,"法治浙江"建设提出以后,余杭提出"法治余杭"的建设目标,并开始设计法治指数评估体系。"法治余杭"目标定位于"党委依法执政、政府依法行政、司法公平正义、权利依法保障、市场规范有序、监督体系健全、民主政治完善、全民素质提升、社会平安和谐"。余杭法治指数中九项满意度调查内容基本与此对应。

余杭评估结构可概括为"1(一个指数)4(四个层次)9(九项满意度调查)"[②]。一个指数即法治指数,四个层次是指法治指数分为区本级、区级机关部门、乡镇街道、村和社区四个评估层面。九项满意度调查是在评估中,对人民群众进行问卷调查的九项内容,包括人民群众对党风廉政建设满意度、群众对政府工作认同度、司法工作、权利救济、法治意识、市场秩序规范化、监督工作、民主政治参

---

① 周尚君:《国家建设视角下的地方法治试验》,《法商研究》2013年第1期。

② 钱弘道:《余杭法治指数的实验》,《中国司法》2008年第9期。

与、安全感九个方面。

余杭法治指数的特点之一，在于设计者在法治指标中增加了人民群众评估意见。香港的评审者中并不包括公众，而只是将其作为检视者之一；香港公众观感数据是评审者测评依据，并不直接进入最终计算。余杭法治指数则采用另外一种方式——设计者将法治指数评审构成比例重新进行分配，由内部组、外部组、专家组、人民群众满意度四个方面组成（见图2）。这意味着人民群众的评价将直接影响法治指数的最终得分。

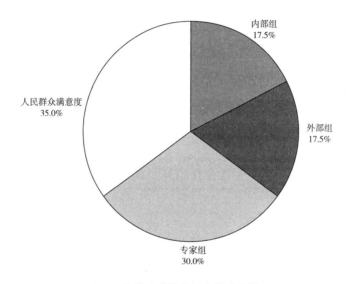

内部组
17.5%

外部组
17.5%

专家组
30.0%

人民群众满意度
35.0%

图2 余杭法治指数评审构成比例

（三）法治昆明综合评价指标体系

昆明法治指标体系是全国第一个省会城市法治指数。昆明市委法治昆明建设领导小组办公室于 2010 年 9 月 29 日发布《法治昆明综合评价指标体系》。该法治评价指标体系由 3 个一级指标，13 个二级指标，33 个三级指标构成。其中，各级指标的权重都已在体系中予以确定，这是一大亮点（见表5）。三个一级指标中，前两个"法治的社会环境综合指标"与"法治的制度环境综合指标"项下的经验性评价部分，由内部评估组、社会评估组以及专家评估组分别进行独立评价。第三个一级指标"法治的人文环境综合指标"项下的两个二级指标则运用其他方法进行测评，即第12项"公众评价性指标"直接以《中国城市竞争力报告2011》中"政府治理能力评价指数"为评价标准；第13项"公众体验性指标"则委托国家统计局昆明调查队对"社会安全感指数"与"对昆明法治环境的满意指数"以问卷形式进行独立调查。

　　昆明评估体系从构建到使用的整个过程都强调独立性。虽然相关程序与操作并非尽善尽美，但这种尝试值得肯定。毋庸置疑，一个独立、专业、权威的第三方机构是保证法治评估结果公信力的必然选择，也是国际先进经验。这样可使评估方与评估对象摆脱各种利益瓜葛，从而使评估保证严格、公正、科学、权威。指标体系乃至法治评估理论的意义只有通过这种方式得到充分的理解与认可，才能产生广泛的社会影响。

表5　昆明法治综合评价指标体系缩略

一级指标	二级指标	三级指标	权重
法治的社会环境综合指标	1. 社会安全	（1）-（5）	7
	2. 市场安全	（6）-（8）	6
	3. 社会廉洁度	（9）	3
	4. 法律资源	（10）-（12）	4
法治的制度环境综合指标	5. 依法执政	（13）-（14）	6
	6. 民主政治	（15）-（17）	6
	7. 规范立法	（18）-（19）	6
	8. 依法行政	（20）-（24）	23
	9. 公正司法	（25）-（26）	10
	10. 法制宣传教育	（27）-（28）	8
	11. 法律监督	（29）-（30）	6
法治的人文环境综合指标	12. 公众评价性指标	（31）	5
	13. 公众体验性指标	（32）-（33）	10

2012 年 4 月 24 日，昆明市委法治昆明建设领导小组办公室和昆明市司法局联合发布《法治昆明综合评价指标体系》第一次测评结果，昆明法治指数得分为 72.96 分。

（四）广东省法治政府建设指标体系

2013 年 2 月 5 日，《广东法治政府建设指标体系（试行）》经由广东省人民政府第十二届一次常务会议通过，于 2013 年 6 月 1 日起施行。该指标体系共 8 项一级指标，40 项二级指标，108 项三级指标，指标体系的总分值为 100 分。从结构上讲，该体系最突出的特点是将与每个一级指标相关的原属于三级指标的"量化指标"项目置于二级指标项目内。而各二级、三级指标的具体分值，则由考评主体按照政府与部门分开、区分部门类别的原则，结合年度依法行政工作部署，在制订考评方案时予以明确。此指标体系的具体内容也有所创新，如第 4 项关于地方性法规、政府规章草案通过政府网站或者新闻媒体向社会公开征求意见时间不少于 30 日的规定，以及政府规章经政府常务会议审议通过后，通过政府公报、政府网站和普遍发行的报刊等多种方式向社会公布，实施日期与公布日期的时间间隔原则上不少于 30 日的规定；第 19 项重大行政决策做出前，由政府或者部门法制机构进行合法性审查，未经合法性审查或者经审查未通过的，不做出决策的规定。此外，广东在行政执法的规范罚没管理、依法受理、办结信访事项以及自觉接受司法机关监督等指标上也有所突破。

当然，法治政府建设并不能完全对应地方法治目标：从体系的设计思路上看，法治政府建设评估体系一般以政府义务为主，而法治评估至少应包含公民权利与政府义务两方面；从评估对象的范围上看，法治政府建设评估也较地方法治指数评估更为狭窄。

三 法治指数进行量化评估的实践原则

（一）"客观"与"主观"的结合

综观各地评估体系的量化指标，大多采用客观指标与主观指标相结合的结构。

主观指标如公众对依法行政工作满意度等，客观指标如地区万人拥有律师数等。虽然各地在主客观指标介入方式、参考比重等方面存在区别，但"客观"与"主观"相结合的方式是基本一致的选择，其结构如下：

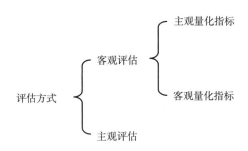

（二）"封闭"与"开放"的选择

不可否认，在"政府推进型"法治建设中，政府作为主导力量发挥了不可替代的重要作用。但是，政府主导体系，必须重视权力资源开放和公众参与问题，尤其是在推进国家治理体系和治理能力现代化过程中，政府和公众更应形成有效合力。同样，地方法治指标和内容也需公众参与和认可，不能采用自我封闭式的评价与主观臆断，防止法治指数陷于政府"自说自话"的境地。

目前，余杭、昆明等省市的地方法治指数实践都对公众参与方式、阶段以及公众评价权重等给予了初步重视。前述已提到，人民群众满意度的权重占到余杭法治指数的 35%，部门自评占 17.5%。而余杭的人民群众满意度调查比香港的市民法治主观观感调查规模更为广泛：2012 年，余杭区户籍人口为 89.04 万人，而余杭法治指数进行了 1000~1500 份民意调查；香港特别行政区 2004 年人口为 689.55 万人，而公众调查成功样本为 1020 个。此外，大规模民意调查之所以得以开展，本身也与政府主导有很大关系。昆明市在构建法治指数的评估体系时，通过邮件、电话、网络等方式广泛征求公众对候选指标的意见，再结合专家论证与职能部门访问，最终确定体系并予以发布。可以说，余杭区、昆明市等法治指数体系在对公众参与度方面做出了有益尝试。

（三）"特殊"与"普遍"的取舍

从各地发展实践来看，法治量化评估指标参差不齐，体系不尽相同，使各地无法比照借鉴，评估体系的效用受到较大限制。但现阶段在坚持法治的根本原则和普遍规律的基础上，还不宜对不同省、市法治指标进行统一。当前，中国地方法治量化评估，与地方法治试验紧密相关，尚处于"试错"阶段。过于强调法治指数评估体系的普遍性，虽然一时满足了可比性要求，却可能使评估体系难以反映地区法治发展中的特殊性而不能起到有效助推地方法治建设的作用，最终将影响整个国家法治建设进程。因此，设计中国法治指数切忌贪大贪多和求全，还是从最重要的方面点滴入手而渐次展开为妙。即使是力求在全球范围建立起法治指数统一测评体系与方法的世界正义工程，也在其每年的法治指数报告中加入对不同地区、不同国民收入的区别考虑。现阶段，最需要完成的是与地方法治发展相配合、相适应的量化评估，而不是急于寻找能够普遍适用的法治评估公式。可以说，一旦地方法治逐步成熟，地方法治评估经验日益丰富，自然可能产生具有普遍性意义的法治评估体系。

四　中国两种法治指数评估的缺陷反思

各个地方政府量化法治的具体实践，通常从确立法治政府指数和司法公正指数来展开。从具体做法来看，有的地方通过出台"法治建设状况（综合）评价指标体系"的方式将这两种指数都涵盖进去，有的地方则通过分别制定"法治政府建设指标体系"和"司法指标评估体系"来推动本地量化法治的具体实践。

（一）两种指数设计的操作梳理

2004 年，国务院出台了《全面推进依法行政实施纲要》。该纲要提出用十年左右的时间来基本实现建设法治政府的目标。纲要的这一要求，直接推动了中国法治建设的量化式管理。不久，北京、上海等地政府相继编制了本地区的法治指标体系，但未实施。2007 年，浙江省杭州市余杭区出台了《"法治余杭"量化考核评估体系》，并发布了具体的法治指数。它是中国内地发布的第一份法治指数，从党委依法执政等九个方面来具体量化当地的法治。2008 年，广东省深圳市颁布实施了《深圳市法治政府建设指标体系（试行）》。该体系共分 12 项一级性标尺和 44 项二级性标尺，主要围绕政府立法工作法治化等方面来展开。在这两个地方的影响和刺激下，各地纷纷开始制定各种各样的法治量化标准。例如，2008 年，青岛市普法办公室发布了《青岛市创建法治城市目标责任分解》和《青岛市开展法治城市自测评估体系》。为了进一步规范各地量化法治的具体实践，国务院在 2009 年出台了《关于推行法治政府建设指标体系的指导意见》。该意见设计了政府职能转变和行政管理方式创新等 8 项一级性标尺以及 50 项二级性标尺。在这一意见的指引下：2010 年 6 月，湖北省颁布实施《湖北省法治政府建设指标体系（试行）》；2011 年 8 月，北京市政府下发《关于加强法治政府建设的实施意见》；2011 年，辽宁省颁布实施《辽宁省法治政府建设指标体系》；2013 年 4 月，广东省发布了《广东省法治政府建设指标体系（试行）》。

与此同时，法院系统也开始了量化司法的探索与实践。就法院而言，提高案件审判质量是改进法院工作方式、提高法院工作能力的出发点和落脚点。因此，量化司法往往表现为量化案件审判质量。当下，法院也主要是围绕提高案件审判质量来设计司法公正指标评价体系的。例如，《"法治余杭"量化考核评估体系》在司法指标评估体系方面，主要设计了审判机关执行上级命令情况等具体标尺。最高人民法院在 2008 年出台的《关于开展案件质量评估工作的指导意见（试行）》中，提出案件质量评估体系应当设计审判公正、审判效率、审判效果等 3 个二级指标（这 3 个二级指标再由 33 个三级指标组成）[1]。为进一步加强审判管理，最高人民法院在总结试行经验的基础上，对该案件质量评估指标体系进行优化，并在

---

① 《最高人民法院关于开展案件质量评估工作的指导意见（试行）》，法发〔2008〕6 号。

2011 年 3 月正式出台了《关于开展案件质量评估工作的指导意见》。2013 年，最高人民法院印发了《人民法院案件质量评估指数编制办法（试行）》，用以指导各级人民法院进一步加强人民法院案件质量评估工作。

（二）两种指数设计思维的缺陷

通过对法治政府指数体系和司法公正指数体系的梳理，我们发现这两种指数体系的设计思维体现出同构性的特点。所谓同构性，是指法治政府指数体系和司法公正指数体系具有相同或者相似的系统结构。具体来讲，这两种指数设计的同构性主要体现在以下四个方面。

（1）这两种指数设计思维都体现了上级机关与下级机关同构化的科层制逻辑。马克斯·韦伯认为，存在一个等级制的权力体系，而上级监督下级工作是科层制的重要特征之一。[1] 为了保证上级对下级的监督，行政系统内部会设立上下级相对应的行政部门，并且行政机关会奉行相同的评估考核标准。中国法院在设置司法公正指数体系时，也依葫芦画瓢地照搬了行政系统的做法，即下级法院的司法公正指数与上级法院的指数基本是一致的，没有体现出基层法院、中级法院、高级法院和最高法院的各自特点。而且，这套指数在设计时进一步强化了法院系统需要继续坚持"谁主管，谁负责，一级抓一级，层层抓落实"的基本方针，从而致使法院与强调狠抓落实的科层制政府部门并无多大区别。[2] 因此，上下级法院之间的监督关系，在事实上变为了领导与被领导的关系。而且，有的地方在设计指数时，将法院视作党政部门的一个执行机构，并把执行情况的好坏作为一个重要标尺。例如，《"法治余杭"量化考核评估体系》规定："审判机关、检察机关未按中央和省委要求对重点领域专项整治工作作出专项部署的，扣 5 分。"其实，中国的"上下级法院之间的关系比较复杂，有审判工作关系，有行政管理关系；有独立审

---

① 马克斯·韦伯：《经济与社会》（下册），林荣远译，商务印书馆，1998，第 279 页。

② 艾佳慧：《中国法院绩效考评制度研究——"同构性"和"双轨制"的逻辑及其问题》，《法制与社会发展》2008 年第 5 期。

判的平等关系，有上诉的审级关系；有平等关系，有命令服从关系；有抽象问题的协商式关系，也有具体问题的隔绝式关系"①。因此，在设计司法公正指数时，倘若只注重科层制逻辑，则是远远不够的。

（2）这两种指数设计思维都体现了政府与法院功能分化不充分的同质化逻辑。长期以来，法院与政府在职权分工上存在诸多混乱，从而导致功能分化不充分。这种功能分化不充分在法治指标设计方面也得到了体现。例如，诸多地方出台的法治政府评估体系中都规定了信访、投诉、调解等指标，而法院系统在司法公正指数体系中也涉及信访、投诉、调解、执行等指标。这种指数设计，将法官与公务员的职能混在了一起。

（3）这两种指数设计思维都体现了治官而非治权的逻辑，中国量化法治的实践，是在治理官员腐败这一背景下开始启动的。因此，通过量化的标准来约束官员的行为，是量化法治的一项重要任务。从本质上讲，治官和治权是治理官员腐败的两个重要方面。治官强调的是提高官员个人的政治修养、道德素质、工作能力和职业伦理素质；治权强调的是通过横向和纵向的分权来实现权力的相互制约与制衡，从而避免部门利益合法化。就中国当下的法治政府指数和司法公正指数而言，它们的重点仍然是在治官，即主要是围绕作为个体的官员如何提高自己的政治道德素质、改进自己的工作方式、增进自己的工作效能等问题来设计具体的指数体系，而较少涉及横向和纵向分权的问题。例如，各地方出台的法治政府指数较少或几乎没有涉及各个部门之间的权力划分这一标尺，而司法公正指数没有涉及法院独立审判案件这一指数。其实，当下中国诱发腐败的一个重要原因在于权力因缺乏有效的分工而滋生和助长了个人或集体的腐败动机，从而加强了个人或集体滥用公共权力以牟取私利的腐败行为。② 倘若不从治权的逻辑出发，治官是难以实现的。因此，法治政府指数设计与司法公正指数设计并不能从根本上解决

---

① 蒋惠岭：《上下级法院关系改革的思路》，《法制资讯》2009 年第 5 期。

② 雷玉琼、曾萌：《制度性腐败成因及其破解》，《中国行政管理》2012 年第 2 期。

腐败问题。

（4）这两种指数设计思维都体现了评估标准大众化的基本逻辑。从理论上讲，司法活动是一种运用法律技术解决法律矛盾和纠纷的专业化活动，而且司法活动首先是在矛盾和纠纷双方之间展开，需要在当事人与复杂社会之间形成一定的间隔空间。因此，适用法律是否准确和适用法律的程序是否公正是评价司法公正与否的重要标准。政府行为的专业性和技术性相对于司法活动而言要弱一些，并且它是向所有社会公众开放的，需要更多地反映大众的想法，需要回应社会多元化的需求，因此政府行为的评价标准往往具有大众化的色彩。然而，中国在法治政府指数设计和司法公正指数设计中，都包含大量的大众化标准的因素。例如，几乎所有的司法公正指数都将个案公众满意度作为审判效果指标。

五　完善法治量化评估机制的思考

（一）法治理论研究与指标体系的协调问题

如前文所述，"量化法治"研究的一个重要特点是明确的实践指向，而且许多项目的开展本身都是由政府委托学者和实务工作者协同进行。[1] 相关实践并未过多纠缠法治内涵定义问题，原因就在于"法治"这一重要词汇在内涵上不易被明确界定。就当下中国而言，有关内容能否体现中国现实社会的基本特色并符合法治的基本理念等问题，在中国学术界并未展开充分的讨论和取得基本的共识。[2] 事实上，国内各地区在对"法治"量化指标表述方面，彼此之间具有较大的差异性，我们难以基于不同的指标内容逆向获取一个清晰的"法治"概念，这意味着，对法治的不同理解可能会设计出不同的法治评估指标体系。那么，如何保证这些设计不偏离法治理念的初衷，避免通过"突进式运动"达到考核的数字标准，[3] 使法治评估彻底

---

[1]　张志铭：《"量化法治"绕不过"定义法治"》，《检察日报》2013年7月16日。

[2]　侯学宾、姚建宗：《中国法治指数设计的思想维度》，《法律科学》2013年第5期。

[3]　四川省司法厅：《四川省"法治指数"构成与法治环境评估体系研究报告（2011）》。

沦为将"低法治水平现状"披上"高法治水平外衣"的魔幻工具，这无疑是横亘在相关研究和实践探索面前的前置性难题。因此，在依法行政第三方评估指标设置时，应综合采用文献资料法、经验预选法和专家咨询法等，尽最大努力避免遗漏法治相关变量，确保评估所依据的指标在反映法治建设基本状况基础上符合中国共产党第十八届四中全会后法治建设的新特点。

（二）地方法治评估的中立性问题

不可否认，"地方法治"之命题需要放置在依法治国这一大背景下考虑。因此，在如何设置评价指标、如何定量分析等编制指数方面，往往需要综合考量中国法治建设全局，这恰恰是地方政府难以把握的；同时，由于牵涉自身利益，地方政府自己编制的指数难免会有失偏颇。[1] 正因如此，保证法治评估的中立性和专业性，正是第三方评估的根本使命所在。一般认为，在地方法治评估中符合"第三方"资质的机构首先应具有独立性，即与被评估对象（政府）保持一定的距离。其次，法治评估也不同于"大众点评"，评估机构相对于社会公众的意见应保持独立判断。再次，评估机构应有专业队伍，不仅应具有法学专业基础，且能熟练掌握和使用各种调查工具。最后，"第三方"机构应能被社会所广泛认同。

中国地方法治评估实践已经开始注重发挥第三方机构评估、专家评估和社情民意调查在评估中的作用，但严格意义上的第三方评估不仅包括主体的独立性，还应包括指标设计和评估实施的独立性。一些地方的指标设计往往直接沿用政府机关自己设计的考核评价体系，其背后仍然体现了某种"政绩需求"。社会满意度调查是否可以按照一定权重计入指数，这一问题也直接影响评估结果的科学性。经验表明，在法治状况评价与法治水平之间，在某个特定的社会经济发展阶段可能会存在着反向趋势。[2] 根据中国政法大学发布的涵盖了53个主要城市样本的《中

---

① 占红沄、李蕾：《初论构建中国的民主、法治指数》，《法律科学》2010年第2期。
② 参见蒋立山《中国法治指数设计的理论问题》，《法学家》2014年第1期。

国法治政府评估报告（2013）》，过半数城市的"公众满意度"不及格，一些被公认社会经济发展走在全国前列的城市（如南京）排名垫底。[1] 对此，一个合理的解释是指标体系设计者遗漏了法治预期水平这一重要变量。影响预期水平的外生变量包括社会经济发展水平、文化习惯等因素。

因此，保证法治评估的中立性应彻底秉承"第三方"的价值立场。具体而言，任何由官方制定的相关考核指标都不能直接作为评估的依据；为避免利益冲突，第三方评估应保证受托实施主体与实质评估主体的相对分离；评估主要依赖于外部专业人士的知识和判断。中国香港地区的法治指数编制值得我们学习借鉴，其搜集的工作数据和公众评价均不直接进入法治评估指数的计算，而是将有关数据交由专家按照事先设计的一系列法治参数标准评分。[2]

（三）指标设置的科学性问题

指标设置是一个主观选择过程，反映了设计者对法治的理解，但并非简单宣示价值取向就万事大吉，有关指标内容应经过反复论证审查，进一步精确表述，直至将每个指标的名称、意义、可供测量的依据确定下来，并满足互斥性、穷尽性、单向性、可行性等客观属性。[3] 同时，指标内容还应具有开放性、包容性特征，与社会同步发展，根据需要进行修改完善。[4] 按照上述要求，实践中指标编制的一些做法还存在明显不足。

（1）关于指标内容的相关性问题。中国法治评估更多采用的是一种广义化的界定，在一些国家和地区不属于法治内容的方面也被纳入评估体系。[5] 例如，北京

---

[1] 参见王梦婕《法治建设"公众满意度"过半不及格》，《中国青年报》2014年1月8日。

[2] 参见钱弘道《余杭法治指数的实验》，《中国司法》2008年第9期。

[3] 可行性是指所设计的指标应当操作简便，相关成本保持在合理水平。关于互斥性、穷尽性和单项性三项属性的介绍，可参见孟涛《法治的测量：世界正义工程法治指数研究》，《政治与法律》2015年第6期。

[4] 参见戢浩飞《法治政府指标评估体系研究》，《行政法学研究》2012年第1期。

[5] 参见钱弘道等《法治评估及其中国应用》，《中国社会科学》2012年第4期。

市、浙江余杭和四川成都市等地均在法治评估指标中设有国际上极少采用的民主政治项（其并非传统定义的实质法治范畴），这未必是一种可取的选择。从普遍联系的角度看，与法治相关的因素纷繁复杂，但并非全部能够与之建立明确的相关性，因为一些较远的"原因"可能存在某种干扰变量。鉴于此，在指标设计过程中我们尽管采用了中国政府文件的习惯性称谓，设定了类似"行政决策科学民主"的一级指标，但在二级指标中明确将其限定于"形式法治"的范畴，体现为行政决策的各种前置性程序要求。

（2）关于内容上的"职能主义"倾向。"政府推进型"的评估运动普遍带来一个倾向，就是有关指标体系内容的设置过于偏重本地区或本部门相应职能分解。以四川省司法厅发布的有关研究报告为例，其设置的四个一级指标中，就涵盖了地方立法、行政和司法三大工作片口。四川省政府制定的"市县政府依法行政评估指标"也主要是从依法行政的工作角度加以设计。如前所述，"绩效"式的工作考评可能有损于法治评估的理念定位，指标内容的客观逻辑也容易违反穷尽性与互斥性，导致了重复测量、空白测量和不当测量。

（3）关于指标内容的说明与修正。确定法治各项评估指标内容存在多种方法，从实践的做法来看，有的从不同法治理论研究著作中归纳和罗列而来，[1] 有的依赖于专家的反复讨论，[2] 有的直接依据本地区的法治工作规划展开，[3] 等等。尽管不同做法各有其理由，但多数做法是指标内容一旦被选定，即作为不容讨论的既定前提，没有给出选定的理由。事实上，有关内容是否为法治不可或缺的因素，是否体现本地区、本部门的法治特征，需要一个开放性的修正机制。基于此，增强内容选定及其依据的说理性，就提供了这样一种反思空间。

---

[1] 参见戴耀廷《香港的法治指数》，《环球法律评论》2007 年第 6 期。

[2] 参见钱弘道《余杭法治指数的实验》，《中国司法》2008 年第 9 期。

[3] 参见王称心、蒋立山主编《现代化法治城市评价——北京市法治建设状况综合评价指标体系研究》，知识产权出版社，2008，第 82~83 页。

（四）关于定量与定性的结合问题

法治评估指标体系存在"定性要求"和"定量评价"的方法区别。主流观点基本认可法治量化评估的必要性与可行性，不少地区指标体系均考虑到数据统计的可行性，设计了相应的评估模型。但是，他们在量化方法及其与定性结合方面尚未达成共识。

（1）关于层次分析法与德尔菲法的运用。在地区实践中，德尔菲法在权重确定和指标评分中被广泛采用。德尔菲法的优点是它既能够集思广益、取众家之长，又能将权威意见、专家相互间的影响降到合理程度，保证评估定量化的合理性。[①] 然而，在多层次的综合评价体系中，各个层次的因子重要性无法进行直接比较。克服这些困难需要采用层次分析法（Analytical Hierarchy Process, AHP），即建立层次结构模型，然后求解判断比较矩阵的特征向量，并使其通过一致性检验（归一化），从而实现对各层次最基础因子的影响大小进行量化比较。[②] 关于不同层次的指标重要性设定更适合采用层次分析法而不是德尔菲法。[③] 一些评估指标体系（如市县依法行政评估指标）在操作层面具有层次性的显著特征，即分别对社会评价与工作测评确定了不同权重比例，而该比例实际却通过难以奏效的德尔菲法设定。

（2）关于客观指标与主观指标的数据处理。客观指标是指可以由具体数值和统计口径予以测量的指标，如比率、数量、件数、增长率，等等。北京市法治建设状况综合评价指标采用的是客观指标。[④] 主观指标反映的是评估主体的某种主观感受，对主观指标进行量化的常见方法是设置虚拟变量予以赋值。我们设计的指标和问卷主要采用了主观指标。客观指标受到信息搜集来源等可行性限制，主

---

① 参见周尚君、彭浩《可量化的正义：地方法治指数评估体系研究报告》，《法学评论》2014 年第 2 期。

② 参见姜启源等编《数学模型》，高等教育出版社，2003，第 231 页。

③ 参见彭国甫等《应用层次分析法确定政府绩效评估指标权重研究》，《中国软科学》2004 年第 6 期。

④ 参见王称心、蒋立山主编《现代化法治城市评价——北京市法治建设状况综合评价指标体系研究》，知识产权出版社，2008。

观指标则受限于抽样方法、观感偏差等缺陷。我们认为,政府机关内部的目标考核可以运用客观指标予以测评,但在地方法治评估中,鉴于客观指标排除了专业人士的独立判断,不符合中立性要求,因此主观指标设计与德尔菲法量化方法更适合应用于第三方评估。

(3)关于定性分析对定量分析的影响。不论是主观指标还是客观指标,量化评价离不开定性分析。对于客观指标而言,数据与法治水平的相关性不容易确定。某机关的执法查处案件数量与其依法履职是否存在相关性,需要有关个案和经验分析的信息才能确定。例如,行政机关在某段时间内集中开展专项整治行动,虽然取得了较为显著的执法成果,但恰恰反映出其常态下依法履职水平的不足。主观指标同样会受到定性分析的影响。在评估活动中,专家据以评分的重要依据正是深度访谈、执法卷宗抽评分析、暗访报告等原始材料。专家评分时所注明的观点和理由,也可能在第二轮评分中影响其他专家的评分。因此,如何在量化机制中融入定性分析的设计,对建立科学的法治评估指标体系至关重要。

参考文献

巴里·海格:《法治:决策者概念指南》,曼斯菲尔德太平洋事务中心译,中国政法大学出版社,2005。

克利福德·科布等:《社会指标的历史教训》,宾建成译,《经济社会体制比较》2011 年第 5 期。

喻中:《乡土中国的司法图景》,中国法制出版社,2007。

袁曙宏:《关于构建中国法治政府指标体系的设想》,《国家行政学院学报》2006 年第 4 期。

戴耀廷:《香港的法治指数》,《环球法律评论》2007 年第 6 期。

季卫东:《以法治指数为鉴》,《财经》2007 年第 21 期。

志灵:《"法治指数"无法衡量所有法治现状》,《法制资讯》2008 年第 4 期。

莫言峰:《法治指数的南橘北枳之忧》,《法治与社会》2008 年第 6 期。

钱弘道、戈含锋、王朝霞、刘大伟:《法治评估及其中国应用》,《中国社会科学》2012 年第 4 期。

姚建宗:《法治指数设计的思想维度》,《光明日报》2013 年 4 月 9 日。

蒋立山:《中国法治指数设计的理论问题》,《法学家》2014 年第 1 期。

跨国资本流动："一带一路"沿线国家与发达国家的比较[*]

侯　哲^{**}

摘　要： 本文主要研究引发跨国资本在不同经济体流动的主要因素，选取 2010 年第 1 季度至 2015 年第 4 季度 22 个"一带一路"沿线国家和 18 个发达国家作为样本。面板 VAR 实证结果显示，对"一带一路"沿线国家短期跨国资本净流动而言，国外推动因素主要源自全球风险偏好的变化和发达经济体经济增长率，而国内拉动因素主要源自本国经济增长率和利率水平的变化；对发达国家短期跨国资本流动而言，拉动因素为汇率变动率，推动因素为美国 GDP 增长率和利率，全球风险指数只在净资本流动中起到推动作用。短期资本流动面板 VAR 方差分解的结果表明，全球风险指数和汇率变动率解释能力均达到 14% 左右，而经济增长率的解释力不足 2%。在推进"一带一路"建设过程中，沿线国家货币政策当局应综合运用各种工具有效管理跨国资本流动，并加强与沿线其他国家之间的政策协调。

关键词： "一带一路"　跨国资本流动　拉动因素　推动因素

---

* 本文荣获 2016 年首届全国数量经济技术经济研究博士后论坛提名奖，在随后的修改完善中，中国社会科学院数量经济与技术经济研究所综合研究室李群教授给予点评和建议，在此表示感谢，当然文责自负。

** 侯哲，中国社会科学院数量经济与技术经济研究所博士后。

一 引言

在刚刚过去的 G20 峰会上，习主席强调"勇于担当、敢为人先"，中国将以负责任大国的角色在"一带一路"建设中发挥更重要的角色。2013 年，中国首次提出"一带一路"概念，并于年底上升为国家层面。"一带一路"惠及沿线 60 多个国家和地区，基础设施建设投资总规模或高达 6 万亿美元，无疑会引发更大规模的跨国资本流动。2016 年 3 月 IMF 称，截至 2014 年年底，全球跨国资本流动大概达到 20 万亿美元。跨国资本流动的大幅波动会给"一带一路"沿线国家[①]造成巨大冲击，加剧金融系统的不稳定性。

鉴于跨国资本流动所带来的冲击，全球各国经济学家和政治家一直致力于探究跨国资本流动的动因。比较广泛的观点是将跨国资本流动的驱动因素分为推动因素（Pushing Factors）和拉动因素（Pulling Factors）。[②] 推动因素是指影响跨国资本流向特定国家的全球性因素，即影响跨国资本供给层面的因素；拉动因素是指引发跨国资本流向特定国家的国内因素，即影响跨国资本需求层面的因素。以往的研究表明，发展中国家的经济增长、利率、通货膨胀等拉动因素是引发跨国资本流动的主要原因，但是随着发展中国家金融体系日渐成熟，以及全球市场投资者风险偏好的改变，外部推动因素的作用日益明显。因此，发展中国家越来越重视全球范围内的推动因素。

本文致力于识别"一带一路"沿线国家跨国资本流动的驱动因素，并以发达经济体作为对比，进而对如何更好地管控跨国资本，提出富有操作性的建议。对

[①] "一带一路"沿线国家（22 个）：中国、日本、韩国、白俄罗斯、蒙古、保加利亚、匈牙利、印度、印尼、拉脱维亚、立陶宛、马其顿、马来西亚、新加坡、菲律宾、以色列、波兰、罗马尼亚、俄罗斯联邦、泰国、土耳其、乌克兰。

[②] 有一些学者将其分为结构性因素和周期性因素，短期因素和长期因素等，不同的划分方法只是侧重点不同，内容互有重叠。

于跨国资本流动驱动因素的识别和分析，目的在于提高跨国资本管理的有效性。若国内拉动因素是一国跨国资本流动的主因，则该国通过国内政策的调控就能达到稳定跨国资本流动的效果；若全球性推动因素是一国跨国资本流动的主因，则该国就需要协调推动因素来源国，才能有效管控跨国资本流动；若拉动因素与推动因素同时发挥着重要作用，则该国在调控国内政策的同时，还需加强与来源国的政策协调，才能有效降低跨国资本流动的负面影响。因此，对跨国资本流动内在驱动因素的识别和分析，对于保证"一带一路"沿线国家的经济建设顺利进行和维护金融稳定，具有很重要的理论价值和现实意义。

二　相关文献回顾

跨国资本流动最初是由跨国贸易引发的，随着国际货币体系的变革，以及全球金融自由化的发展，跨国资本流动频率更高，规模更大。尤其是 1973 年布雷顿森林体系解体之后，国际货币体系迈入浮动汇率制时代，全球金融自由化程度进一步加深，跨国资本流动日益活跃。20 世纪 80 年代，高峰时期发达经济体和新兴市场经济体的资本流动规模都曾达到 GDP 的 5% 以上。然而 1997 年亚洲金融危机让全球各国真正开始关注跨国资本流动的重要性，全球经济学家对跨国资本流动驱动因素的理解也日益深入。

Branson（1968）研究了长期、短期跨国资本流动，实证结果显示，一国的利率水平、汇率水平和进出口等因素是引发短期跨国资本流动的主要因素；国内收入水平、利率水平以及国外利率水平等因素决定了长期跨国资本流动的方向和规模。

Chuhan 等将跨国资本流动的影响因素分为全球性和国别性两大类。并研究了美国与拉美和亚太国家之间的资本流动，结果发现，美国利率与工业产出（全球性因素）与国别性因素均会影响跨国资本流动。在此分类下，Taylor 和 Sarno 研究了引发跨国资本流动的因素，结果显示，长期资本（股权资本）向新兴市场经济体流动中，全球性因素与国别性因素作用相同。但从债权资本流动角度看，两者所起的作用有所不同，全球性因素作用要大于国别性因素。在流向新兴市场经济体的短期组合投资中，美国利率作用非常显著，实证分析也证实了这一点。

刘仁伍等从资本流动征税的角度研究了新兴市场国家的跨国资本流动，选取马来西亚为样本，借助双危机理论模型，实证结果显示，对跨国资本流动的影响来说，资本流动征税程度要低于早期消费者所占比例变动。陈浪南、陈云研究了人民币汇率、资产价格对中国短期跨国资本流动的影响，通过 ARDL-ECM 模型进行了实证分析，实证结果显示，人民币汇率预期变化率和国内外利差是影响短期跨国资本流动的主要因素。Fernandez-Arias 重点研究了中等收入国家的跨国资本流动，认为国际利率水平下降（推动因素）是主要原因，拉动因素影响相对有限。Griffin 等却得出了不同的结论，他们研究了高频跨国股权资本流动，结果发现，推动因素和拉动因素分别是全球股票投资回报率、本国股票投资回报率。Alfaro 通过构建 OLS 模型，并选取 1970~2000 年 23 个发达国家和 75 个发展中国家实际运行数据作为样本，研究得出的结论是，跨国资本流动的首要影响因素是制度。Ghosh 等认为，新兴市场国家的跨国资本流动主要由推动因素驱动，拉动因素是引导跨国资本流向不同新兴市场国家的驱动因素。历史经验表明，并不是每一个新兴市场国家在每一轮跨国资本中都会面临大规模跨国资本流动，因此，推动因素与拉动因素都在跨国资本流动过程中发挥了重要作用。张明、肖立晟也研究了 52 个经济体面临的各类资本流动的驱动因素，研究结果表明，新兴市场经济体的推动因素为该国的经济增长率，而全球风险偏好与美国经济增长率是其最重要的推动因素。

IMF 在原有的推动因素和拉动因素分类基础上，进一步区分了周期性因素与结构性因素。其中，周期性因素与全球经济和不同国家经济的周期性变动有关，而结构性因素则与全球和不同国家经济中的制度性因素或中长期因素有关。表1综合了 IMF 分类方法，将跨国资本流动的驱动因素分类区分如表1示。

表1 跨国资本流动的驱动因素分类（IMF）

	周期性因素	结构性因素
拉动因素	商品价格高企 资本流入国利率 资本流入国低通胀	资本流入国资产负债表的改善 资本流入国的高经济增长率 资本流入国的贸易开放度
推动因素	美元低利率 全球范围内高风险偏好 发达经济体紧张的资产负债表	国际资产组合的多元化 发达经济体的低经济增长率

资料来源：IMF（2011）。

从以上国内外相关文献回顾来看，不同国家之间的跨国资本流动，关于推动因素和拉动因素的识别和影响程度，尚无一致结论，对于"一带一路"沿线国家与发达国家之间的实证研究，可能会得出不同的结论。本文综合考虑了跨国资本流动的推动因素和拉动因素，希望从中找到影响"一带一路"沿线国家最主要的国内外因素，并提出相应的政策建议。

三 跨国资本流动：推动因素与拉动因素的识别与比较

本文实证部分主要解决两个问题：一是确定"一带一路"沿线国家与发达国家之间短期资本净流动、净资本流动和总资本流动三者的主要驱动和拉动因素；二是量化在"一带一路"沿线国家与发达国家以及三种国际资本流动中，已确定的推动与拉动因素起到的作用有多大。

（一）数据说明与描述性统计

本文样本涵盖了全球范围内40个国家或地区，[①]其中包括22个"一带一路"沿线国家和全球18个发达经济体。相关数据主要来自世界银行的世界发展指标

---

① 具体的样本国家或地区清单请参见文后的附录。

（WDI）数据库、CEIC 数据库以及 Wind 数据库，并选取 2010 年第 1 季度至 2015 年第 4 季度的数据为研究样本。[①]

Obstfeld 认为，跨国资本总流动能够更好地反映出不同的经济冲击对一国资产负债表的影响，但是国际总资产负债头寸的上升不仅反映了全球范围内收入风险的更优配置，也可能造成经济冲击在国家之间传导，而且这种冲击很容易被放大。因此，本文分别选取短期资本净流入、资本净流入与总资本流动三个不同类型的跨国资本流动因变量。

变截距面板回归模型如下：

$$y_{i,t} = c + v_i + \beta_1 g_{i,t} + \beta_2 i_{i,t} + \beta_3 e_{i,t} + \beta_4 usg_{i,t} + \beta_5 usi_{i,t} + \beta_6 lvix_{i,t} + \beta_7 lm_{i,t} + u_{i,t} \qquad （1）$$

其中，i 代表国家，t 代表年份，c 为常数项，β 为变量系数，v 为样本国家的个体效应，u 为误差项。因变量 y 具体涵盖三种类型的资本流动[②]，即样本国家季度内短期资本净流动、净资本流动与总资本流动分别占该季度 GDP 的比重：

短期资本净流动 = 金融账户（Financial Account）余额 - 直接投资（Direct Investment）

净资本流动 = 金融账户余额 = 组合投资余额（Portfolio Investment）+ 其他投资余额

总资本流动 = 直接投资 + 流入额 + 组合投资余额 + 其他投资余额（Other Investment）

---

① 在做面板回归时，剔除了部分异常值。这类异常值会使回归结果出现不必要的偏误，需要在数据分析之前直接剔除，例如 2011 年白俄罗斯的通货膨胀率达到 110%，再融资利率达到 22%，完全悖离了正常的经济环境，此时回归的结果不具有稳健性。

② 资本流动数据来源于各国国际收支表。

1. 拉动因素

g 为样本国家季度 GDP 同比增速。GDP 增速体现一国经济增长情况，能够反映出国际资本的综合投资回报率，预期与资本流入呈正相关关系。

i 为样本国家季度内基准利率，反映各样本国的无风险投资回报率，国际资本的流动对于各国间的利率变化非常敏感，预期该变量与资本流入呈正相关关系。

$e^{①}$ 为样本国货币兑美元汇率的季度变动率。由于汇率变动与国际资本流动关系较为复杂，较难判断该指标与资本流入呈现正相关或负相关关系。

2. 推动因素

usg 为美国季度 GDP 同比增速。美国在全球经济中的地位，意味着用美国 GDP 增速来代表全球发达经济体经济增速是合理的，它集中反映了发达经济体的综合投资回报率。预期该指标与"一带一路"沿线国家的资本流入负相关。

usi 为美国的基准利率（贴现率）。该指标反映"一带一路"沿线国家之外的无风险投资回报率。这是一种推动因素，预期该指标与"一带一路"沿线国家的资本流入负相关。

$lvix$ 为美国标准普尔 500 指数波动率的对数值。该指标反映全球金融市场的动荡程度与全球投资者的避险情绪，该指数越高，代表动荡程度和避险情绪越高。这是一种推动因素，预期该指标与"一带一路"沿线国家的资本流入负相关。

lm 为 IMF 全球大宗商品价格指数的对数值。该指标反映全球大宗商品价格高低。这是一种推动因素，预期该指标与"一带一路"沿线国家的资本流入正相关。

上述变量的描述性统计如表 2 所示。从中可以发现，总资本流动的标准差约为短期资本净流动的 2.36 倍以及净资本流动的 3.55 倍。这表明总资本流动的波动性要远远超过短期资本净流动与净资本流动。

---

① e 统一为间接标价。

表2 变量的描述性统计

变量	均值	标准差	最小值	最大值
短期资本净流动	0.0042338	0.0443798	−0.4090897	0.3039765
净资本流动	0.0043565	0.0295397	−0.3742333	0.1644777
总资本流动	0.0312342	0.1045898	−0.4573488	0.8405417
GDP增长率	2.033683	4.128771	−9.9728	9.9157
利率水平	3.759392	2.546518	0.125	10
汇率变动率	0.0020944	0.0617196	−0.2028047	0.2500001
通货膨胀率	1.14175	0.8467208	−2.84387	3.113769
美国经济增长率	0.4829692	2.446281	−4.5791	2.7992
美国利率	0.964868	1.504759	0.125	5.0333
VIX风险指数	3.239961	0.2960369	2.858382	4.073177
大宗商品价格指数	5.044888	0.2137846	4.588838	5.373981

（二）回归分析结果

本文将40个样本国家分为两组，一组为22个"一带一路"沿线国家，另一组为18个发达经济体。分别选取短期资本净流动、净资本流动与总资本流动三个因变量，从不同角度深入分析"一带一路"沿线国家与发达经济体跨国资本流动的驱动因素。首先，本文采用变截距面板模型，实证分析之前对样本的随机效应和固定效应进行检验；其次，对于解释变量存在的内生性问题，本文采用系统GMM方法进行克服；最后，比较分析"一带一路"沿线国家与发达经济体在不同类型的跨国资本流动下的驱动因素。

1. "一带一路"沿线国家

本部分实证检验"一带一路"沿线国家的短期资本净流动、净资本流动和总资本流动的驱动因素，具体识别和比较拉动因素和推动因素。

我们在三种不同类型跨国资本流动下分别考虑面板数据的随机效应与固定效应。

Hausman 检验结果显示，短期资本净流动、净资本流动拒绝随机效应的原假设，因此采用固定效应面板数据回归。总资本流动下的模型并未拒绝原假设，故采用随机效应模型。

从表 3 实证结果可以得出以下结论。

（1）从跨国资本流动的驱动因素角度看：一方面，跨国资本流动拉动因素，本国 GDP 增长率的稳健性较强，与各类跨国资本流动均呈现正相关关系，这完全符合我们之前的预期，表明一国经济的强劲增长的确会吸引跨国资本的流入；另一方面，跨国资本推动因素，美国 GDP 增长率和全球风险指数稳健性较强。美国 GDP 增长率与各类跨境资本流动均呈稳定的负相关关系，代表美国增长率上升会引发跨国资本从"一带一路"沿线国家回流至发达经济体。全球风险指数与各类跨国资本流动也同样呈现负相关关系，意味着当国际投资者风险偏好上升时，流入"一带一路"沿线国家的跨国资本会降低，甚至反向流出。

（2）从跨国资本流动的类型角度看：第一，一国经济增长率和汇率变动率会拉动跨国资本流入"一带一路"沿线国家，而美国经济增长率和全球风险指数则会推动跨国资本流入"一带一路"沿线国家，这与我们的预期相一致；第二，本国利率水平与短期资本流动、总资本流动的关系并不显著，这与理论预期相悖。原因可能是 2007 年美国次贷危机引发全球经济下滑，以美国[①]为首的经济体维持宽松的货币政策刺激经济，而"一带一路"沿线国家大都为发展中国家，其提高本国利率水平的目的或者是抑制国内经济过热，或者是提高国内金融资产的吸引力以减少资本外逃，维护国内稳定的金融环境。跨国资本对于"一带一路"沿线国家金融资产回报率较高（风险较大）。因此，这些国家利率水平的变化并不会对跨国资本的流动产生显著的影响；第三，美国利率与"一带一路"沿线国家净资本流入正相关，这可能是因为二者存在较强的内生性：2007 年次贷危机后，"一带一路"沿线国家面临的跨国资本净流入大幅下降，而美联储为应对危机不断降息。

---

① 2007 年次贷危机后，为了刺激国内低迷的经济，美联储先后推出四轮量化宽松政策（QE）。

在此背景下，上述两个指标之间将会出现正相关；第四，与"一带一路"沿线国家面临的短期资本净流动、净资本流动与该国利率和经济增长率相关相比，其面临的总资本流动与本国经济增长率相关，与本国利率不相关，这意味着前者的逐利性较强，而后者遵循了传统的国际资本流动理论，即资本由经济增长率较低的地区流向增长率较高的地区。

表3 "一带一路"沿线国家跨国资本流动实证结果

项目		短期资本净流动		净资本流动		总资本流动	
		固定效应	系统GMM	固定效应	系统GMM	随机效应	系统GMM
因变量（−1）		—	0.03*** （0.88）	—	0.152*** （5.34）	—	0.6*** （7.86）
拉动因素	GDP增长率	0.481*** （6.93）	0.426*** （5.58）	0.545*** （7.04）	0.513*** （7.96）	0.831*** （6.84）	0.716*** （5.69）
	汇率变动率	4.727*** （1.92）	−0.0136 （−0.46）	3.084 （0.69）	1.87 （0.57）	−0.0725 （−1.30）	−2.05 （−0.26）
	利率水平	−0.021 （−0.64）	−0.054*** （−1.31）	−0.061*** （−2.60）	−0.06*** （−1.64）	−0.098 （−0.60）	0.00526 （0.061）
推动因素	美国GDP增长率	−0.483 （−3.65）	−0.52*** （−3.61）	−0.594*** （−3.84）	−0.063 （−3.44）	−1.48*** （−4.56）	−1.56*** （−4.21）
	美国利率	−0.8101 （0.96）	−0.704 （0.54）	−0.347*** （3.37）	0.13 （1.40）	−0.725*** （2.73）	0.622* （2.12）
	全球风险指数	−0.318*** （−3.60）	−0.215*** （−2.76）	−0.019*** （−3.35）	−0.13*** （−3.57）	−0.574*** （−6.68）	−0.494*** （−5.31）
	全球大宗商品价格	−0.321 （−1.84）	0.722 （0.51）	−0.016* （−2.04）	−0.0859 （−1.14）	−0.0362 （−1.19）	−0.0173 （−0.86）
回归检验	AR1	—	0.00	—	0.00	—	0.00
	AR2	—	0.312	—	0.566	—	0.169
	Sargan检验	0.001	0.317	0.013	0.335	0.0011	0.23
	Hausman检验	（0.001） 选择固定效应模型	—	（0.002） 选择固定效应模型	—	（0.363） 选择随机效应模型	—

注：①括号内为t值。

②"***""**""*"分别表示在1%、5%和10%的显著水平下拒绝原假设。

③系统GMM为两步系统GMM方法估计。AR1、AR2和Sargan检验列出的是P值。

在面板数据固定效应模型中，解释变量之间存在内生性的问题，即"一带一路"沿线国家国内利率、GDP 增长率、汇率变动率与短期跨国资本净流动之间可能存在相互作用的因果关系。工具变量法是解决内生性问题的一般方法，工具变量的选择原则是与解释变量高度相关，同时与随机误差不相关。Arellano 与 Bover 首次提出系统广义矩估计（System GMM），该方法在差分广义矩估计的基础上增加被解释变量的一阶差分滞后项作为原水平方程的工具变量，并将水平方程和差分方程作为一个系统同时估计。

因此，我们构造了一个动态面板数据模型，并采用系统广义矩估计方法重新验证美国利率对"一带一路"沿线国家短期资本净流动的影响。首先需要检验所选择工具变量的有效性以及模型设置的合理性，本文采用 Arellano 与 Bond 以及 Arellano 与 Bover 的建议，分别采用两种方法进行检验：Sargan 检验方法和 Arellano-Bond 检验方法。检验结果显示，Sargan 检验的 P 值均大于 0.1，表示接受工具变量有效的原假设。Arellano-Bond 检验的 AR（1）统计量拒绝了残差项一阶序列无自相关的原假设，AR（2）统计量接受了残差项二阶序列无自相关的原假设，这表明本文设置的动态面板模型是有效的。

系统 GMM 的回归结果显示，本国经济增长率、利率与全球风险指数和短期资本净流动依然存在非常显著的关系，但汇率变动率和短期资本净流动的关系不再显著。

综上所述，就"一带一路"沿线国家短期跨国资本净流动而言，国外推动因素主要源自全球风险偏好的变化和发达经济体经济增长率，而国内拉动因素主要源自本国经济增长率和利率水平的变化。"一带一路"沿线国家中，跨国资本流动短期逐利性较强，而跨国总资本的流动遵循了传统的国际资本流动理论，即资本由经济增长率较低的地区流向增长率较高的地区。

2. 发达经济体

相对于"一带一路"沿线国家，发达经济体的金融体系发展成熟，跨国资本流动阻碍较小。为了更好地比较分析发达国家与"一带一路"沿线国家在跨国资本流动方面的区别，我们用同样的方法实证分析了相同时期内发达经济体面临的短期资本净流动、净资本流动与总资本流动的驱动因素。

从国内拉动因素角度看，三种类型下的跨国资本流动的国内拉动因素均为汇率变动率（与短期资本净流动正相关），原因是发达经济体的货币在国际货币体系中占有很重要的地位，汇率稍有变动就会引发跨国资本的流动；本国经济增长率均不显著（不能同时被随机或固定效应模型与系统 GMM 模型所验证），在我们所考察的样本期内，发达经济体还没从低迷的经济中走出来，跨国资本还在观望中。

从国外推动因素角度看，三种类型下的跨国资本流动的推动因素主要源自美国经济增长率和美国利率（短期和净资本流动下系统 GMM 不显著），这符合我们之前的预期。尤其是在净资本和总资本流动中，美国 GDP 增长率的变量系数要远远大于短期资本流动下的系数，这也得到了与"一带一路"沿线国家相同的结论。

综上所述，就发达国家短期跨国资本流动而言，拉动因素为汇率变动率；推动因素为美国 GDP 增长率和利率，全球风险指数只在净资本流动中起到推动作用。

表4 发达经济体跨国资本流动实证结果

项目		短期资本净流动		净资本流动		总资本流动	
		固定效应	系统GMM	随机效应	系统GMM	随机效应	系统GMM
	因变量（−1）	—	0.13***（3.88）	—	0.152***（5.34）	—	−01.6***（−2.86）
拉动因素	GDP增长率	0.25***（0.86）	0.153***（0.58）	0.345***（1.36）	0.35***（1.36）	0.631***（1.84）	0.716***（1.69）
	汇率变动率	4.02***（4.29）	3.76***（3.46）	23.08***（3.69）	21.87***（3.57）	−55.72（−1.30）	53.05**（2.26）
	利率水平	0.01（0.04）	−0.54（−1.31）	0.16（0.60）	−0.06（−1.64）	−2.398（−2.60）	−2.52**（−2.61）

续表

项目		短期资本净流动		净资本流动		总资本流动	
		固定效应	系统GMM	随机效应	系统GMM	随机效应	系统GMM
推动因素	美国GDP增长率	3.53*** （3.65）	3.82*** （3.61）	23.14*** （3.84）	23.63 （3.44）	50.48*** （3.56）	56.16*** （2.21）
	美国利率	0.061** （−0.06）	0.14 （0.54）	0.13*** （0.37）	0.13 （1.40）	1.725** （2.73）	2.622*** （2.12）
	全球风险指数	0.08 （1.60）	0.12 （1.36）	−0.019*** （−3.35）	0.16** （2.57）	−0.274 （−1.68）	−0.14 （−0.31）
	全球大宗商品价格	−0.321 （−1.84）	0.722 （0.51）	−0.016 （−2.04）	−0.0859 （−1.14）	−0.0362 （−1.19）	−0.0173 （−0.86）
回归检验	AR1	—	0.00	—	0.01	—	0.00
	AR2	—	0.312	—	0.566	—	0.369
	Sargan检验	—	0.317	—	0.635	—	0.53
	Hausman检验	0.001 选择固定效应模型	—	0.97 选择随机效应模型	—	0.98 选择随机效应模型	—

注："***""**"分别表示在1%和5%的显著水平下拒绝原假设。

3. "一带一路"沿线国家与发达经济体的对比分析

表5显示的是2010年第1季度至2015年第4季度，"一带一路"沿线国家与发达经济体在不同类型下的跨国资本流动拉动因素与推动因素的对比分析，主要得出以下两个结论。

（1）拉动因素方面，"一带一路"沿线国家与发达经济体有共有因素，也有独特因素。本国经济增长率是"一带一路"沿线国家跨国资本重要的拉动因素，而相对于发达国家不显著；本国利率的提高会引发跨国资本（净资本）流向"一带一路"沿线国家，而发达经济体利率提高并不会引发跨国资本的流动；汇率变动率无论对于"一带一路"沿线国家而言，还是对发达经济体而言，都是短期跨国资本和净流动资本流动的重要拉动因素。

（2）推动因素方面，"一带一路"沿线国家对跨国资本流动因素更加敏感。美国经济增长率、美国利率、全球风险指数都是"一带一路"沿线国家的全球推动因素，这意味着发达经济体经济复苏、加息，以及预期金融危机的爆发，"一带一路"沿线国家面临的资本流动受到的冲击最大，资本会迅速流向发达经济体。而全球风险指数的变化并不会引发发达经济体短期跨国资本的流动，但会影响其净资本流动；对于"一带一路"沿线国家与发达经济体来说，大宗商品价格都不是其跨国资本流动的全球推动因素。

表5 "一带一路"沿线国家与发达经济体回归结果对比

项目		"一带一路"沿线国家			发达经济体		
变量		短期资本净流动	净资本流动	总资本流动	短期资本净流动	净资本流动	总资本流动
拉动因素	经济增长率	↑	↑	↑	—	—	—
	利率	—	↑	—	—	—	—
	汇率变动率	↑	—	—	—	↑	↑
推动因素	美国经济增长率	—	↓	↓	↑	↑	↑
	美国利率	—	↓	↓	↑	↑	↑
	全球风险指数	↓	↓	↓	—	↑	—
	大宗商品价格指数	—	—	—	—	—	—

注："↑"表示二者显著正相关，"↓"表示二者显著负相关，"—"表示二者不显著。

四 "一带一路"沿线国家短期资本流动：拉动因素与推动因素的分解

在上面实证部分，我们已经识别出了对"一带一路"沿线国家跨国资本流动的主要拉动因素和推动因素分别是国内经济增长率、汇率变动率和全球风险指数，然而，依然无法确定外部风险因素和内部经济增长的相对重要性。在本部分，我们尝试用面板 VAR 模型进一步分析国内经济增长率、汇率变动率和全球风险指数对"一带一路"沿线国家短期资本流动的贡献。我们之所以重点分解短期资本流动，是因为"一带一路"沿线国家大多数是发展中国家，金融系统相对不成熟，其国内的经济变量对短期资本流动所带来的波动性较为敏感，从而引发跨国资本在短期内大规模的流动，影响"一带一路"沿线国家的经济和金融系统的稳定。

本部分通过构建面板 VAR 模型分解全球风险指数、汇率变动率和国内经济增长率对"一带一路"沿线国家短期跨国资本流动的冲击。借助 Holtz-Eakin（1988）提出的面板数据向量自回归（Panel Data Vector Auto-regression，PVAR）模型，对"一带一路"沿线国家的短期资本流动因素进行分解。本文所采用的面板 VAR 模型形式为：

$$y_{i,\,t} = v_i + \beta_0 + \sum_{j=1}^{n} \beta_j y_{i,\,t-j} + r_{i,\,t} + u_{i,\,t} \qquad （2）$$

其中，$y_{i,t}$ 是一个包含三个变量 { sg，e，g，R} 的向量，R 是全球风险指数，e 是"一带一路"沿线国家当期利率水平，g 是"一带一路"沿线国家样本期内经济增长率，sg 是"一带一路"沿线国家短期资本流动与当期 GDP 之比。本文采用固定效应模型，并通过引入反映单个国家异质性的变量 v_i 来弥补模型假设对参数的限制。引入变量 $\gamma_{i,t}$ 代表单个国家的时点效应，用来反映相同样本在同一时点不同截面上可能受到的共同冲击。同时，假设残差 $u_{i,t}$ 服从正态分布的随机扰动。

在进行面板向量自回归实证之前，要对样本数据进行平稳性检验。为了确保数据平稳的有效性，本文采用 Fisher-ADF 检验和 Hadri 检验两种单位根检验方法，分别检验短期资本流动、经济增长率、汇率变动率变量数据的平稳性。同时，用 DF 方法（时间序列单位根检验方法）来检验全球风险指数的平稳性。样本数据单位根检验结果显示，Fisher-ADF 检验和 Hadri 检验均在 1% 的水平下显著，这说明在此期间经济增长率、汇率变动率和短期资本流动的样本数据均表现平稳。全球风险指数的 DF 检验结果显示在 5% 的水平下显著，这也说明全球风险指数在样本期间为平稳变量（见表 6）。综上，可以将所选样本运用面板 PVAR 进行实证分析。

表6　变量单位根检验结果

变量	Fisher-ADF	Hadri	DF检验
经济增长率	0.01***	218.01***	—
短期资本流动	0.002**	145.16***	—
汇率变动率	0.003***	104.11***	—
全球风险指数	—	—	0.03**

注：①"***"代表在1%水平下显著，"**"表示在5%水平下显著。

②检验过程中，Fisher-ADF采用"存在单位根"原假设，Hadri检验采用"序列平稳"的原假设。DF检验是针对全球风险指数时间序列性质检验，原假设是"存在单位根"。

③Hadri（2000）考虑了截面异质性和干扰项的序列相关问题。

本文用AIC、BIC和HQIC三个准则同时对滞后阶数的选取进行判别（见表7）。信息量取值最小是确定滞后阶数的准则，检验结果表明，在这一准则下三种信息量的结果一致，因此科学合理的滞后阶数应选取为1。

表7　面板VAR滞后阶数检验结果

滞后期	AIC	BIC	HQIC
1	22.6444*	23.9567*	23.164*
2	22.7385	24.3198	23.3669
3	23.1427	25.0349	23.8975
4	23.3978	25.6587	24.3034
5	24.7845	27.4836	25.8698
6	24.6479	22.8466	20.9386

注：*表示在10%的显著水平下拒绝原假设。

下面我们采用GMM方法对短期资本流动、汇率变动率、经济增长率与全球风险指数等4个变量组成的PVAR模型进行估计。根据上文滞后阶数的判断结果，以第1期作为最大滞后期，系数标准差采用蒙特卡洛模拟500次生成，并给出了95%的置信区间，变量的排序为全球风险指数、汇率变动率、国内经济增长率、短期资本流动。图1中的第四列代表短期资本流动在面对外部冲击时的反应：

第一，当全球风险指数对短期资本流动产生 1 个标准差的冲击后，从第 2 期开始，短期资本流动最初会产生较剧烈的负向影响，随后第 3~7 期影响程度逐渐下降，最终趋向于 0，在 95% 置信区间内均为负向反应；第二，给汇率变动率 1 个标准差的冲击，会在第 2~4 期对短期资本流动产生正向的影响并逐渐衰减；第三，给当期经济增长率 1 个标准差的冲击，会在第 1~4 期对短期资本流动产生正向的影响并逐渐衰减。这也与此前的面板回归结果相符。

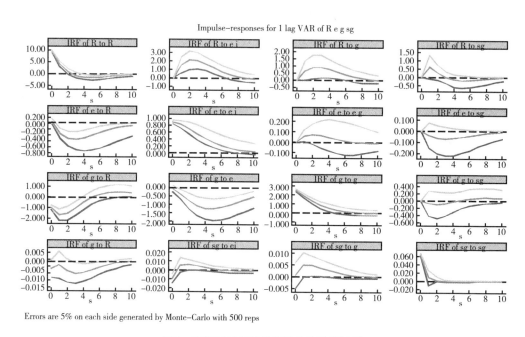

图1　面板VAR模型的脉冲响应分析结果

上图的分析表明全球风险指数、汇率变动率和经济增长率均会对短期资本流动有显著影响，为了更精确地考察三者与短期资本流动之间的相互影响程度，我们通过方差分解来考察面板 VAR 方程的冲击响应对内生变量波动的贡献度。表 8 列示了从第 1 期至第 8 期内（累积共两年时间）全球风险指数和国内经济增长率冲击对短期资本流动波动的解释力度：首先，我们发现全球风险指数的解释能力从第 1 期至第 8 期逐步递增，最终达到 14% 左右；其次，汇率变动率和全球风险指数对短期资本流动的影响力相当，大约能解释短期资本流动 14.2% 的变化，而经济增长率的解释力最高尚不足 2%。这表明"一带一路"沿线国家的短期资本波动外部的风险推动因素作用较为显著，内部的汇率变动率拉动因素的作用相对较高，这也与此前脉冲响应的结果相互印证。

表8　全球风险指数、汇率变动率、国内经济增长率冲击预测方差的分解

项目	时期	全球风险指数	汇率变动率	经济增长率	短期资本流动
sg	1	0.004	0.021	0	0.974
sg	2	0.105	0.127	0.006	0.762
sg	3	0.112	0.136	0.011	0.741
sg	4	0.123	0.141	0.014	0.723
sg	5	0.132	0.142	0.015	0.711
sg	6	0.137	0.142	0.016	0.706
sg	7	0.139	0.142	0.016	0.703
sg	8	0.14	0.142	0.016	0.702

五　结论与政策建议

本文运用动态面板和面板 VAR 方法，选取"一带一路"沿线 22 个国家、发达经济体 18 个国家或地区[①]（2010 年第一季度至 2015 年第四季度）为样本，识别和比较了不同类型下跨国资本流动的拉动因素和推动因素，得出以下结论。

（1）对"一带一路"沿线国家短期跨国资本净流动而言，国外推动因素主要源自全球风险偏好的变化和发达经济体经济增长率，而国内拉动因素主要源自本国经济增长率和利率水平的变化。

（2）"一带一路"沿线国家中，跨国资本流动短期逐利性较强，而跨国总资本

---

① 发达经济体或地区（18 个）：美国、加拿大、中国香港、丹麦、芬兰、英国、法国、德国、希腊、冰岛、爱尔兰、意大利、荷兰、新西兰、葡萄牙、西班牙、瑞典、瑞士。

的流动遵循了传统的国际资本流动理论，即资本由经济增长率较低的地区流向增长率较高的地区。

（3）对发达国家短期跨国资本流动而言，拉动因素为汇率变动率；推动因素为美国 GDP 增长率和利率，全球风险指数只在净资本流动中起到推动作用。

由于推动因素与拉动因素在"一带一路"沿线国家与发达经济体面临的资本流动中均扮演着重要角色，因此，对跨国资本流动进行全面管理，离不开"一带一路"沿线国家与发达经济体之间进行的政策协调。

第一，对于"一带一路"沿线国家而言，在制定货币政策、经济刺激计划或进行资本账户管制等，要统筹其他沿线国家，如果个别国家在未经协调的情况下盲目实施单边措施，可能导致本国资本短期内大量涌入或其他国家严重的资本外逃。

第二，"一带一路"沿线国家要维持本国金融市场的稳定，建立系统的风险预警机制，防范和化解全球风险偏好变化引发的短期资本异常流动。

第三，发达经济体与"一带一路"沿线国家应该进行更密切的政策协调，降低由发达经济体政策引起的负外部性可能，避免造成"以邻为壑"的恶性循环。发达经济体央行在制定执行国内政策的过程中应考虑其溢出效应。

短期资本流动管理的跨国协调，可以与国际银行业跨国监管、全球宏观审慎政策等问题一并纳入 G20 的磋商谈判框架。此外，"一带一路"沿线国家应"抱团取火"，通过一个整体向 IMF、世界银行、G20 等国际金融机构或组织施压，争取在国际金融政策制定和执行方面的话语权。

参考文献

陈浪南、陈云：《人民币汇率、资产价格与短期国际资本流动》，《经济管理》2009 年第 1 期。

刘仁伍、刘华、黄礼健：《新兴市场国家的国际资本流动与双危机模型扩展》，《金融研究》2008 年第 4 期。

张明、肖立晟：《国际资本流动的驱动因素：新兴市场与发达经济体的比较》，《世界经济》2014 年第 8 期。

杨玲：《生产性服务进口复杂度及其对制造业增加值率影响研究——基于"一带一路"18 省份区域异质性比较分析》，《数量经济技术经济研究》2016 年第 2 期。

Alfaro.L., Sebnem Kalemli, Ozcan and Vadym Volosovych, "Why doesn't Capital Flow from Rich to Poor Countries: An Empirical Investigation", *Review of Economics and Statistics*, 2008, 90 (2).

Chuhan, Punam, Claessens, Constantijn A., and Mamingi, Nlandu, "Equity and Bond Flows to Asia and Latin America: the Role of Global and Country Factors", *World Bank Policy Research Working Paper*, No.1160, July 1993.

Taylor, Mark P. and Sarno, Lucio, "Capital Flows to Developing Countries: Long- and Short-Term Determinants", *World Bank Economic Review*, 1997, Vol.11, No.3.

Fernandez-Arias, Eduardo, "The New Wave of Private Capital Inflows: Push or Pull", *Journal of Development Economics*, 1996, Vol.38, No.2.

Griffin, John M.; Nardari, Federico and Stulz, Rene M., "Are Daily Cross-Border Equity Flows Pushed or Pulled?", *Review of Economics and Statistics*, 2004, Vol.86, No.3.

Ghosh, Atish R., Kim, Jun, Qureshi, Mahvash S. and Zalduendo, Juan, *Surges, IMF Working Paper*, January 2012.

IMF, "International Capital Flows: Reliable or Fickle", *World Economic Outlook*, April 2011b.

"一带一路"对接澳大利亚北部大开发投融资合作研究

孟　刚[*]

摘　要：中国倡议的"一带一路"建设和澳大利亚"北部大开发"计划的对接，是中澳两国政府的合作热点，也是南太平洋地区的重要经济合作。本文深入分析了设施联通、能源资源、农业、产业园区等"一带一路"和北部大开发对接的重点建设领域，详述了澳大利亚北部大开发计划的简化土地政策、开发水资源、促进跨境经贸投资合作、推进基础设施建设、提高劳动力数量和质量、加强共同治理结构等主要内容，探讨了开发性金融支持两大战略对接的思路建议。

关键词："一带一路"　澳大利亚　北部大开发　开发性金融

一　两大战略对接是南太平洋地区的重要经济合作

21世纪海上丝绸之路是"一带一路"战略的重要组成，主要有两条线路，一是从中国沿海港口过南海到印度洋，延伸至欧洲，二是从中国沿海港口过南海到南太平洋。2014年11月，国家主席习近平在澳大利亚国会发表《携手追寻中

---

* 孟刚，国家开发银行上海市分行澳大利亚工作组负责人，国际合作高级专员，中国社会科学院研究生院应用经济学博士后。

澳发展梦想，并肩实现地区繁荣稳定》的重要演讲，指出南太平洋地区是古代海上丝绸之路的自然延伸，对澳大利亚参与21世纪海上丝绸之路建设持开放态度，表示中方将支持澳大利亚实施北部大开发计划，双方要巩固能源资源等传统强项合作，加快培育基础设施建设、农业等新的合作增长点，实现两国经贸关系多元化。这为"一带一路"建设和澳大利亚北部大开发计划两大战略的对接指明了方向。

澳大利亚在南太平洋地区政治上有影响力，同时也是经济发展的主力军，和中国经济契合度高，合作基础扎实，合作意愿强烈。中国与澳大利亚的双边关系已经从战略伙伴关系提升为全面战略伙伴关系。2014年6月，澳大利亚联邦政府对外发布绿皮书，宣布了北部大开发计划。2015年6月，澳大利亚联邦政府正式公布了《我们的北部，我们的未来——发展澳大利亚北部构想》白皮书，全面系统地阐述了北部大开发计划，提出了未来20年澳大利亚北部地区发展的愿景和蓝图。澳大利亚北部大开发的区域包括西澳大利亚州和昆士兰州的南回归线以上的北部地区以及北领地全境，面积为300万平方公里左右，约占澳大利亚总面积的40%，人口为120万左右，约占澳大利亚人口总数的5%。根据2012~2013年的统计，55%的澳大利亚出口是从北部地区通过港口海路运输出境。澳大利亚北部地区能源矿产资源丰富，农业潜力巨大，基础设施建设需求强劲，距中国等亚洲国家地理位置最近，特别是达尔文港等几个主要港口是海上丝绸之路进入南太平洋地区的门户。

2015年8月，中澳第二轮战略经济对话在堪培拉举行，双方达成共识，中国的"一带一路"倡议和国际产能合作与澳大利亚的"北部大开发"倡议以及国际基础设施发展计划有许多共同点，要通过两国发展战略的对接进一步提升合作的领域和层次。2016年2月，中澳两国外长共见记者时表示，促进两国发展战略对接，重点推动中方"一带一路"倡议与澳方"北部大开发计划"对接。2016年4月，习近平主席在北京会见澳大利亚总理特恩布尔时再次重申，希望双方做好中方"一带一路"倡议同澳方"北部大开发"计划、中国创新驱动发展战略同澳方"国家创新与科学议程"的对接，实施好中澳自由贸易协定，探讨开展更多务实合作项目。可以预见，中国政府倡导的"一带一路"战略和澳大利亚政府自身的重点发展规划对接的最佳汇合点将会是在澳大利亚北部地区，"一带一路"建设对接澳大利亚北部大开发计划无疑将成为南太平洋地区的重要标志性合作内容之一。

二 "一带一路"和北部大开发对接的重点建设领域

"一带一路"倡议的实施将促进沿线国家和地区经贸合作自由化、便利化和一体化，带动沿线基础设施建设和产业发展，在全球化范围内促进经济要素有序自由流动、资源高效配置和市场深度融合，实现互利共赢的战略目标。搞好"一带一路"建设，参与国际产业链的分工合作，可以增强中资企业在能源资源、基础设施、农业等领域的国际产能和装备制造合作能力，对中国经济结构转型升级具有巨大推动作用。21世纪海上丝绸之路优先推进基础设施互联互通、产业金融合作和机制平台建设，以政策沟通、设施联通、贸易畅通、资金融通、民心相通为主要内容，加强沿线国家区域经贸合作。澳大利亚联邦政府将农业食品、能源矿产、旅游度假、海外教育、医疗养老等作为将来支撑北部发展的五大支柱产业，并强调加大投入基础设施建设是落实北部大开发计划的前提和重中之重。在"一带一路"战略对接澳大利亚北部大开发计划方面，可以重点关注以下几个合作领域。

(一) 基础设施

基础设施互联互通是"一带一路"建设的优先领域。"一带一路"战略倡导国家间加强基础设施建设规划合作，抓住交通基础设施的关键通道、关键节点和重点工程，共同推进港口等国际骨干通道建设，实现国际运输便利化。澳大利亚北部地区由于人口分布较少，基础设施发展相对薄弱。澳大利亚政府在公路、铁路、港口、机场、管线等基础设施领域主要发挥制订规划、落实政策、推介投资等宏观管理职能,不直接参与基础设施项目的投资和建设。为了推动落实北部大开发计划,2014 年,澳大利亚政府打破惯例,专门设立了总额 50 亿澳元的北部地区基础设施专项贷款,以优惠利率贷款吸引全球投资者加入该区域港口、公路、管线、电力、水利等基础设施建设,并将直接投资约 10 亿澳元进行重点基础设施先期改造,其中包括 2 亿澳元的水资源开发工程、1 亿澳元的活牛运送通道建设以及 6 亿澳元的包括大北高速在内的公路改造项目;2015 年,白皮书又提出了金额达 12 亿澳元的投资计划,作为对之前 50 亿澳元基础设施投资的补充。

(二)能源矿产资源

"一带一路"倡议倡导国家间加大煤炭、油气、金属矿产等传统能源资源勘探开发合作,加强能源资源深加工技术、装备与工程服务合作,积极推动水电、太阳能等清洁和可再生能源合作,形成能源资源合作上下游一体化的国际合作产业链。澳大利亚北部地区能源矿产资源极其丰富,主要有铁矿石、煤炭、黄金、铀、锌铅、铝土、锰、石油、天然气、页岩气等。澳大利亚已探明的铁矿石资源 90%都集中在西澳大利亚州,勘探开发已经较为成熟,占据了全球铁矿石贸易的半壁江山,是力拓、必和必拓、FMG 等世界前几大矿商以及中资等各国企业铁矿石投资的重点地区。昆士兰州的黑煤资源丰富,且以露天矿藏为主,已探明工业经济储量占全澳的 62%,煤质较好,发热量高,硫、氮含量和灰分较低。焦炭、动力煤等黑煤的出口约占澳大利亚矿产和能源出口的 1/4[1]。北领地的能源矿产资源主要为黄金、铀、锌铅、铝土、锰、石油、天然气、页岩气等,目前正在运营的有八大矿山,2014~2015 年矿业产值超过 32 亿澳元,LNG 的年产能为 1200 万吨,2014 年石油勘探投资达 5.5 亿澳元,页岩气资源潜力超过 200 万亿立方英尺,有17 个成熟项目正在寻找投资机会。

---

[1] 澳大利亚是世界最大的煤炭出口国,黑煤地质储量约 575 亿吨(工业经济储量 397 亿吨),居世界第六,褐煤地质储量约 418 亿吨(工业经济储量为 376 万吨),占全球褐煤储量的 20%,居世界第二。

（三）农业

"一带一路"倡议倡导国家间开展农林牧渔业、农机及农产品生产加工等领域深度合作，积极推进海水养殖、远洋渔业、水产品加工等领域合作。沿线国家深化农业领域合作，可以彼此对外依存度较高的农产品为重点，提高重要农产品安全保障能力，促进合作国的农业出口。澳大利亚北部地区的土壤和气候适于多种农业生产，农业发展主要依靠畜牧业、种植业、渔业、林业等，农产品主要用于出口，最大的出口市场是东北亚、东盟、中东地区，农产品以产值为序依次为：小麦、油菜、大麦、羊毛、肉牛、蔬菜、绵羊和羔羊、水果和坚果、干草、牛奶、燕麦、园艺花卉及幼苗、蛋、鳄梨等。昆士兰州总面积173万平方公里，农业用地面积约为147万平方公里，占全州面积的85%，68%的面积用于天然林草场的放牧。西澳大利亚州总面积252万平方公里，农业用地面积109万平方公里，占全州面积的43%，由于存在大面积的沙漠，全州的37%为极少使用土地。北领地总面积135万平方公里，农业用地面积67万平方公里，占50%，最主要的土地利用类型为天然放牧，占50%。澳大利亚高度重视和中国在农业方面的合作，在2015年12月正式实施的《中澳自由贸易协定》中，农业领域合作涉及最多最全面。西澳大利亚州、昆士兰州和北领地政府每年都会组织中澳两国企业家参加以农业合作为重要内容的论坛和座谈会，宣介和对接合作项目。目前，适于中资企业在澳大利亚北部地区投资的农业项目主要集中在畜牧养殖类农场、乳业等畜产品加工、渔业捕捞和贸易、粮食作物种植加工和贸易、水果种植加工和贸易、园艺以及林业等领域。

（四）产业园区

"一带一路"倡议倡导国家间发挥比较优势，探索投资合作新模式，合作建设境外经贸合作区、跨境经济合作区等各类产业园区，促进产业集群发展。通过共建海外产业集聚区，推动当地产业体系建设，在教育、科技、文化、旅游、卫生、环保等领域共同拓展合作空间。澳大利亚北部地区有各类产业园区，虽然与中国模式不尽相同，但同样具有产业集聚区的功能，并以推动教育、科技、医疗、农业、旅游等当地产业体系建设为目标。中资企业可以发挥建设产业园区的比较优势，与西澳大利亚州、昆士兰州和北领地探索投资合作新模式，与澳大利亚本土企业以及其他跨国企业合作建设经贸、经济、高科技合作区等各类产业园区，促进澳大利亚北部地区的产业集群发展，在教育、科技、文化、旅游、卫生、环保等领域共同拓展合作空间，深化中澳两国的国际产能和装备制造业的产业体系合作。

三　澳大利亚北部大开发的主要内容

澳大利亚设立了由联邦政府的总理和副总理，西澳大利亚州、昆士兰州和北领地的州长共同组成的北澳战略合作伙伴论坛（The Northern Australia Strategic Partnership Forum），力图发挥各级政府的合力，共同负责领导、协调和执行北部大开发计划。2015 年，澳大利亚联邦政府公布了北部大开发未来 20 年的发展规划（2015~2035 年），成立了由产业、创新和科技部部长担任负责人的北部大开发办公室，将从以下 6 个方面推动落实北部大开发计划。

（一）为支持投资制定更简便的土地政策

澳大利亚政府将在 2~5 年内梳理畜牧业改革的原则，对土著居民土地权管理提供更多支持，由澳大利亚政府会议（COAG）就土著居民土地管理和使用情况提交报告，就开发土著居民土地的新模式开展公众咨询，在澳大利亚北部建立适合商业使用的土地所有权信息数据，在土著居民土地管理方面引入新的基于成果的拨款模式，由澳大利亚政府会议开展土地调查取得进展，研究土著居民土地用于商业用途的排他性使用模式并取得进展。在此基础上，澳大利亚政府将就北部试点地区的土地所有权管理总结经验教训，在北领地就村镇土地长期租赁进行协商，在牧场租赁管理中减少规定要求，在北部对于个人拥有土著居民土地采用更简便的管理方式。在 10~20 年内，澳大利亚政府将解除所有的牧场租赁规定要求，争取实现排他性土著居民土地权租赁，土著居民土地和牧场土地的农业潜能信息容易获取，以吸引投资者，争取完成现有的土著居民土地认定工作，确保有更多确定权属的土地可用于投资和开发，在土地方面为澳大利亚土著居民带来更多机会。

（二）开发北部地区水资源

澳大利亚政府将在 2~5 年内建立总金额 2 亿澳元的水资源基础设施开发基金，在昆州 Mitchell、西澳州 Fitzroy 水库和北领地达尔文地区进行并完成水资源相关评估，完成昆州 Nullinga Dam 项目和西澳州奥得河三期项目可行性研究（视可研结果考虑推动这两个项目），启动大自流盆地可持续性计划第四期，以控制该地区空洞形成，确定水资源基础设施开发基金将予以支持的北部地区重点项目，决定重点水库的用水总量上限，修复大自流盆地空洞取得显著进展，在重点水库推广用水许可拍卖等方式的水资源交易市场，考虑对更多有产业利用潜力的水库进行水资源评估。在 10~20 年内，澳大利亚政府将完成对北领地、昆州和西澳州法定水资源计划的复评，按需建设更多的水资源基础设施，帮助投资者了解水资源位置信息；在北部实现清晰、受法律认可的水权体系，使北部地区利用水资源更为方便，在水库和地下含水层建立有效的水资源交易体系。

（三）发挥北大门作用，促进和亚太各国的经贸投资合作

澳大利亚政府将在 2~5 年内发布北部地区成熟招商项目的价值评估信息，开展调研，确定渔业和水产业的简化管理制度；推动北部科研机构和当地合作伙伴就热带地区健康问题开展合作，开展新的热带研究和商业化运用项目；帮助咨询顾问业进入北部地区的商业运营，将低风险渔业的环境许可有效期延长至 10 年；与土著居民及商业企业协商历史遗产保护管理体系，建立新的北部地区开发合作研究中心并

投入运营；在达尔文开放新的边境口岸，在中国和印度开放旅游签证电子递交，引进 10 年多次往返签证并试点简体中文的签证申请流程，试点快速通道服务；强化北部地区的生物安全管理，由澳大利亚北部保险专门团队提供推荐方案，让更多土著居民担任生物安全巡查员，发布渔业和水产业评估报告；将水产养殖管理权限由联邦下放到各州及领地，投入运行新的北部地区渔业联合管理窗口；涉及鳄鱼制品贸易、使用受保护动物的土著艺术品、袋鼠及澳洲鸵鸟出口管理简化措施到位，在进行咨询后，考虑修订联邦土著遗产立法，减少重复内容，增加相应保护；对于管理情况良好的渔业公司延长出口许可有效期至 10 年，评估北领地的出入境口岸并考虑在昆州和西澳州增设口岸。在 10~20 年内，澳大利亚政府将促进科研机构与外国合作伙伴通过强有力的合作获取以产业为导向的成果，将热带健康问题研究成果转化为商业机会，促使澳大利亚北部成为全球领先的热带健康研究中心；促进澳大利亚北部与 APEC 及东盟国家建立更紧密的联系，通过世界级的研发建立一个规模庞大、不断成长、具有可盈利性的农业产业；建立清晰、低成本的监管体系，以支持有弹性的商业发展，在更为广阔的产业中产生更多投资项目。

（四）有序加快推进北部地区基础设施项目

澳大利亚政府将在 2~5 年内发布北部地区基础设施审计报告，建立总金额 50 亿澳元的北部地区基础设施专项贷款，成立一个商业小组为改善北部地区航空运输现状做准备。启动为期四年的地区航空运输及偏远地区机场升级计划，提高北部地区养牛产业供应链的生产力，为应对汤斯维尔机场新增的国际旅客，增加边检和生物安全相关设施投入，宣布总金额 6 亿澳元的道路相关一揽子计划。发布并不断更新北部基础设施建设计划，宣布牛肉运输道路拨款项目，开始 Mount Isa 至 Tennant Creek 铁路预可研，考虑降低检查和治疗壁虱的成本，宣布道路相关一揽子计划项目的开工时间。完成编制改善北部地区航空运输的计划，解除目前的沿岸航运管理框架，促进沿岸航运高效发展。力争北部地区基础设施专项贷款支持的项目取得显著进展，促使道路一揽子计划对于重点发展的道路产生预期的改善，在牛肉运输道路拨款项目内改善关键道路，建立更短和更直接的运输线路。在 10~20 年内，澳大利亚政府将改善偏远地区机场，以更高质量的信息支持北部地区基础设施的强劲发展；修建更多牛肉重型车辆运输可使用的道路，使牛肉产业的生产力更强和稳健，更好地利用北部地区基础设施，由政府和商业界共同投资支持更多现代的、高效的基础设施。

（五）提高北部地区的劳动力数量和质量

澳大利亚政府将在 2~5 年内启动新的全国促进就业服务，在包括北领地在内的北部地区推行定点移民协议取得进展，扩大并简化季节性劳工项目以包括更多的农业和住宿相关产业，允许打工度假签证持有人在有需求的地区工作更长时间，启动面向太平洋岛国居民的低技能劳工试点计划。加大对北部地区商业界在产业技能拨款方面的支持，支持北领地简化工作技能执照相关流程，为公路建设项目准备的土著雇佣政策到位。旅游业提交季节性劳工试点方案，发布入境澳大利亚劳工情况报告，发布劳工关系框架报告，扩大简化北领地职业技能执照自动认定的适用范围，评估打工假期签证对国内劳动力市场的影响。在与昆州政府、商业界和社区讨论后，在昆州北部实行定点移民协议，评估面向太平洋岛国居民的低技能劳工试点计划实施情况。在 10~20 年内，澳大利亚政府将实现更多澳大利亚人在北部工作的计划，土著居民社区有更多就业机会，北部商业界有更多打工度假劳动力，北部的劳动力需求基本得以满足，使有技能的国内劳动力能得到低成本、高效的外国劳动力项目的补充。

（六）加强政府和非政府机构的共同治理结构建设

澳大利亚总理将和昆州、西澳州、北领地行政首长保持战略合作关系，寻求澳大利亚国会的支持，将议会北部联合委员会设为常设委员会，继续开展"全国地图开放数据行动"在北部的工作。启动政府借调项目，首次开展由副总理向议会就北部开发进行报告的工作，并在今后每年进行。在国防年度白皮书中增加北部地区内容的比重，将澳大利亚北部办公室搬迁至北部地区，强化北部生物安全管理，配置更多的一线执法人员，减少北部相关议题的过多公文。发布联邦改革白皮书，建立一个新的合作研究中心用于研究北部澳大利亚开发。在达尔文建立一个出入境口岸，议会北部联合委员会向议会提交年度报告，通过战略合作延续领导力。基于国防年度白皮书确定国防投资重点项目，通过人员借调改善政府机构工作能力，在各层级的政府间建立更优化的联席会议和更强有力的合作，共同建设澳大利亚北部地区。

四 开发性金融支持两大战略对接的思路建议

落实"一带一路"倡议的重要支撑是资金融通，特别是要加大开发性金融对重大项目的支持力度。开发性金融是以实现长期经济增长以及政府意图为目标，由一个或多个国家建立具有国家信用的金融机构，为特定需求者提供中长期信用。建设市场和制度，以大额中长期投融资为载体，引导社会资金投入具体项目，最终实现国家战略。由中国主导的、致力于服务"一带一路"倡议的开发性金融机构主要有亚洲基础设施投资银行、丝路基金和国家开发银行等。国家开发银行目前是世界上最大的开发性金融机构和对外投融资银行。中共中央在十八届三中全会上首次提出"开发性金融机构"，2015 年 3 月，国务院正式批复将国家开发银行的定位明确为开发性金融机构。近年来，国家开发银行积极发挥金融引擎和先导作用，以市场化方式大力开拓国际合作业务，全力服务于"一带一路"倡议的实施，与沿线国家和地区建立了良好的合作基础。在"一带一路"建设对接澳大利亚北部大开发方面，开发性金融机构可以从多个方面发挥支持作用。

(一) 配合双边政府，通过规划合作开展项目对接

开发性金融机构可以紧密围绕"一带一路"建设的整体战略布局，通过规划合作和澳大利亚北部大开发计划充分对接。在推动整体规划合作的同时，围绕重

点领域，发挥所在国知名咨询公司、律师事务所、高校科研机构等社会力量的本土化优势，深入开展专项规划，包括基础设施、能源资源、农业、经贸合作、产业投资、金融合作、人文交流、生态环保和海上合作等，实现点面结合的规划合作战略布局。在做好整体规划的基础上，以基础设施、能矿资源、农业、装备制造和国际产能合作等为重点，着重加强重点领域重大项目的谋划和融资方案的策划。

(二) 以较成熟地区为重点，发挥示范作用和"虹吸效应"

"一带一路"和澳大利亚北部大开发的对接，可以较为成熟的地区作为重点，培育和支持重大项目合作。2016 年 6 月，中国驻布里斯班总领事馆在澳大利亚布里斯班举办了"一带一路"对接"北昆大开发"论坛，昆州政府部门、企业和中国在澳企业、银行，以及国内江苏、山东、陕西等省企业代表共 200 多人参加了论坛。在昆士兰州副州长杰琪·特拉德和中国驻布里斯班赵永琛总领事的见证下，昆士兰州贸易投资局局长、中国驻布里斯班总领事馆商务领事以及国家开发银行共同签署了《"一带一路"对接"北昆大开发"投资机会合作会议纪要》，明确三方共同支持两国战略对接，在基础设施、能源资源、农业、产业园区等领域加强规划合作。昆士兰州贸易投资局、中国驻布里斯班总领事馆将在其政府能力范围内，对中国投资者提供最大程度的便利，国家开发银行将在符合内部授信审批管理制度的前提下支持中国企业投资，为其提供融资支持，以共同促进投资、实现互利共赢。三方将根据工作需要，不定期交换意见、沟通商业计划，并适时开展特色领域的规划合作，支持昆士兰州政府重点推动的中国丰盛集团在北昆的农业产业示范园区、码头和机场改扩建、健康医疗产业园区等综合产业园区的项目开发，发挥重大项目的示范作用和"虹吸效应"。

(三) 打造银行同业合作平台，提升综合服务能力

开发性金融机构应当发挥好政策性金融、商业性金融等各种金融形态的优势和作用，加强同国际金融机构，澳大利亚的澳新银行、国民银行、西太银行、联

邦银行等本地银行，产业投资基金，保险公司，风险资本等金融机构的合作，提高综合金融服务能力，全面开展项目融资、贸易融资、国际结算、财务顾问、离岸资产证券化、银团贷款等综合金融业务，打造金融合作平台。畅通投融资合作渠道，在产品开发、风险控制、信息技术、经营管理等方面，全面提升自身的综合经营能力和影响力。开发性金融机构可以在澳大利亚设立经营性分支机构，以贷款、直接授信和转贷等方式联合本地金融机构共同支持澳大利亚北部地区的重大项目开发建设，为参与澳大利亚北部大开发计划的中资企业提供全方位一站式服务。引导中资企业探索"EPC+F"（工程总承包加融资）、PPP（公私合营）、BOT（建设－经营－移交）、PFI（私营主动融资）等多种合作模式，积极参与重大基础设施建设，进一步推动国际产能合作和重大装备制造业"走出去"。

（四）创新金融产品，建立长效合作机制

澳大利亚是成熟的发达市场经济体，北部大开发计划中的很多开发性项目也多以市场化、商业化模式运作，融资领域竞争激烈。主要体现为：一是澳大利亚投融资法律体系错综复杂，涉及劳工保护、环境保护、原住民保护、土地水源保护等各个方面，中资企业融资需求更为综合化，非常看重银行提供的财务顾问等中间业务的服务能力；二是海外同业特别是外资银行的融资成本较低，融资决策较快，审批流程较高效，贷款币种较丰富，能够满足客户"子弹式"贷款（贷款到期一次性还本）等不同金融产品的需要。开发性金融机构应当将投贷等金融产品相结合，加大金融产品创新力度，探索投融资合作新模式，为具有开发性的商业项目创新设计出不同的金融产品，对项目的风险偏好、风险容忍度、信用结构、贷款定价、贷款品种、审批流程等做出不同的标准和要求，建立长效合作机制，满足开发性金融机构以市场化、商业化的方式支持各类开发性项目，更好地、可持续地服务于"一带一路"建设和澳大利亚北部大开发计划对接的战略需要。

参考文献

胡怀邦:《以开发性金融服务"一带一路"战略》,《中国银行业》2015 年第 12 期。

孟刚:《21 世纪海上丝绸之路南线四国融资合作研究》,《开发性金融研究》2016 年第 1 期。

孟刚:《澳大利亚北部大开发为开发性金融带来战略新机遇》,《中国银行业》2016 年第 4 期。

孟刚:《中国在澳大利亚的国际产能合作研究》,《开发性金融研究》2016 年第 3 期。

孟刚:《中方对接澳大利亚科技创新战略的路径和融资合作研究》,《全球化》2016 年第 7 期。

Department of the Prime Minister and Cabinet, *Our North, Our Future: White Paper on Developing Northern Australia*, Australia, 2015.

Department of the Prime Minister and Cabinet, *Green Paper on Developing Northern Australia, Australia*, 2014.

中国能源农业发展的资源潜力预测分析[*]

贾凤伶 齐建国 刘 强[**]

摘 要：为考量中国能源农业的资源潜力，本研究在中国能源资源供需现状及能源农业生产现状分析的基础上，采用综合预测方法，对中国能源农业的资源潜量进行了预测。结果表明，到 2020 年、2025 年、2030 年，中国能源需求缺口将分别达到 88941 万吨、108843 万吨和 128746 万吨标准煤，能源农业预计能分别供给生物质能源 75735 万吨、82997 万吨、90359 万吨标准煤，分别能满足 85%、76%、70% 的能源需求缺口。最后，本文从大力发展种植业、充分利用林木生物质废弃物、加快能源植物的开发利用、加快推进能源农业产业链的构建和加快培育生物质能源产业市场环境等五个方面提出对策建议。

关键词：能源农业 资源潜力 生物质能源 能源植物

目前，中国正处于经济迅速发展期，经济增长伴随着能源消耗也在大幅度增长。在一次能源日益短缺及一次能源带来的环境污染日益严重的双重约束下，寻找

---

* 基金项目：本文为国家软科学研究计划项目（2014GXQ4D174）的部分研究成果。

** 贾凤伶，副研究员，管理学博士，中国社会科学院数量经济与技术经济研究所在站博士后，研究方向为农业循环经济；齐建国，中国社会科学院数量经济与技术经济研究所，研究员；刘强，中国社会科学院数量经济与技术经济研究所，副研究员。

新的替代能源已成为世界各国的当务之急。能源农业是为开发生物质能源而形成的产业，能为生物质能源提供丰富的原料来源。本研究通过综合预测，考量中国能源农业资源的发展潜力，对适度开发能源农业及科学设计规划生物质能源生产企业的产能具有重要意义。

一 中国能源资源供需现状

（一）中国能源资源丰富，但人均占有量较少，且分布不均

中国有着丰富的能源资源。其中，煤炭资源（探明储量）和水力资源均居世界第一位，石油资源占世界第十一位，天然气资源占世界第十四位，太阳能资源居世界第二位，潮汐、地热、风力和核燃料资源都很丰富。但人均占有量很少，只有世界平均水平的一半。中国能源资源地区分布不均衡，煤炭资源主要集中在华北和西北地区，石油和天然气资源主要分布在黑龙江、辽宁、河北、河南、山东、四川、甘肃和新疆等省区内，可开发水力资源主要集中在中国西南地区。

（二）中国能源生产和消费均呈逐年增长趋势，但消费总量增长速度更快

随着中国经济的快速发展，能源生产量和消费量同步增长，但生产和消费的差距也越来越大。2000 年，中国能源生产总量为 13.9 亿吨标准煤，能源消费总量为 14.7 亿吨标准煤，中间差额 0.8 亿吨；到 2014 年，能源生产总量达到 36 亿吨，消费总量达到了 42.6 亿吨，中间差额 6.6 亿吨，是 2000 年的 8 倍多。越来越多的能源消费需求使中国的能源形势更加紧张（见图 1）。

（三）能源生产及消费结构正在逐步优化

能源生产方面，原煤产量所占比例基本没变，2000~2014 年均是 73% 左右，变化较大的是原油生产比例，由 17% 下降到 8%，下降了 9 个百分点，而一次电

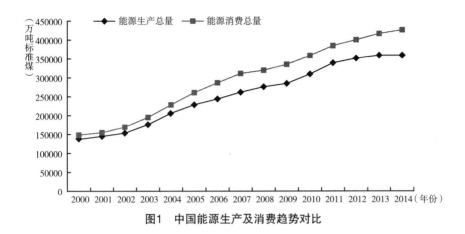

图1 中国能源生产及消费趋势对比

力及其他能源与天然气的比例有所上升，尤其是一次电力及其他能源上升迅速，由 8% 上升到 14%，上升了 6 个百分点，表明中国能源生产结构正在逐步优化，作为一次能源的石油资源开采逐渐下降，而主体为可再生能源的一次电力及其他能源生产比例正在逐渐上升（见图 2）。

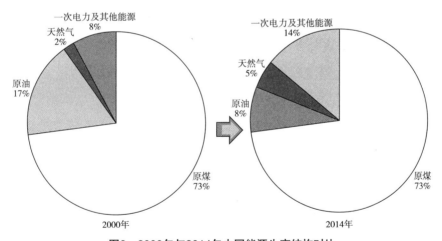

图2 2000年与2014年中国能源生产结构对比

能源消费方面，2000~2014 年，煤炭及原油等一次能源消费均有所下降，其中原油下降较多，由 22% 下降到 17%，下降了 5 个百分点，原煤由 69% 下降到 66%，下降了 3 个百分点；天然气和一次电力及其他能源比例有所上升，平均上升了4个百分点（见图3），表明在可再生能源产量增加的同时，消费量也在增加，但消费量增加的幅度小于生产量增加的幅度，其原因主要是近年来中国大力开发可再生能源，但由于可再生能源发电并网较为困难，大量风电出现"弃风"现象，而太阳能发电的多余电能并网也受到诸多阻碍，是可再生能源消费量不能迅速增长的重要原因。

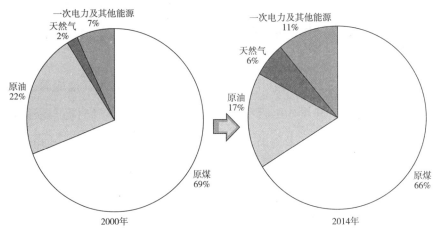

图3 2000年与2014年中国能源消费结构对比

（四）能源的对外依存度居高不下，国家经济对进口石油的依赖性越来越高

随着一次能源的日益枯竭，为保持国家经济正常增长，自2000年到2013年的14年间，国家进口能源量也呈增长趋势，能源对外依存度由2000年的10%增长到2013年的18%，增长了8个百分点（见图4），能源进口量由2000年的14331万吨标准煤增长到2013年的73420万吨标准煤，年均增长12%。在能源结构中，尤其是石油对外依存度较高，2013年达到了68.6%，表明中国为促进经济增长对进口石油的依赖越来越高，在中国一次能源存量日益紧张的形势下，开发可再生能源成为推进经济、社会可持续发展的重要战略选择。

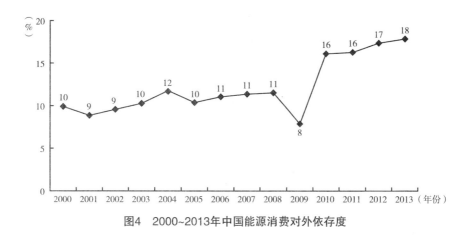

图4　2000~2013年中国能源消费对外依存度

二　中国能源农业发展的资源基础

中国有 960 万平方公里土地，其中耕地面积 135 万平方公里，园地面积 14 万平方公里，林地面积 253 万平方公里，牧草地面积 219 万平方公里，其他农用地面积 24 万平方公里，这些土地面积占中国总土地面积的 67%。在这些土地上，每年都能产生源源不断的生物质，为生物质能源生产奠定了雄厚的基础。

（一）农作物秸秆

农作物秸秆是较为重要的生物质能源原料。中国是农业大国，农业资源丰富，盛产秸秆的农作物主要包括稻谷、小麦、玉米、豆类、薯类、花生、油菜籽、芝麻、棉花、麻类、甘蔗、甜菜、烟叶等十几种。据《中国统计年鉴》数据，2014年中国主要农作物产量达到 77288 万吨，按照农作物草谷比及折标能源系数，可收集的秸秆量约为 96511 万吨，可转化为约 46705 万吨标准煤。其中，折标煤量较大的是玉米、稻谷和小麦三种作物，分别达到了 21565 万吨、8880 万吨和 8645 万吨标煤量，是生产生物质能源的主要原料来源。表 1 为 2014 年主要农作物折标煤量，图 5 为主要农作物折标煤量对比。

表1 2014年主要农作物折标煤量

项目	草谷比	折标能源系数 （千克标准煤/千克)	2014年农作物产量 （万吨）	2014年秸秆产量 （万吨）	2014年折标能源量 （万吨）
稻谷	1	0.43	20650.7	20650.7	8880
小麦	1.37	0.5	12620.8	17290.5	8645
玉米	2	0.5	21564.6	43129.2	21565
豆类	1.5	0.53	1625.5	2438.25	1292
薯类	1	0.43	3336.4	3336.4	1435
花生	2	0.5	1648.2	3296.4	1648
油菜籽	2	0.5	1477.2	2954.4	1477
芝麻	2	0.5	63	126	63
棉花	3	0.53	617.8	1853.4	982
麻类	1.7	0.5	23.1	39.27	20
甘蔗	0.1	0.5	12561.1	1256.11	628
甜菜	0.1	0.5	800	80	40
烟叶	0.2	0.5	299.4	59.88	30
合计	—	—	77288	96511	46705

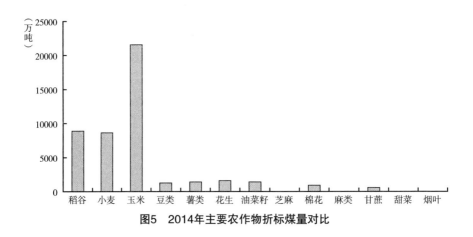

图5 2014年主要农作物折标煤量对比

（二）畜禽粪便

随着养殖业规模的不断扩大，畜禽粪便产生量也逐渐增多。畜禽粪便除了生产有机肥，同时还可以作为生产沼气的原材料，是替代一次能源生产生物质能源的重要来源。目前，中国畜禽规模化养殖的种类主要包括牛、马、驴、骡、猪和羊。据统计，2014 年牛马驴骡的年底数为 11989.5 万头，出栏和存栏猪 120093.1万头，羊（山羊、绵羊）存栏 30314.9 万只。按照畜禽排泄系数及各类畜禽粪便产沼气系数，这些畜禽粪便年可产沼气 1032 亿立方米，按照 1 立方沼气相当于 0.5立方天然气（沼气中约 60% 为甲烷）测算，折合天然气 516 亿立方米，按照 1 立方米沼气相当于 0.714 公斤标准煤测算，折合标准煤 737 万吨。从畜禽种类看，羊粪便是目前产沼气量最大的，占到总量的 37.6%，其次是猪，占到总量的 31.3%，再次是牛，占到总量的 29.6%，马驴骡粪便产沼气量很小，三类畜禽合计占总量的1.5%。因此，在建设大中型畜禽养殖场沼气工程中，应着重考虑羊、猪和牛养殖场的沼气设施建设，避免随意建设形成的巨大浪费。2014 年全国主要畜禽的粪便产沼气量、折标煤量测算如表 2 所示。2014 年全国主要畜禽粪便产沼气量对比如图 6 所示。

表2 2014年全国主要畜禽的粪便产沼气量、折标煤量测算

名称	2014年全国畜禽饲养数量（万头、万只）	日粪便排泄量（千克/天）	全年饲养天数（天）	粪便干物质比例（%）	粪便收集系数	干物质产气率（立方米/千克）	沼气产量（亿立方米）	折标煤量（万吨）
牛	10578	24.44	365	18	0.6	0.3	305.73	218
马	604.3	9	365	25	0.6	0.3	8.93	6
驴	582.6	4.8	365	25	0.6	0.3	4.59	3
骡	224.6	4.8	365	25	0.6	0.3	1.77	1
出栏肉猪	73510.4	4.25	199	20	0.6	0.2	149.21	107
存栏猪	46582.7	4.25	365	20	0.6	0.2	173.43	124
羊	30314.9	2.6	365	75	0.6	0.3	388.38	277
合计	—	—	—	—	—	—	1032	737

注：①中国鸡养殖业规模也较大，但鸡粪一般都作为有机肥回用农业生产，另外《中国统计年鉴》中无鸡养殖数量，在这里不做统计。②牛分为役用牛、肉牛、奶牛，《中国统计年鉴》中只统计了牛的年底数，这里按照肉牛的排放系数测算。③目前中国尚没有相应的畜禽粪便排泄系数的国家标准，畜禽粪便日排泄量与畜禽品种、个体差异、生长期、生长状况、饲料组成、喂养方式、饲养管理水平、气候、季节等多种因素相关（彭里、王定勇），此处的排泄系数及产沼气系数利用的是张田、卜美东、耿维的研究成果。

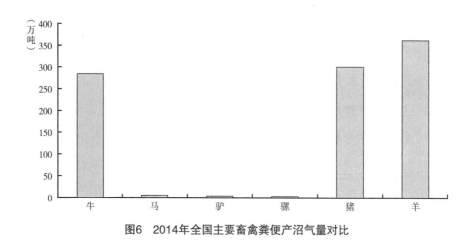

图6　2014年全国主要畜禽粪便产沼气量对比

（三）农产品加工废弃物

随着农产品加工业的发展，农产品加工废弃物也越来越多。目前，农产品加工废弃物主要包括玉米芯、稻壳、花生壳、棉籽壳、米糠、豆粕、麦麸、甜菜渣、甘蔗渣、蔬菜废弃物、果皮残渣、畜禽屠宰废弃物等。这些农产品加工废弃物中，作为有机质，大部分都能回收利用，除了可以作为沼气的原料来源，还可以形成新的产品，如米糠生产米糠油、豆粕提取蛋白、麦麸提取膳食纤维、蔬菜废弃物肥料化和燃料化利用、果皮残渣饲料化和肥料化利用、畜禽废物加工饲料等。这些加工废弃物除了作为动物饲料、造纸、菌棒等的原料来源，也是生产生物质能源如酒精、固体燃料、沼气等的重要原料来源。2014年，按照草谷比及折标能源系数，这些加工废弃物产量总计约1.3亿吨，相当于0.7亿吨标准煤。其中，玉米芯折标煤量最大，达到2458万吨，其次是甘蔗渣，达到2035万吨，再次是稻壳，达到2024吨。可见，玉米芯、甘蔗渣和稻壳的生物质能源市场开发具有较大空间。表3为2014年中国主要农产品加工废弃物产量及折标煤量；图7为2014年中国主要农产品折标煤量对比。

表3 2014年中国主要农产品加工废弃物产量及折标煤量

项　目	草谷比	折标能源系数 （千克标准煤/千克）	农产品产量 （万吨）	农产品加工废弃物产量 （万吨）	农产品加工废弃物折标准煤量 （万吨）
稻壳	0.2	0.49	20650.7	4130	2024
玉米芯	0.19	0.6	21564.6	4097	2458
花生壳	0.2	0.59	1648.2	330	194
棉籽壳	0.24	0.6	617.8	148	89
甘蔗渣	0.27	0.6	12561.1	3391	2035
甜菜渣	0.88	0.57	800	704	401
合　计	—	—	—	12801	7202

注：棉籽壳草谷比为作者整理相关资料所得，甘蔗渣草谷比来源于http://www.mama.cn/z/27646/；甜菜渣草谷比来源于任燕锋等（2010）；其余草谷比来源于张亚平等（2008）。

（四）林木生物质

在众多的生物质能源中，林业生物质含量巨大（占地球固定能量的90%），而且可以多形式利用。近年来，随着利用粮食发展生物质能源缺陷的显现，林业生物质能源所具有的不"与粮争地"的优点，使其成为替代石化燃料的很好选择。林木生物质主要包括林地生长剩余物、林业生产剩余物和能源林的采伐。其中，林地生长剩余物主要包括灌木林平茬剩余物、经济林抚育修枝剩余物、"四旁"和疏林抚育修枝剩余物、城市绿化抚育修枝剩余物等；林业生产剩余物主要包括苗木修枝剩余物、森林抚育与间伐剩余物、林木采伐剩余物、林产品生产加工剩余物和废旧木制品等；能源林在这里主要是指薪炭林（能源林也包括麻风树、小桐子等油料能源林，在林木生物质中不做统计）。据张卫东等测算，2013年，中国可获得的林木生物质资源剩余物总量达9.24亿吨，可作为能源利用的生物质达2.64亿吨，折合标准煤1.2亿吨（木头折标煤系数按0.46计算）。可见，中国丰富的林木生物质资源，将成为生物质能源的重要来源。

（五）能源植物

能源植物通常是指那些具有合成较高还原性烃的能力、可产生接近石油成分和可替代石油使用的产品的植物，以及富含油脂、糖类、淀粉和纤维素的植物，包括能源作物、能源草、能源林等。其中，能源作物主要包括大豆、油菜、花生、芝麻、甘蔗、甜菜、玉米、甘薯、木薯等；能源草，如甜高粱、柳枝稷等；能源林，如薪炭林等木质能源林和小桐子、文冠果等油料能源林。为避免与粮争地，近年来中国主要利用非粮食原料（主要为甜高粱、木薯以及木质纤维素等）生产燃料乙醇技术，以及以小桐子等油料作物为原料制取生物柴油技术，并建设规模化原料供应基地，建立生物质液体燃料加工企业。

（1）高粱。甜高粱是目前比较理想的生产燃料乙醇的能源植物，在所有生物质能源品种中，投入最低，风险最小，产业链最长，适应区域最广，产出最高。据测算，每年每公顷甜高粱可生产6106升乙醇，是甘蔗的1.3倍，是番薯的3.4倍，是玉米的3.2倍。因其对气候、土壤适应性较强，适于在全国范围内普遍推广。目前，全国甜高粱种植面积尚无具体统计资料，经调查，全国甜高粱种植面积最大的地区是甘肃，其中武威市就达到了27.3万亩，并形成产业化发展。

（2）木薯。木薯具有高淀粉特性，是生产能源酒精的主要原料。木薯因其耐干旱、耐贫瘠、易管理、不与粮食作物争地等优点而广受欢迎。目前，木薯产业主要分布在广西、广东、海南、云南、江西、福建、湖南和贵州等地。截至2013年年底，全国总面积达到31.17万公顷，较2004年减少了3.56万公顷，总产量达到735.68万吨，较2004年增加了93.12万吨，每公顷平均单产达到19.79吨，较2004年提高了4.01吨。

（3）油料能源林。目前在《中国林业统计年鉴》中统计的用于生物质能源原料来源的油料能源林主要是油桐籽和文冠果。油桐籽即麻风树，在中国主要分布于广东、广西、四川、贵州、云南等省区。2014年，全国油桐籽产量为416065吨，按照1吨油桐籽生产0.43吨生物柴油，每年可生产178908吨生物柴油。文冠果分布于中国北部和东北部地区，在中国种植面积较小，2014年，全国文冠果产量为

4289 吨，按出油率 30% 计算，可产生物柴油 1287 吨。

总之，能源植物的发展，为生产生物质能源提供了重要的原料来源渠道，中国土地资源丰富，类型多样，在全国范围内均有适合不同品种能源植物生长的土地，为发展生物质能源产业奠定了扎实的基础。

三　能源农业发展的资源潜力预测

通过对中国能源农业现状分析，不难看出主要用于生物质能源产业发展的能源农业具有较好的发展前景。为判断能源农业未来发展的资源潜力，采用综合预测方法，预测 2020 年、2025 年、2030 年中国能源农业发展的资源潜力。

（一）中国能源生产及消费的资源潜力预测

由图 1 可知，中国能源生产和消费总体呈逐年增长趋势，但是从《中国统计年鉴》的统计数据看，消费总量增长的速度较快，因此中国能源消费的对外依存度也越来越高。根据《中国统计年鉴》中 2000~2014 年中国能源生产和消费的数据，采用 Eviews6.0 软件对中国能源生产总量及消费总量进行预测，建立时间序列回归模型如下：

（1）中国能源生产回归模型

$$Y = -34896758 + 17515.42 \times X$$

$$(-31.99) \qquad (32.23) \qquad R^2 = 0.99$$

（2）中国能源消费回归模型

$$Y = -42848390.6989 + 21495.9 \times X$$

$$(-32.47) \qquad (32.68) \qquad R^2 = 0.99$$

模型检验：以上两个回归模型拟合优度均是0.99，数据拟合情况较好，且两个回归模型的 t 检验值的绝对值均大于1， t 检验通过。因而，以上两个模型检验通过。

（3）预测结果

经预测，到2020年，中国能源生产和消费量分别约为484386万吨和573327万吨标准煤，2025年分别约为571964万吨和680807万吨标准煤，到2030年将分别达到659541万吨和788286万吨标准煤。2020、2025、2030年能源需求分别存在88941万吨、108843万吨和128746万吨标准煤的缺口（见表4）。可见，如果不改变能源生产现状，中国能源消费对外的依存度将进一步加大。

表4　中国能源生产及消费预测值

单位：万吨标准煤

年份	能源生产量预测值	能源消费量预测值	能源需求缺口预测值
2020	484386	573327	88941
2025	571964	680807	108843
2030	659541	788286	128746

（二）中国能源农业发展的资源潜力预测

据《中国统计年鉴》统计数据，以及表1、表2、表3中各相关系数标准，测算出2000~2014年中国可用于生物质能源生产的主要农作物秸秆折标煤量、主要畜禽粪便折标煤量和主要农产品加工废弃物折标煤量（见表5），以此作为预测的数据来源。

表5 2000~2014年中国主要农业废弃物折标煤量

单位：万吨标准煤

年份	主要农作物秸秆折标煤量	主要畜禽粪便折标煤量	主要农产品加工废弃物折标煤量
2000	32505	713	4795
2001	32655	701	5060
2002	33208	702	5442
2003	31511	710	4895
2004	34730	720	5250
2005	35887	716	5409
2006	37431	689	5719
2007	37614	692	6101
2008	40094	699	6564
2009	40085	712	6279
2010	41415	709	6471
2011	43627	705	6844
2012	45377	714	7224
2013	46603	721	7318
2014	46705	737	7202

（1）主要农作物秸秆折标煤量预测。通过对表5中2000~2014年中国主要农作物秸秆折标煤量数据分析，各年产量随时间呈增长趋势（见图7），通过采用Eviews6.0软件建立时间序列回归模型如下：

$$Y = -2280250.8321 + 1155.3964 \times X$$

$$(-17.14) \qquad (17.43) \qquad R^2 = 0.96$$

经检验，该回归模型拟合优度是0.96，数据拟合情况较好，且回归模型的 t 检验值的绝对值均大于1， t 检验通过。模型检验通过。

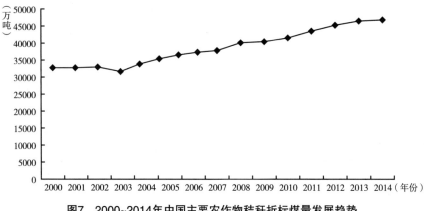

图7　2000~2014年中国主要农作物秸秆折标煤量发展趋势

经预测，中国可用于生物质能源生产的主要农作物秸秆折标煤量，2020年、2025年和2030年分别预计可达到53650万吨、59427万吨和65204万吨标准煤（见表6）。

（2）主要畜禽粪便折标煤量预测。通过对表5中2000~2014年中国主要畜禽粪便折标煤量数据分析，各年产量随时间呈波动态势（见图8），据Excel的趋势线分析，采用移动平均预测方法的趋势线与现状拟合较好，为提高预测精度，此处采取二次移动平均预测模型进行预测，预测模型如下：

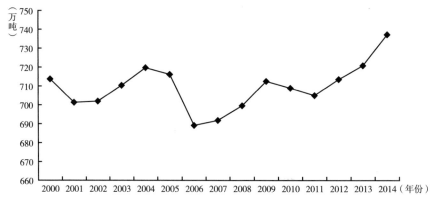

图8　2000~2014年中国主要畜禽粪便折标煤量发展趋势

$$Y_{t+T} = a_t + T \cdot b_t$$

其中，Y_{t+T} 为 $t+T$ 期预测值；t 为本期；T 为本期到预测期的间隔期数；a_t、b_t 为参数。

根据预测模型，对中国主要畜禽粪便折标煤量进行预测，预计出 2020 年、2025 年和 2030 年分别达到 767 万吨、799 万吨和 831 万吨标准煤（见表 6）。

（3）主要农产品加工废弃物折标煤量预测。通过对表 5 中 2000~2014 年中国主要农产品加工废弃物折标煤产量数据分析，各年产量随时间呈增长趋势（见图 9），通过采用 Eviews6.0 软件建立时间序列回归模型如下：

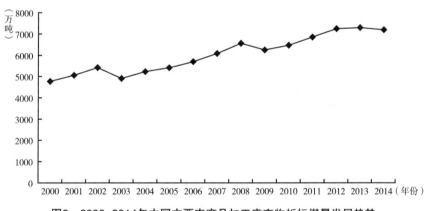

图9　2000-2014年中国主要农产品加工废弃物折标煤量发展趋势

$$Y = -376374.1 + 190.5393 \times X$$

$$（-13.60）\quad（13.82）\quad R^2 = 0.94$$

经检验，该回归模型拟合优度是 0.94，数据拟合情况较好，且回归模型的 t 检验值的绝对值均大于 1，t 检验通过，模型检验通过。

经预测,中国可用于生物质能源生产的主要农产品加工废弃物折标煤量,2020 年、2025 年和 2030 年分别可达到 8515 万吨、9468 万吨和 10421 万吨标准煤(见表6)。

(4)林木生物质和能源植物折标煤量预测。据第八次全国森林资源清查成果显示,截止到2013年,中国森林覆盖率为21.63%,另据《全国森林经营规划(2016~2050年)》预测,到2020年,中国森林覆盖率将超过23.04%,据此可判断,2013~2020年中国森林覆盖率预计年均将增长0.2个百分点。按此增速测算,到2025年和2030年,中国森林覆盖率可分别达到24.04%、25.04%。据张卫东等(2015)测算,2013年,中国可用于能源生产的林木生物质生物产量达到2.64亿吨,折合标准煤1.2亿吨,根据森林覆盖率增长率判断,到2020年、2025年和2030年,用于生物质能源生产的林木生物质产量预计分别可达到2.81亿吨、2.93亿吨和3.06亿吨,折标准煤量分别为1.28亿吨、1.33亿吨和1.39亿吨(见表6)。

同样,按照森林覆盖率年增长0.2个百分点的速度测算,仅油桐籽和文冠果两种油料能源植物,到2020、2025和2030年生产的果实可分别生产生物柴油180555吨、182368吨和184199吨,按照1.4571的折标煤系数,可折合标准煤分别为263087吨、265729吨和268397吨(见表6)。

表6 中国能源需求与能源农业供给预测汇总表

单位:万吨标准煤

项目		2020年	2025年	2030年
能源需求	能源需求缺口	88941	108843	128746
能源农业供给	主要农作物秸秆折标煤量	53650	59427	65204
	主要畜禽粪便折标煤量	767	799	831
	主要农产品加工废弃物折标煤量	8515	9468	10421
	主要林木生物质折标煤量	12800	13300	13900
	主要能源植物	2.63	2.66	2.68
	能源农业供给小计	75735	82997	90359
能源农业供给满足程度		85%	76%	70%

四 结论与建议

（一）结论

通过对能源生产及需求预测、能源农业资源潜力预测，形成以下结论：

（1）能源农业未来能满足 70% 以上的能源需求。由表 6 可知，到 2020 年、2025 年、2030 年，中国能源需求缺口将分别达到 88941 万吨、108843 万吨、128746 万吨标准煤，能源农业预计能分别供给 75735 万吨、82997 万吨、90359 万吨标准煤，分别能满足 85%、76%、70% 的能源需求缺口。

（2）种植业和林木生物质是主要的生物质能源原料来源。在能源农业供给的总量中，利用种植业（农作物秸秆 + 农产品加工废弃物）和林木生物质产生的废弃物进行生物质能源生产占据着主要地位，其能源产出已占到总量的 99%，其中，种植业占 82.1%，林木生物质占 16.9%。畜牧业比重较小，一方面是因为养殖量较大的鸡养殖业未统计在内，另一方面，畜禽粪便更多会回用于农田生产，这也是推进农业循环经济的一种有效方式。另外，能源植物数量最小，主要是统计范围较小，只统计了油桐籽和文冠果两种能源植物，其他如柳枝稷、甜高粱、木薯等已规模化种植的能源植物尚未统计进来。

（3）需要进一步加快能源农业发展。尽管能源农业的供给量在不断增长，但是能源消费增长的速度较快，导致能源需求缺口的增速较大，致使能源农业供给的满足程度呈递减趋势，未来需要进一步加快能源农业发展，以满足快速增长的能源消费需求。

（二）建议

通过综合分析，可以预见中国能源农业发展大有可为。为进一步推进能源农业发展，提出几点建议如下：

（1）大力发展种植业。进一步加快耕种土地流转，推进种植业规模化、产业化经营。加快种植业生产结构调整，推进产能低下的种植品种向生物质能源贡献较大的种植品种转型，优化种植结构，提升土地利用效率。加强农产品品种、栽培、耕作、施肥、灌溉、植保等先进技术的推广，形成不同地区和不同作物高产、优质、低耗、高效的技术体系，提高土地产出率。

（2）充分利用林木生物质废弃物。多年来，中国林木生物质废弃物利用一直没有被充分重视。随着中国森林、绿化面积的逐年增大，林木生物质产生的废弃生物质会越来越多，而这些废弃生物质通过简单加工就能转化为生物质能源。因此，未来应拓宽林木生物质废弃物的收集渠道，形成规模化，加以开发利用。

（3）加快能源植物的开发利用。能源植物是主要为生物质能源生产而种植的植物，目前在全国范围内某些能源植物如甜高粱、木薯、油桐籽、文冠果等已规模化种植生产，但种植面积仍然较小。大部分能源植物适应性较强，适宜全国各地种植，需通过农业结构调整，宜林、宜农土地及滩涂等边缘用地的开发，加大能源植物种植规模，提升能源植物产量在能源农业总量中的比重。

（4）加快推进能源农业产业链的构建。能源农业的发展最终的落脚点是要构建起能源农业产业链，即产前、产中、产后各种资源能够统筹协调，各要素能够在农户与企业或企业间有序流动，构建起能源农业产业链，通过下游企业即生物质能源生产企业的培育发展，推进能源农业资源的有效利用。

（5）加快培育生物质能源产业市场环境。良好的市场环境是生物质能源企业发展的重要保障。通过政府相关政策的引导，一方面加大生物质能源企业的扶持力度，在建设用地、税收等各方面给予政策倾斜；另一方面大力提高能源农业生产农户和企业开发、收集生物质资源的积极性，在能源农业生产及农业废物回收利用方面给予适当补贴。同时，还要加强能源市场的价格调控，以更加优惠的价格促进生物质能源消费，形成有利于能源农业发展的市场环境，推进能源农业产业链健康、有序、循环、可持续发展。

参考文献

张亚平、左玉辉、柏益尧:《江苏省能源农业发展的资源现状与发展潜力》,《生态学报》2008 年第 8 期。

张田、卜美东、耿维:《中国畜禽粪便污染现状及产沼气潜力》,《生态学杂志》2012 年第 5 期。

李淑兰、梅自力、张顺繁等:《中国农产品加工废弃物的类型及主要利用途径》,《中国沼气》2015 年第 4 期。

郭丽磊、王晓玉、陶光灿等:《中国各省大田作物加工副产物资源量评估》,《中国农业大学学报》2012 年第 6 期。

罗凌:《关于中国发展林木生物质能源原料供给的思考》,《山东林业科技》2012 年第 6 期。

张卫东、张兰、张彩虹等:《中国林木生物质能源资源分类及总量估算》,《北京林业大学学报》2015 年第 2 期。

《能源作物的发展现状》,中国百科网,2016 年 5 月 25 日。

梁海波、黄洁、安飞飞等:《中国木薯产业现状分析》,《江西农业学报》2016 年第 6 期。

国家林业局:《中国林业统计年鉴 2014》,中国林业出版社,2015。

行业汇率、销售规模与制造业生产率[*]

苗文龙　张德进[**]

摘　要： 汇率持续波动在长期内必然对一国的行业生产率产生影响。本文根据汇率与生产率的理论关系，对中国工业制造业 27 个行业 1998~2011 年行业实际汇率进行测算，进而实证持续汇率波动对中国制造业生产率的影响，初步得出：近十多年来，中国行业实际汇率整体呈上升趋势，但行业间分化明显；在汇率升值导致出口份额可能下降的同时，低效率企业的退出使生存下来的企业销售收入和市场规模扩大，规模经济效应有助于企业降低生产成本和提高资本使用效率，进而促进企业生产率提高；而影响各行业出口收入的因素主要是实际汇率、行业固定资产、国外市场需求、国内市场需求和劳动力工资；中国制造业销售收入对行业实际汇率的弹性较为显著，表明汇率升值背景下制造业的销售收入得到增长；汇率升值对于制造业劳动生产率的总的影响系数更为显著，除销售规模外，资本劳动比例和外资流入间接对劳动生产率产生了积极的作用。因此，应进一步完善人民币汇率形成机制的市场化，增加人民币汇率弹性，引导生产要素的合理配置；应进一步完善金融市场，降低企业融资的资金成本，为企业的技术进步提供必要的资金支持。

关键词： 行业汇率　销售规模　制造业生产率

---

　　* 基金项目：国家社科基金项目"区域风险、适度分权与地方金融体系改革研究"（14BJY192）、国家社科基金重大项目"防范系统性和区域性金融风险研究"（13&ZD030）。

　　** 苗文龙，陕西师范大学国际商学院副教授，中国社会科学院数量经济与技术经济研究所博士后；张德进，中国人民银行西安分行高级经济师，经济学博士。

一　引言

古斯塔夫卡塞尔提出购买力平价理论（简称 PPP），第一次系统阐述了汇率的决定理论。巴拉萨和萨缪尔森在此基础上提出了著名的"巴拉萨－萨缪尔森效应"（Balassa-Samuelson Effect），即一国生产率的提高将导致该国实际汇率升值，当前大量的研究文献集中于研究生产率变化对一国汇率的影响。但是，从汇率对生产率的反向作用研究的文献并不多见。事实上，如果一国的汇率波动较大且持久，其产生的结果将类似于关税的调整，本国货币升值的效果类似于进口关税的下降和出口关税的上调，而本国货币贬值的效果则刚好相反。相对于研究贸易自由化对企业生产率影响的文献来说，有关汇率变化对企业生产率影响的研究相对较少。从人民币汇率变化历程来看，自 1994 年以来，汇率升值趋势明显。根据国际清算银行发布的报告，1994 年 1 月至 2012 年 2 月，人民币对美元汇率由 8.70 上升至 6.30，累计升值了 38%；人民币实际有效汇率指数由 64.4 上升至 107.9，累计升值了 68%。2013 年以来，人民币汇率波动幅度、波动频率都在加剧。在这种背景下，研究汇率波动对中国企业生产率的影响具有重要意义。

汇率变动对生产率的影响并没有像贸易自由化那样得到学术界的广泛关注，虽然一国的汇率经常发生变动，但是通常被认为是短暂的周期性波动。如果汇率发生持续且幅度较大的变动，那么这很可能如同关税的变化一样对企业或行业的生产率产生影响。从已有的相关文献来看，汇率对生产率的影响主要集中于以下几个方面：

一是汇率变化影响企业资本劳动要素配置比例，进而对企业生产率产生影响。根据索洛模型，资本劳动比例的提高将有助于企业生产率的提高，在一个开放的经济体系中，汇率存在价格传递，汇率升值使企业使用相对便宜的资本替代劳动力（Capital Deepening），从而导致企业生产率提高。代表性文献如 Kaysia Campbell & Delroy M.Hunter、Danny Leung & Terence Yuen、Landon & Smith、田

素 华、McCallum、Richard G. Harris、Dunaway、Carlaw & Kosempel 等。也有学者认为汇率变化对投资的影响与企业定价能力和出口导向程度有关，定价能力越高的企业其投资对汇率变化越不敏感。例如 Campa & Goldberg、Campa & Goldberg、Robert Lafrance & David Tessier、Karolina Ekholm, Andreas Moxnes & Karen Helene Ulltveit-Moe、Francesco Nucci & Alberto Pozzolo 等。部分学者认为，汇率变化对企业净资产产生影响进而影响企业投资。汇率对企业净资产的影响有两种效应，一种是竞争效应，汇率贬值有利于企业出口，另一种是资产负债效应，对于持有大量外债的企业，本币贬值将降低企业净值，净值决定了企业可获得的用于投资的内部资源。另外，汇率变化也会对企业信贷成本产生影响。企业投资资金来源的一个重要渠道是借入外债，汇率的变化对企业借债的利率产生影响，Sangeeta Pratap & Carlos Urrutia、Luis Carranza & JuanM、Aguiar、Sangeeta Pratap & Ignacio Lobato 等对此进行了实证研究。

二是汇率变化引致的选择机制（Selection Effect）导致企业生产率变化。企业之间的竞争以及由此导致的进入和退出所产生的创造性破坏活动（creative destruction）是企业生产率增长的重要源泉。汇率变化引致的选择机制将加速企业的进入和退出，汇率升值使国外竞争者在国内市场更具竞争力，同时本国企业在国际市场面临更大的竞争压力，这种压力将迫使低效率的企业退出市场，新进入的企业和生存下来的企业将更有效率。代表性文献如 Xiaomin Chen & Mark J.Roberts、Foster, Haltiwanger & Krizan、Foster, Haltiwanger & Krizan、Lafrance & Schembri、Richard G. Harris、Ben Tomlin、Sylviane Guillaumont & Ping HUA、李玉红和王皓、余永定等。

三是汇率变化引致的规模经济效应（Scale Effect）对企业生产率产生影响。研究表明，规模经济效应有助于企业降低生产成本和提高资本使用效率，进而促进企业生产率提高。汇率升值下的竞争压力将导致企业兼并重组。劣势企业被淘汰，其留下的市场包括出口市场和国内市场将被生存下来的企业和新进入企业所占有，这些企业的生产规模可能扩大，规模经济效应有助于企业生产率提高。代表性文献如 Loretta Fung、BAILY、disney、hahn、Eugene Beaulieu & Loretta Fung、Ben Tomlin & Loretta Fung 等。

四是汇率升值降低企业采用新技术的转换成本（Switchover Disruption），从而刺激企业采用新技术提高生产率。krugman 认为，1979~1985 年美元的大幅升值加速了美国工业生产率的提高，因为美元升值迫使美国公司进行技术创新，通过技术进步提高生产率。Thomas.Holmes & David K.Levine 认为，企业在采用新技术的初期，通常面临短暂的产量下降和利润损失，他们将这种成本称为转换成本，通过在标准的阿罗模型（Arrow-type）中加入转换成本，发现竞争的加剧降低了企业在采用新技术时的转换成本所导致的利润损失，从而刺激企业更多地创新和提高生产率。汇率的升值将加剧企业面临的市场竞争，从而有助于降低企业的转换成本，此后一些学者进行了实证，例如 Karolina Ekholm、Yao Tang、姜波克等。

此外，汇率升值还会促进人力资本提升进而影响企业生产率，以及对 FDI 产生影响，从而对生产率产生作用。

通过梳理研究文献，可以得出有关中国实际汇率变化对企业生产率的研究很少。目前国内对汇率的研究多集中于汇率对进出口、产业结构、就业和收入分配的影响，所采用的数据以宏观数据为主，多是从总量层面进行分析。有关汇率对企业的影响多是利用定性分析来说明汇率升值有利于促进企业结构调整，增强企业竞争力，大量的文献集中于研究汇率对产业结构调整的影响。Sylviane Guillaumont & Ping HUA 从省域层面研究汇率对生产率影响，缺乏对行业和企业类型的细分；田素华的研究主要是考虑汇率变化对企业固定资产投资的影响，没有进一步研究汇率对企业生产率的影响，且采用的是 2006 年之前的数据，而人民币快速升值和波动幅度加大是在 2006 之后发生的。综观这些文献，从行业和企业公司层面出发，中观研究人民币升值对企业生产率和技术进步影响的文献十分欠缺。从时间方面来看，鲜有涉及人民币汇率改革后的研究，而且在研究中没有充分考虑人民币汇率升值和金融市场的交互作用。从方法上看，没有采用更加切合实际的随机前沿技术分布（DEA）来对行业或企业的生产率变化进行分解。因此，结合中国汇率改革以来的数据，针对人民币升值对行业生产率变化进行深入研究具有十分重要的意义。

本文的创新主要如下：（1）本文在研究汇率对制造业各行业生产率的影响时，构建了一个能够衡量各个行业面临的国际竞争压力的合理汇率指标——行业实际有效汇率（Industry-specify Real Effective Exchange Rate）。相对于总量人民币实际有效汇率，将各行业贸易伙伴国的进出口份额作为权重构建的实际有效汇率，更能区分行业间面临外部竞争压力的差异，从而更好地反映行业中企业面临的竞争环境。构建行业实际有效汇率指标不但可以为接下来的生产率分析做铺垫，而且可以作为开放背景下其他问题研究的数据基础。（2）在研究汇率对生产率的影响时，本文分析了具体的渠道机制，主要选取了资本劳动比例、FDI 和行业规模作为汇率作用于生产率的桥梁，并通过计量分析检验行业汇率、销售规模及其与生产率之间传导途径的有效性；（3）本文构建了汇率变动影响行业规模的数理模型，根据行业特征的不同分析汇率变动的影响程度，并且充分考虑了行业融资能力不同；（4）本文应用了汇改前和汇改后的数据，具有充分的代表性，能够较好的刻画汇率变化对各行业的影响。

二　理论分析

从上述文献来看，汇率主要从资本劳动比例变化、选择机制、规模经济和创造性破坏等几个方面影响生产率，我们这里重点分析汇率变化对规模经济及生产率的影响。研究表明，汇率价格信号引导资源优化配置，在汇率升值导致出口份额可能下降的同时，低效率企业的退出使生存下来的企业市场规模可能扩大，规模经济效应有助于企业降低生产成本和提高资本使用效率，进而促进企业生产率提高。货币升值使国外竞争者存在成本优势，这就使企业在国内市场和国外市场面临更为激烈的竞争，部分企业退出市场。对于留下来的公司而言，汇率升值对其市场规模有两种作用——汇率升值成本不利使企业销售可能减少和部分企业退出使留下的市场空间扩大，汇率升值对企业销售规模的影响取决于这两个相反因素作用的大小。如果企业退出市场比例较低或者退出市场的企业规模相对留下来的企业小得多，那么货币升值将导致留下来的企业国内销售和国外销售规模下降，企业总体销售规模将减少。

货币贬值的效果正好与之相反。国内公司的成本优势将使公司销售具有更大的竞争力，企业销售规模可能扩大，但成本优势也可能吸引新进入者，从而降低现有企业占有的市场规模。本国汇率贬值时，生产率较低的企业能够获得的额外利润免于退出市场，而总体生产率的低下导致进入门槛过低，使更多低生产率企业进入市场。而实际汇率升值会像关税减免一样给予外国企业在本国市场的成本优势，在开放程度较高的情况下，升值导致的进口竞争加剧使国内市场竞争更加激烈，这就降低了企业生存的概率。那些小规模、低生产率的企业，可能无法应对这种竞争压力而选择退出市场，而由于进入门槛的限制，新进入的企业生产率会高于退出的低生产率企业，这样就提高了行业的总生产率。因此，汇率升值促使低生产率企业退出，即出现选择效应。当然，汇率升值导致的市场竞争环境的恶劣，将会使外国企业得到比本国企业更大的成本优势并占据一部分市场份额，而存活下来的本国企业由于受到汇率升值带来的成本优势下降的影响，生产规模也可能会降低。

借鉴 Loretta Fung，建立以下模型分析汇率变化对销售规模的影响，假定消费者的支出效用函数为：

$$\ln E(p, u) = \ln u + \sum_{i=1}^{N} a_i \ln p_i + \frac{1}{2} \sum_i \sum_j \gamma_{ij} \ln p_i \ln p_j, \text{ 其中 } \gamma_{ij} = \gamma_{ji}。$$

该方程中 N 是国内产品数量 N_d 和进口产品数量 N_i 之和，p 为产品需求价格。需求函数为 $\ln E(p, u) = \ln u + \sum_{i=1}^{N} a_i \ln p_i + \frac{1}{2} \sum_i \sum_j \gamma_{ij} \ln p_i \ln p_j$。其中 E 是总的支出，s_i 是花费在商品 i 上的支出比例，

$$s_i = p_i C_i / E = \frac{\partial \ \ln E(p, \ u)}{\partial \ \ln p_i} = a_i + \sum_j \gamma_{ij} \ln p_j$$

假定消费者的支出函数是一阶同质函数，存在下面的约束：$\sum_i a_i = 1$，$\sum_i \gamma_{ij} = \sum_j \gamma_{ij} = 0$，这样，需求的价格弹性可以表示为：$\varepsilon_i = 1 - \frac{\partial \ \ln s_i}{\partial \ \ln p_i} = 1 - \frac{\gamma_{ij}}{s_i}$。

假定国内需求产品和进口产品对称的进入支出函数中，即 $a_i = \frac{1}{N}$，$\gamma_{ii} = -\frac{\gamma}{N}$，$\gamma_{ij} = \frac{\gamma}{N(N-1)}$，如果 $j \neq i$。

这样，特定消费者在国内产品和进口品的支出比例 s_d、s_f 和需求弹性 ε_d、ε_f 分别为

$$s_d = \frac{1}{N}\left[1 - \frac{N_f \gamma}{(N-1)}\ln p_d + \frac{N_f \gamma}{(N-1)}\ln p_f\right]$$

$$s_f = \frac{1}{N}\left[1 - \frac{N\gamma}{(N-1)}\ln p_f + \frac{N\gamma}{(N-1)}\ln p_d\right]$$

$$\varepsilon_d = 1 + \frac{\gamma/N}{s_d} = 1 + \gamma\left[1 - \frac{N_f \gamma}{(N-1)}\ln p_d + \frac{N_f \gamma}{(N-1)}\ln p_f\right]^{-1}$$

$$\varepsilon_f = 1 + \frac{\gamma/N}{s_f} = 1 + \gamma\left[1 - \frac{N\gamma}{(N-1)}\ln p_f + \frac{N\gamma}{(N-1)}\ln p_d\right]^{-1}$$

在生产者方面，N 个厂商在垄断竞争状态下生产并在国内和国外市场销售产品 x_d、x_f，假设劳动是公司的生产成本 $\alpha + \alpha_x + \beta(x_d + x_f)$，其中 α 是固定成本，β 是生产的边际成本，国外销售的额外成本为 α_x。代表性厂商的出口利润函数为：$\pi_i(x_d, \ x_f) = p_d x_d + e p_f x_f - w[\alpha + \alpha_x + \beta(x_d + x_f)]$；利润最大化的条件（PMC）可以表示为：

$$\ln p_d = \ln\left(\frac{\varepsilon_d}{\varepsilon_d - 1}\right) + \ln(\beta W) = \ln\left(1 + \frac{1}{\varepsilon_d - 1}\right) + \ln(\beta W) \cong \frac{1}{\varepsilon_d - 1} + \ln(\beta W)$$

$$\ln e p_d^* = \ln\left(\frac{\varepsilon_d^*}{\varepsilon_d^* - 1}\right) + \ln(\beta W) = \ln\left(1 + \frac{1}{\varepsilon_d^* - 1}\right) + \ln(\beta W) \cong \frac{1}{\varepsilon_d^* - 1} + \ln(\beta W),$$

均衡时的国内和国外销售数量分别为：

$$x_d = c_d = s_d \frac{w_d L_d}{p_d} = \frac{s_d(\varepsilon_d - 1)L_d}{\varepsilon_d \beta} = \frac{\gamma L_d}{N \varepsilon_d \beta}$$

$$x_d^* = c_d^* = s_d^* \frac{w_f L_f}{p_d^*} = \frac{s_d^* w_f(\varepsilon_d^* - 1)L_f e}{\varepsilon_d^* \beta w} = \frac{\gamma^* w_f L_f e}{N \varepsilon_d^* \beta w}$$

企业的销售规模总量为$x_d + x_d^*$，可以看出，当汇率 e 升值时，国内物品相对国外价格上涨，因此国内厂商面临的国内需求弹性ε_d和国际市场需求弹性ε_d^*上升，而外国厂商面临的本国市场需求弹性ε_f和国外市场需求弹性ε_f^*均下降。国内市场需求弹性上升使企业面临市场规模缩小压力，但部分公司的退出将导致留下来的公司可能扩大市场规模，因此，汇率变化对企业规模的影响方向不确定，当公司退出的影响大于市场需求弹性增加的影响时，汇率升值导致企业规模扩大。当某一产品在国外市场的需求弹性较高时，汇率变动对该行业产品销售的影响就越大。因为当国外市场的产品需求弹性较大，反映在本币升值导致出口产品价格上升时，国外市场该类产品的需求显著削弱，数量的下降超过价格上升的程度，从而使国际市场的销售收入下降。所以当出口产品在国外市场上具有较高的价格汇率弹性时，不仅增加了本国企业的出口风险，也增加了其参与国际市场竞争的不确定性。当该产品在国内市场的需求弹性越高时，汇率变动对行业销售的影响越大，但这种影响与国际市场刚好相反，因为汇率变动幅度较大时，通过汇率的传递效应，国内的进口中间品和最终产品价格将下降，从而有助于降低国内产品的价格，这样国内市场需求增加，企业的国内销售规模将趋向扩大。

值得注意的是，企业的销售规模与产品的定价能力和风险暴露也密切相关。

Campa & Goldberg 认为，公司的高价格成本加成比例有利于通过价格变化吸收汇率波动的不利冲击，因此降低销售规模对汇率的敏感度。风险暴露表示对出口销售收入比重和进口中间品比重两者之差。国外销售收入在总收入水平中占比的增加，会提高汇率变动对产品销量的影响，当该指标值较高时，意味着该行业对国外市场依赖度较高，汇率变化对其影响较大；进口中间品比重反映行业中国外资本的投入比重，表示本国产业的国际化程度以及对国外资本的依赖程度，该投入水平越高，说明在汇率升值时，企业的生产成本将会随着国外资本投入水平的升高而降低，从而有利于减缓汇率波动对产品生产成本的影响。因此，某一行业中国外资本产品在生产过程中的投入水平越高，则该行业销售的汇率弹性就越小，反之则影响越大。根据模型分析，接下来我们将分别测算实际汇率、价格加成与风险暴露。

三 行业实际汇率、价格加成与风险暴露的测算

（一）实际汇率测算

一般实际有效汇率指数是以一国与其主要贸易伙伴之间的进出口总额来计算权重，但不同行业往往具有其独特的性质（比如资本密集度、技术密集度在行业间存在差异）和重要性不同的贸易伙伴国，因此以进出口贸易总额为权重计算的实际有效汇率指数往往不如以行业进出口为权重计算的行业实际汇率指数对不同行业对外贸易变化的解释力强。行业实际汇率指数更能有效反映由特定双边名义汇率变动所导致的行业出口竞争力的变化。SATO Kiyotaka 等利用 2005 年 1 月至 2012 年 3 月 22 个行业的进出口数据和价格指数，构建了日本行业实际汇率指数，发现不同行业的实际汇率变动存在较大的不同，Goldberg 利用美国 1973~2002 年数据计算了 14 个行业的实际汇率指数，发现行业实际汇率对于行业利润变化较总体的实际汇率更具解释力。我们借鉴 Goldberg 构造行业实际汇率的方法，利用中国与主要贸易伙伴之间的双边名义汇率、价格指数、进出口额等时间序列数据来

构建行业实际汇率指数以反映各行业的特征，对 1998~2011 年每个行业选择占贸易比重超过 70% 的贸易伙伴，不同行业贸易伙伴数不同。以 i 表示中国第 i 个贸易伙伴国，J 表示中国第 J 个行业。考虑到不同行业贸易伙伴的不同，这里计算了贸易加权的实际汇率，名义汇率和 CPI 数据来源于世界银行数据库，然后将名义汇率转化为一单位 RMB 的 i 国货币数量，即 $E_{i/rmb} = E_{i/USD}/E_{RMB/USD}$，人民币对 J 国名义汇率通过两国 CPI（以 2005 年为基期）调整为实际汇率，实际汇率然后以 1998 年为基期进行正态化，从而得到相对汇率。参考盛斌按照 SITC3.0 集结中国工业行业的方法，从联合国 COMTRADE 数据库，得到中国 34 个工业行业的进出口贸易数据。同时删除了石油加工、煤炭开采等外贸依存度相对较低的行业，并将农副食品加工业和食品加工业合并，最后得到 27 个行业的数据，我们计算行业 J 的

贸易权重的三个实际汇率指数为：出口权重实际汇率 $xrer_t^j = \sum_i rrer_t^i \times \dfrac{x_t^{ji}}{\sum_i x_t^{ji}}$，其中 $\dfrac{x_t^{ji}}{\sum_i x_t^{ji}}$ 为行业的出口权重；进口权重实际汇率 $mrer_t^j = \sum_i rrer_t^i \times \dfrac{m_t^{ji}}{\sum_i m_t^{ji}}$，其中 $\dfrac{m_t^{ji}}{\sum_i m_t^{ji}}$ 为进口权重；进出口和为权重的实际汇率 $twrer_t^j = TW_t^{ji} \times rrer_{ji}$，其中进出口和的权重 $TW_{ji, t} = \dfrac{(x+m)_{ji, t}}{\sum_i (x+m)_{ji, t}}$，（x+m）为行业进出口额。本文计算的各行业实际汇率如表 1 所示。

表1　1999年、2011年27个行业实际汇率变化表

项目	1999年			2011年		
	出口实际汇率	进口实际汇率	进出口实际汇率	出口实际汇率	进口实际汇率	进出口实际汇率
非金属矿采选业	24.60	6.18	18.53	22.01	1.43	7.98
食品加工业	43.23	86.20	56.60	95.07	153.40	120.15
饮料制造业	2.98	0.10	2.36	1.36	0.17	0.54
烟草加工业	248.40	1.56	197.41	240.94	0.14	120.67
纺织业	13.96	53.37	32.06	137.32	25.55	118.67

续表

项目	1999年			2011年		
	出口实际汇率	进口实际汇率	进出口实际汇率	出口实际汇率	进口实际汇率	进出口实际汇率
服装及其他纤维制品制造业	7.61	15.40	7.89	2.39	98.35	4.83
皮革毛皮羽绒及其制品业	3.73	55.34	11.93	1.16	144.23	15.25
木材加工及竹藤棕草制品业	11.33	458.53	202.26	8.59	91.19	13.57
家具制造业	2.01	0.79	1.97	1.24	15.97	1.91
造纸及纸制品业	4.25	208.48	179.77	6.88	67.09	46.15
印刷业记录媒介的复制	1.52	20.33	11.85	3.32	22.44	6.81
文教体育用品制造业	1.16	19.75	2.82	1.27	17.31	3.85
化学原料及制品制造业	44.96	63.96	58.98	22.54	43.27	36.69
医药制造业	6.77	1.20	4.94	6.31	0.12	3.28
化学纤维制造业	116.05	30.90	59.48	64.82	1.01	13.32
橡胶制品业	33.80	25.20	30.85	3.57	3.61	3.59
塑料制品业	1.34	25.22	10.08	1.45	33.87	12.56
非金属矿物制品业	6.31	15.98	9.23	10.09	2.62	7.87
黑色金属冶炼及压延加工业	29.13	35.78	34.04	87.94	36.46	71.01
有色金属冶炼及压延加工业	23.91	29.00	27.12	19.75	13.70	15.48
金属制品业	1.26	22.44	5.87	8.18	24.40	11.05
普通机械制造业	2.11	3.39	2.97	38.81	18.69	29.68
专用设备制造业	3.76	3.71	3.71	42.45	21.40	29.37
交通运输设备制造业	8.55	4.80	6.72	6.66	13.51	9.64
电气机械及器材制造业	8.63	21.85	15.92	9.29	29.67	20.57
电子及通信设备制造业	6.17	11.27	8.09	8.58	18.69	10.40
仪器仪表文化办公用机械	2.18	3.92	3.00	8.68	41.67	25.51

从表1中的不同行业实际汇率变化趋势来看，行业的出口实际汇率、进出口实际汇率均存在较大的不同，一部分行业存在明显的升值趋势，而另外一些行业存在明显的贬值趋势。食品加工业、纺织业、皮革毛皮羽绒及其制品业、金属制

品业、普通机械制造业、专用设备制造业、交通运输设备制造业、电气机械及器材制造业、电子及通信设备制造业、仪器仪表文化办公用机械均表现实际汇率的升值，其中纺织业、食品加工业进出口实际汇率升值 268% 和 114%，这也反映出随着人民币升值，这些行业承受了很大压力。木材加工及竹藤棕草制品业、造纸及纸制品业、化学原料及制品制造业、化学纤维制造业、橡胶制品业实际汇率呈贬值趋势，反映出人民币升值，但这些行业的实际汇率并没有升值，也就是说，汇率升值并没有对这些行业的价格竞争力产生不利影响。

（二）市场加成比例的计算

这里我们采用 DHP 的方法构建行业层面的价格加成比例，计算方法如下：PCM = Value of Sales（产品销售收入）+ Inventories（存货）- Payroll（人工成本）- Cost of Materials（原材料成本）/（Value of Sales+Inventories）。这里列举 1999~2002 年和 2008~2011 年两个时间段的平均加成比例值。从表 2 可以看出，行业的价格加成比例随着不同年份发生较大变化，总体上行业加成比例呈下降趋势，反映企业定价能力随着市场竞争激烈逐步弱化，其中下降幅度较大的行业主要是化学纤维制造业、纺织业，分别下降 62% 和 48%，黑色金属冶炼及压延加工业、有色金属冶炼及压延加工业分别下降 69% 和 60%，电子及通信设备制造业下降 61%。下降幅度最小的行业是医药制造业，其价格加成比例下降为 37%。

表2　1999~2011年SITC行业加成比例

SIC代码	行业名称	1999~2002年	2008~2011年	变化幅度
27	非金属矿采选业	0.32	0.24	-0.25
00-09，29，41，42，43	食品加工业	0.20	0.13	-0.34
11	饮料制造业	0.46	0.29	-0.35
12	烟草加工业	0.65	0.72	0.09
65	纺织业	0.24	0.13	-0.48

SIC代码	行业名称	1999~2002年	2008~2011年	变化幅度
84	服装及其他纤维制品制造业	0.23	0.17	-0.27
61和83、85	皮革毛皮羽绒及其制品业	0.23	0.16	-0.31
63	木材加工及竹藤棕草制品业	0.24	0.16	-0.34
82	家具制造业	0.28	0.17	-0.40
64和25	造纸及纸制品业	0.28	0.15	-0.45
892,	印刷业记录媒介的复制	0.31	0.19	-0.41
894, 895, 898	文教体育用品制造业	0.23	0.14	-0.38
21, 22, 23, 51, 52, 53, 55, 56, 57, 59	化学原料及制品制造业	0.28	0.17	-0.39
54	医药制造业	0.45	0.32	-0.30
26	化学纤维制造业	0.23	0.09	-0.62
62	橡胶制品业	0.30	0.15	-0.49
58, 893	塑料制品业	0.24	0.14	-0.41
66	非金属矿物制品业	0.29	0.19	-0.36
67	黑色金属冶炼及压延加工业	0.27	0.10	-0.63
68	有色金属冶炼及压延加工业	0.27	0.12	-0.57
69, 811, 812	金属制品业	0.26	0.15	-0.43
71, 73, 74	普通机械制造业	0.36	0.19	-0.47
72, 81.882, 883	专用设备制造业	0.36	0.21	-0.43
78, 79	交通运输设备制造业	0.32	0.17	-0.46
77, 813	电气机械及器材制造业	0.30	0.16	-0.46
76, 752	电子及通信设备制造业	0.25	0.11	-0.56
751, 759, 87, 884, 885	仪器仪表文化办公用机械	0.31	0.18	-0.40

(三) 汇率风险暴露的计算

为了构建有效风险暴露指数,这里利用中国投入产出表 2002 年、2005 年、2007 年数据,其他年份的相关产业进口中间投入品比例利用行业进口与其中间投

入品比例替代该比例，1995 年及以后的《工业经济统计年鉴》中工业中间投入 =
工业总产值（新规定）+ 应缴增值税 – 工业增加值。

$$IEE_{it} = EX_{it} - \varphi_{it} \frac{\sum_{j=1}^{n-1} m_t^j p_t^j q_{it}^j}{\sum_{j=1}^{n-1} p_t^j q_{it}^j + p_t^n q_{it}^n} = EX_{it} - \varphi_{it}\alpha_{it}$$

其中，i 代表产出部门，对应的工业行业；j 代表生产投入部门；在 n 种生产
投入要素中，前面 $n-1$ 代表制造和服务投入，第 n 种投入是劳动力，并假定为主要
是国内供给。EX_{it} 代表第 i 个行业在时间 t 的出口占其销售收入的比例，即出口风险；
φ_{it} 代表行业 i 个行业在时间 t 成本占收入比例，m_t^j 代表投入的第 j 种要素在 t 年其
进口占产出的比例，$p_t^j q_{it}^j$ 代表要素 j 用于生产 i 行业产品价值，$p_t^n q_{it}^n$ 代表行业 i 投
入的劳动力成本。如果行业 i 的生产没有进口产品投入，则该部门的风险暴露等于
EX_{it}；IEE_{it} 可能等于 0，表明该行业既没有出口且没有进口中间投入品，或者其出
口比例和进口中间投入相抵消；当 IEE_{it} 为正值时，表明该行业风险暴露为净出口
风险暴露；当 IEE_{it} 为负值时，表明该行业风险暴露为净进口风险暴露。该指标通
过同时考察进口投入品在各行业中间投入中的比例和出口占销售收入比重来分析
汇率变化对行业的影响。

表3　对出口风险暴露的分析

项目	2002~2005年平均			2008~2011年平均		
	出口风险	进口风险	净风险	出口风险	进口风险	净风险
非金属矿采选业	0.06	0.11	–0.05	0.01	0.07	–0.06
食品加工业	0.1	0.05	0.05	0.09	0.03	0.06
饮料制造业	0.02	0.01	0.01	0.01	0.02	–0.01
烟草加工业	0.02	0.03	–0.01	0.01	0.03	–0.02
纺织业	0.28	0.07	0.21	0.13	0.06	0.07
服装及其他纤维制品制造业	0.37	0.05	0.32	0.24	0.02	0.22

续表

项目	2002~2005年平均			2008~2011年平均		
	出口风险	进口风险	净风险	出口风险	进口风险	净风险
皮革毛皮羽绒及其制品业	0.53	0.16	0.37	0.27	0.08	0.19
木材加工及竹藤棕草制品业	0.26	0.08	0.18	0.08	0.01	0.07
家具制造业	0.43	0.06	0.37	0.28	0.03	0.25
造纸及纸制品业	0.07	0.11	−0.04	0.07	0.08	−0.01
印刷业记录媒介的复制	0.08	0.07	0.01	0.07	0.04	0.03
文教体育用品制造业	0.53	0.12	0.41	0.44	0.06	0.38
化学原料及制品制造业	0.15	0.16	−0.01	0.07	0.11	−0.04
医药制造业	0.08	0.07	0.01	0.06	0.07	−0.01
化学纤维制造业	0.05	0.13	−0.08	0.04	0.17	−0.13
橡胶制品业	0.17	0.09	0.08	0.18	0.09	0.09
塑料制品业	0.23	0.15	0.08	0.14	0.09	0.05
非金属矿物制品业	0.13	0.09	0.04	0.07	0.03	0.04
黑色金属冶炼及压延加工业	0.06	0.13	−0.07	0.08	0.17	−0.09
有色金属冶炼及压延加工业	0.12	0.18	−0.06	0.05	0.15	−0.10
金属制品业	0.27	0.11	0.16	0.14	0.06	0.08
普通机械制造业	0.29	0.13	0.16	0.13	0.10	0.03
专用设备制造业	0.13	0.14	−0.01	0.10	0.09	0.01
交通运输设备制造业	0.13	0.10	0.03	0.13	0.08	0.05
电气机械及器材制造业	0.27	0.13	0.14	0.20	0.11	0.09
电子及通信设备制造业	0.56	0.30	0.26	0.63	0.26	0.37
仪器仪表文化办公用机械	0.54	0.28	0.26	0.33	0.21	0.12
平均值	0.22	0.12	0.10	0.15	0.09	0.07

从表3中的变化趋势看出，各行业出口风险整体呈下降趋势，只有电子及通信设备制造业的出口比例有所上升，反映出随着汇率变化和国内经济的增长，各行业的外需依赖程度整体呈下降趋势。在人民币汇率升值背景下，净风险指标为正值的行业面临的风险相对较高，而净风险指标为负值的行业则能受益。劳动

密集型的服装及其他纤维制品制造、皮革毛皮羽绒及其制品业、木材加工及竹藤棕草制品业、家具制造业等净风险值虽然为正但下降明显，整体来看，净风险从2002~2005 年的平均值 10% 下降至 2008~2011 年的 7%，其中出口收入比例下降是推动净风险比例下降的主要因素，呈现在汇率升值趋势下。这反映了中国企业在变化的经营环境中对国内市场—国外市场结构的选择，逐渐从以出口为主转向出口和国内市场并重。

四　行业汇率、销售收入与规模经济

这一部分用行业销售收入来反映行业规模，为准确反映汇率对规模经济的影响，在这里将行业总体销售收入与行业内企业个数比较，得到行业平均企业销售收入，借此来考察汇率变化对企业平均销售规模的影响。许多行业市场规模扩大后，企业数量增加，从单个行业来看也许销售规模扩大，但从企业平均来看，销售规模可能缩小。因此，这里重点考察在汇率升值过程中，企业的平均销售规模受到何种影响。其结果是，如果汇率升值，企业销售规模扩大，则可以获得规模经济。

根据 Lung 的研究，本文构建计量检验模型如下：

$$sale = l + l_1 \times gdzc + l_2 \times reer + l_3 \times foreincome + l_4 \times chinaperincome + \\ l_5 \times reer \times makeup + l_6 \times reer \times netrisk + log(wage) + m \tag{1}$$

$$persale = l + l_1 \times gdzc + l_2 \times reer + l_3 \times foreincome + l_4 \times chinaperincome + \\ l_5 \times reer \times makeup + l_6 \times reer \times netrisk + log(wage) + m \tag{2}$$

$gdzc$ 表示固定资产，它在很大程度上决定行业的生产供给能力，reer 和 wage 表示行业成本和价格竞争力，国内和国外人均收入 $foreincome$、$chinaperincome$ 分别表示市场需求。国外人均收入用贸易伙伴国前 10 名的人均国内收入表示，实际汇率利用进出口行业加权的实际汇率，这里同样用价格加成比例和风险暴露控制不同行业特征。同时，在回归中，为准确分析汇率变化对收入影响的传导机制，这里将净风险暴露 *netrisk* 分为出口风险和进口投入品比例两个组成部分。根据理论分析，出口风险大的行业在汇率升值时收入受到负面影响，一方面是出口产品价格竞争力下降，另一方面是出口收入在汇率升值时面临汇兑损失，而进口中间投入品比例越高的行业，汇率升值时成本降低。因此通过分析汇率与这两个变量的交互影响，能从成本和收入角度分析汇率变化对行业收入的影响。*sale* 表示各行业销售收入（亿美元），*reer*（*totalexchangerate*）表示进出口加权的行业实际汇率，*gdzc* 表示行业固定资产余额，*foreincome* 表示主要贸易伙伴人均收入，*chinaperincome* 表示中国人均收入，控制变量 *makeup* 表示价格加成比例、*netrisk* 表示净风险暴露。回归结果如表 4 所示。

表4　行业汇率与行业销售规模的回归估计

Variable	LOG（*sale*）回归1	LOG（*sale*）回归1.1	LOG（*persale*）回归2	LOG（*persale*）回归2.1
LOG（*totalexchangerate*）	0.024（0.03）	0.04（0.00）	0.016（0.02）	0.03（0.04）
LOG（*totalexchangerate*）× *netrisk*	−0.014（0.46）	—	0.006（0.72）	—
totalexchangerate × *riskexposure*	—	−0.008（0.00）	—	−0.005（0.00）
totalexchangerate × *importrisk*	—	0.003（0.00）	—	0.002（0.03）
LOG（*wage*）	0.066（0.00）	0.070（0.00）	0.065（0.00）	0.07（0.00）
LOG（*totalexchangerate*）× *makeup*	−0.041（0.19）	−0.058（0.06）	−0.033（0.26）	−0.04（0.11）
LOG（*foreincome*）	0.989（0.00）	0.986（0.00）	0.553（0.00）	0.554（0.00）
LOG（*chinaperincome*）	0.381（0.00）	0.386（0.00）	0.479（0.00）	0.474（0.00）
LOG（*gdzc*）	0.667（0.00）	0.656（0.00）	—	—
LOG（*pergdzc*）	—	—	0.702（0.00）	0.704（0.00）
Fixed Effects（*Cross*）	yes	yes	yes	yes
样本数	378	378	378	378
Adjusted R-squared	0.98	0.96	0.98	0.97

　　从回归结果来看，影响各行业出口收入的主要因素是实际汇率、行业固定资产、国外市场需求、国内市场需求和劳动力工资。回归 1 显示，销售收入对汇率的弹性是 0.02 且显著，说明汇率升值背景下行业的销售收入得到增长。回归 1.1 显示了汇率的作用渠道，汇率与风险暴露的交叉项回归系数为 −0.008，说明出口收入占比越高，汇率升值时对收入的负面影响越大。而从汇率与进口中间投入品比例交叉项来看，回归系数是 0.003 且显著，这与 Nucci、Pozzolo 的分析是一致的，说明在汇率升值时，进口中间投入品比例的提高有助于提高销售收入，因为投入的成本有所降低。海关统计显示，2011 年 1~8 月，中国工业生产者的购进价格同比下降 1.2%，显示出企业中间投入成本下降。对单个企业的回归结果 2 和回归 2.1 显示了同样的结果，说明汇率变化对于单个企业的销售收入具有同样的影响，因此，汇率升值时期虽然出口收入受到负面影响，但由于企业销售规模扩大和成本降低，企业的销售收入仍然得到增长。

　　行业收入对固定资产的回归系数为 0.67 且显著，固定资产越高，行业的生产能力更强，从供给方面来看能够提供更多的产品。汇率与价格加成比例的系数为 −0.041 但不显著，说明定价能力对销售收入并没有显著的影响。劳动力成本对于销售收入具有促进作用，说明工资的上涨可能导致企业产品价格提升，也可能是劳动力素质的提升促进企业竞争力提升，从而使行业出口收入增长。我们用企业平均销售规模作为因变量的回归同样显示了相同的结果。国外市场和国内市场的回归系数分别为 0.98 和 0.38，人均收入越高，行业销售收入也越多，这说明需求效应对于提高行业销售收入具有重要作用，其中国外需求的弹性系数明显高于国内需求的弹性系数，说明国外需求的增长对于行业销售收入增长更为重要。

　　上文计量估计结果表明，定价能力对于销售收入并没有促进作用，这说明销售收入的增长并不是靠价格，可能更多是依赖数量，需求和固定资产的作用显著正好说明了这一点。中国企业出口的增长主要是源于国外市场需求的旺盛和国内出口鼓励政策，1998~2011 年各行业出口整体继续增加。在汇率升值和劳动力成本逐步上升后,行业尽管销售收入增长,但总体利润下滑,许多企业采取了以数量增长来维持利润总量的方法,通过扩大出口和销售数量来保持总体利润规模。这也与中国的出口退税有关,因为出口退税主要是依据企业的出口收入来确定退税额。现在有很大一部分企业的利润来自于出口退税。调查显示,其中很多企业的出口是亏损的,只有通过出口退税和地方奖励才能弥补亏损。从企业成本利润构成来看,出口退税占销售价格的比重逐年上升,且均超过了外销与内销利润率差异,也就是说外销相对于内销的高利润率主要来自于国家的出口退税政策,而并非产品或市场本身,因此企业有动机扩大销售规模来获取出口退税。回归结果显示,固定资产对销售具有显著的促进作用,反映中国销售的增长主要是依靠数量扩张的增长模式,尽管出口本身利润较低,维持出口水平的代价就是出口商品的售价在汇率上升的同时并没有明显地增长,压低的产品售价将企业原本不高的利润空间挤压得更小。如果出口企业在其不能够充分调整生产规模的时间期限内,预测汇率还会不断升值,那么出口企业会尽可能的提高产量,提前将要出口的产品出口,尤其是在有出口合同约束的条件下。这也就成为为什么人民币在 2005 年升值后的相当长的一段时间内,中国出口额仍然快速增长的原因之一。

五 行业汇率与行业生产率

这一部分,我们进一步分析行业汇率、销售收入与行业生产率的数量关系。

(一) 模型与变量选择

假设中国制造业各行业符合 C-D (Cob-Douglas) 生产函数,其形式为: $Y_{it} = A_{it}L^a_{it}K^b_{it}$。$Y_{it}$ 表示行业 i 在时期 t 的产出,L^a_{it} 表示 i 行业 t 时期的劳动力指标,K^b_{it} 表示资本,A_{it} 代表 i 行业 t 时期的技术水平。根据前面的论述,我们认为技术水平 A_{it} 受到外资流入和销售规模的影响,特别是出口的自我选择和学习效应对于提高技术水平有重要作用，假定$A_{it}=R_{it}F_{it}^{q_1}S_{it}^{q_2}$，其中$F_{it}$代表外资流入，$S_{it}$代表行业销售收入，$R_{it}$则代表除去上述三个指标外其他能够影响技术水平的影响因素，将上式带入前面，得到：$Y_{it}=R_{it}F_{it}^{\theta_1}S_{it}^{\theta_2}L_{it}^{a}K_{it}^{b}$，两边同除劳动力$L$，同时取对数，得到：$\ln y_{it}=\ln R_{it}+\theta_1\ln F_{it}+\theta_2\ln S_{it}+\alpha\ln k_{it}$。

从上式来看，人均产出（劳动生产率）的重要影响因素是外资流入、销售收入和人均资本。与此同时，其他因素对于劳动生产率也会产生影响。新古典经济增长理论、内生经济增长理论及效率工资理论都强调工资上涨在劳动生产率提升中的作用，近年来的效率工资理论进一步提出高工资高生产率的论断。另外，引入行业进出口与行业增加值比重作为衡量行业开放度的指标，行业开放度越高，说明行业面临的市场竞争越大，吸收技术的能力也越强。根据前面的论述，行业的融资能力对于行业应对汇率升值冲击和缓解资金压力具有重要作用。因此，这里引入行业的融资能力变量控制各行业融资能力的不同。从中国各行业来看，不同行业面临的融资能力不同，部分研究用公司规模来衡量公司的外部融资能力，考虑到中国的企业融资主要依靠银行贷款，还有相当部分借助内源融资，因此，这里采用资产负债比作为衡量各行业融资能力的变量。为了增强指标的稳健性和代表性，在这里生产率用两个指标表示：一种是工业增加值计算的劳动生产率，另一种是Maimquist生产率指数，同时考虑其组成部分技术进步和技术效率变化，这里tech和effch作为被解释变量，用来考察汇率变化对Maimquist生产率分解指标的影响。reer表示行业进出口实际汇率，资本劳动比例、外资和销售收入相当于是三个中间变量。计量模型中所用数据均通过价格指数折算为2005年不变价。为降低数据波动影响，在这里均取对数。根据前面的分析，我们首先控制外资（fdi/gdzc）、资本劳动比例（caplabor）和行业规模（sale），并考虑影响生产率的其他重要变量来分析实际汇率对生产率的影响，基本的回归模型如下：

$$productivity = a + a_1 \times reer + a_2 \times caplabor + a_3 \times fdi/gdzc + a_4 \times sale$$
$$+ a_5 \times reer \times assertdebtratio + a_6 \times (export + import)/valueadd) + a_7 \times (wage) + m$$
$$\text{（3）}$$

$$tfpch = a + a_1 \times reer + a_2 \times caplabor + a_3 \times fdi/gdzc + a_4 \times sale$$
$$+ a_5 \times reer \times assertdebtratio + a_6 \times (export + import)/valueadd) + a_7 \times (wage) + m$$
$$\text{（4）}$$

$$tech = a + a_1 \times reer + a_2 \times caplabor + a_3 \times fdi/gdzc + a_4 \times sale$$
$$+ a_5 \times reer \times assertdebtratio + a_6 \times (export + import)/valueadd) + a_7 \times (wage) + m$$
$$\text{（5）}$$

$$effch = a + a_1 \times reer + a_2 \times caplabor + a_3 \times fdi/gdzc + a_4 \times sale + a_5 \times reer \times$$
$$assertdebtratio + a_6 \times (export + import)/valueadd) + a_7 \times (wage) + m$$
$$\text{（6）}$$

表5　方程各变量的说明

	变量名称	符号	定义
方程 3~6	因变量	*prodcutivity*	用工业增加值与劳动人数之比
		tfpch	（全要素生产率）
		tech	技术进步变化指数
		effch	技术效率
	自变量	*totalexchangerate*	进出口加权的行业实际汇率
		caplabor	行业人均固定资产余额（亿美元）
		fdi/gdzc	外商直接投资与固定资产比例
		sale	各行业销售收入（亿美元）
		export+import)/(valueadd	行业开放度
		wage	衡量劳动力素质
	控制变量	*assertdebtratio*	行业的资产负债比例（负债/资产）

（二）估计

利用单位根检验和 Hausman 检验，我们利用固定效应的随机面板分析模型，直接关系与回归结果分析如表6。

表6 行业汇率与行业生产率的面板回归估计

解释变量 Variable	方程3 LOG（prodcutivity）	方程4 LOG（tfpch）	方程5 LOG（tech）	方程6 LOG（effch）
LOG（totalexchangerate）	0.15（0.02）	−0.04（0.88）	0.27（0.23）	−0.31（0.29）
LOG（sale）	0.38（0.00）	−0.08（0.31）	−0.05（0.42）	−0.03（0.70）
LOG（caplabor）	0.58（0.00）	0.19（0.02）	0.49（0.01）	0.49（0.05）
LOG（fdi/gdzc）	−0.04（0.01）	0.12（0.01）	0.22（0.00）	−0.09（0.04）
LOG（totalexchangerate × assertdebtratio	−0.15（0.05）	0.01（0.95）	−0.24（0.28）	0.25（0.38）
LOG（export+import）/（valueadd）	−0.05（0.20）	0.06（0.70）	0.06（0.59）	−0.005（0.97）
LOG（wage）	0.09（0.00）	0.31（0.00）	0.52（0.00）	−0.21（0.01）
Fixed Effects（Cross）	yes	yes	yes	yes
Adjusted R-squared	0.86	0.17	0.20	0.06
样本数	361	361	361	361

从对劳动生产率的影响因素来看，汇率、销售收入、外资占比、资本劳动比例和劳动力工资五种因素对其影响显著，方程1显示劳动生产率对汇率的弹性是0.15，对销售收入的弹性是0.38，对资本劳动比例的弹性是0.58，工资对劳动生产率的系数是0.05，说明这些因素的变化对劳动生产率增长具有显著的促进作用。而资本劳动比例的提高对于劳动生产率提高具有最大的促进作用，这和中国行业发展实际是一致的，资本深化有助于提高人均资本占有量，中国行业劳动生产率的提高在很大程度上得益于资本劳动比例的提高。从实际汇率和资产负债比例的交互项系数来看，系数均为负数 −0.15 且显著，说明在考虑了行业的融资能力之后，实际汇率对于生产率具有影响，当资产负债比例提高一个百分点时，实际汇率对生产率的影响系数降低0.05个百分点。这与前述的理论是一致的，资产负债比高的行业融资能力相对较弱，而且在汇率升值时引起的资产负债表负面冲击更大。值得注意的是，外资比例对于劳动生产率具有负面影响，劳动生产率对外资的弹性是 −0.04，说明外资的流入对于生产率的促进作用并不显著，这和常识

并不一致。一个可能的原因是我们没有将外资投资劳动密集型和技术密集型的行业进行区分，从中国实际来看，外资主要集中在加工贸易企业，以劳动密集型为主，在外资流入占比较高的行业如制鞋、纺织等，劳动生产率反而更低。从数据来看，纺织纤维、皮革羽毛的外资占比分别为 93% 和 78%，但其劳动生产率分别为 24215 和 26171，而交通设备、电器机械的外资流入占比分别为 22% 和 23%，其劳动生产率分别为 176481 和 136771。姚仲枝认为，一般来说，一个企业对外投资时，需要克服语言、文化和习惯等方面的障碍，以及需要熟悉当地生产与销售环境，因而必须负担比当地企业更高的成本。为了克服这些额外的成本，对外投资的企业必须有更高的生产率才不会亏损，才能获得理想的收益。但劳动密集型行业的大部分外商投资看中的主要是低生产成本，这些企业的生产与销售成本比国内企业更低，因此低效率的外资企业也能在这些行业得到生存与发展。

从全要素生产率的影响因素来看，汇率的影响并不显著，而外资流入、资本劳动比例和工资对于全要素生产率具有显著的促进作用。外资流入系数为 0.12 且显著，这说明外资具有较强的技术溢出效应。资本劳动比例对于生产率具有促进作用，系数为 0.19 且显著为正，这与张军等的观点"资本形成影响了全要素生产率增长"是一致的。资本深化也是全要素生产率增长的重要原因，一般认为资本密集度越高的行业，其技术含量也越高，技术进步也越快；朱钟棣和李小平也发现资本形成正是 1998 年以后中国工业全要素生产率增长的重要原因。而销售收入的变化对全要素生产率作用并不显著，这说明中国规模经济的变化并没有对全要素生产率产生作用。李小平、卢现祥、朱钟棣研究发现，企业规模促进 Malmquist 生产率增长和技术效率的增长。本文的研究并不支持这一点，这可能与采用的行业数据有关。资本强度越大和平均企业规模越大的行业，其全要素生产率增长和技术效率增长速度也越快，而技术进步增长速度却越慢。劳动的工资水平同样显著为正，可能是较高的工资意味着较高的劳动素质，从而有助于提高行业全要素生产率。

从技术进步变化指数的影响因素来看，同样是外资流入、资本劳动比例和工资对于全要素生产率具有显著的促进作用，汇率的影响同样并不显著，这与前面对全要素生产率的分析结果是一致的。外资流入的系数为 0.22 且显著，而资本劳动比例的系数为 0.49，工资的系数为 0.52 同样显著，可见，劳动力素质对于技术进步的影响最大，工资上涨通过以下两种机制促进技术进步：其一，工资上涨导致生产要素相对价格的变动，这促使利润最大化的企业在生产中采用先进的资本替代劳动。Solow 基于体现型技术进步的视角指出，工资上涨促使企业加快资本的更新进程，物化于资本中的先进技术将促进经济体整体技术水平的提升；相反，低工资将延缓甚至阻碍资本更新换代及技术进步。其二，工资上涨导致有偏的技术进步。劳动力成本上升将促使企业实行节约劳动的技术创新，这一思想最早由 HIcks 提出，后来进一步演变为诱致性技术创新理论。值得注意的是，汇率和资本流入对于技术效率作用并不显著，只有资本劳动比例提高才对技术效率起到了促进作用，系数为 0.49 且显著，由于技术效率代表了纯技术效率和规模效率，因此技术效率反映了行业间的要素重组和资源配置的效率变化。

外资流入和资本深化对于促进技术进步同样有明显作用，这与事实是相符合的。从理论层面来看，外商投资企业对东道国的技术进步产生影响。从直接效应和间接效应两个角度来进行综合分析：直接效应一般来自于外商投资企业通过引进母公司的先进技术、研发能力和管理经验而具有的比东道国本土企业更高的要素生产率；间接效应是指外商投资企业的生产和研发等活动通过各种途径提升了本土企业的技术水平，并由此而促进东道国技术进步的非直接效应，这种间接的技术进步效应通常也被称作为"技术外溢"或"技术溢出效应"。外商投资企业的技术溢出途径主要有三条：其一，借助于外商投资企业生产价值链的前后向联系来实现，其中后向是指向上游本地供应商方向的溢出，前向则是向下游东道国配套企业或消费者的溢出；其二，通过示范与竞争来实现技术溢出，即外商投资企业以其先进技术或工艺来获取营利能力的市场竞争力会刺激东道国企业开展研发活动，从而提高技术水平。张海洋通过对 37 个工业行业分析认为，在整个工业部门，外资正向外部性促进了内资部门生产率的提高，主要是通过降低市场垄断程度、促进竞争、提高资源配置效率等途径实现的；其三，曾经在外商投资企业中受过技术培训和从事过管理工作的本地人员，回流到本土企业后设法将其在外企中学到的技术和经验加以使用或推广。通过利用外资引进先进技术取得了直接效应，再通过各种途径促使其技术外溢以提高本土企业的技术水平，在此基础上缩小了本土企业与外商投资企业的技术差距并形成追赶之势。

（三）直接关系、间接关系与回归结果分析

上面的分析是对计量模型中的方程1、方程2、方程3和方程4式进行的计量分析，实际有效汇率的系数反映的是实际有效汇率对劳动生产率、全要素生产率和技术进步指数的直接影响。实际有效汇率除对因变量有直接影响外，还会通过中间变量（*caplabor*、*fdi*、*sale*）对因变量产生间接影响。我们将方程1、2、3、4式中的中间变量（*fdi*、*caplabor*、*sale*）用回归中的残差代替，此时实际有效汇率与三个因变量的系数分别表示了实际有效汇率对因变量（*productivity*、*tfpch*、*tech* 和 *effch*）包括了直接关系和间接关系的总影响，建立以下模型。估计结果如表8。

$$productivity = \alpha + \alpha_1 \times reer + \alpha_2 \times caplabu + \alpha_3 \times fdiu + \alpha_4 \times saleu +$$
$$\alpha_5 \times reer \times assertdebtratio + \alpha_6 \times (export + import)/valueadd) + \alpha_7 \times (wage) + \mu$$
$$(7)$$

$$tfpch = \alpha + \alpha_1 \times reer + \alpha_2 \times caplabu + \alpha_3 \times fdiu + \alpha_4 \times saleu +$$
$$\alpha_5 \times reer \times assertdebtratio + \alpha_6 \times (export + import)/valueadd) + \alpha_7 \times (wage) + \mu$$
$$(8)$$

$$tech = \alpha + \alpha_1 \times reer + \alpha_2 \times caplabu + \alpha_3 \times fdiu + \alpha_4 \times saleu +$$
$$\alpha_5 \times reer \times assertdebtratio + \alpha_6 \times (export + import)/valueadd) + \alpha_7 \times (wage) + \mu$$
$$(9)$$

$$effch = \alpha + \alpha_1 \times reer + \alpha_2 \times caplabu + \alpha_3 \times fdiu + \alpha_4 \times saleu +$$
$$\alpha_5 \times reer \times assertdebtratio + \alpha_6 \times (export + import)/valueadd) + \alpha_7 \times (wage) + \mu$$
$$(10)$$

表7 方程各变量的说明

	变量名称	符号	定义
方程7~10	因变量	*prodcutivity*	用工业增加值与劳动人数之比
		tfpch	（全要素生产率）
		tech	技术进步变化指数
		effch	技术效率
	自变量	*totalexchangerate*（*reer*）	进出口加权的行业实际汇率
		caplabu	方程4残差
		fdiu	方程5残差
		saleu	方程6残差
	控制变量	*assertdebtratio*	行业的资产负债比例（负债/资产）

表8 包含间接关系的行业汇率与生产率面板回归估计

解释变量	方程7	方程8	方程9	方程10
Variable	LOG（*prodcutivity*）	LOG（*tfpch*）	LOG（*tech*）	LOG（*effch*）
LOG（*totalexchangerate*）	1.24（0.00）	0.50（0.03）	0.54（0.02）	−0.18（0.53）
LOG（*totalexchangerate* × *assertdebtratio*）	−1.21（0.00）	0.48（0.07）	0.58（0.01）	0.15（0.59）
LOG（*wage*）	0.55（0..00）	0.21（0.00）	0.34（0.00）	−0.15（0.04）
LOG（（*export+import*）/（*valueadd*））	−0.27（0.00）	0.12（0.43）	0.19（0.15）	0.02（0.90）
caplabu	0.66（0.00）	−0.23（0.39）	−0.67（0.00）	0.39（0.19）
fdiu	−0.04（0.09）	0.02（0.70）	0.08（0.07）	−0/.03（0.51）
saleu	1.06（0.00）	−0.62（0.00）	−0.87（0.00）	0.38（0.16）
Fixed Effects（*Cross*）	Yes	Yes	Yes	Yes
Hausman检验	—	—	—	—
BreusehandPaganLM检验	—	—	—	—
样本数	351	351	351	351
Adjusted R-squared	0.87	0.07	0.21	0.04

从上述的回归结果来看，汇率升值对于劳动生产率的总的影响系数为1.24，这一影响明显高于方程1中的回归系数0.15，说明汇率升值对于提升劳动生产率具有积极的作用，这也说明汇率通过资本劳动比例、外资流入和销售规模间接对劳动生产率产生了积极的作用，中间因素的作用为1.09；汇率升值对全要素生产率技术进步的作用是0.50，这一影响明显高于方程1中的回归系数 −0.04，说明汇率通过中间渠道主要是外资流入和资本劳动比例中间渠道产生了作用，这两项因素发挥的作用是0.54，其中部分作用由于规模经济对全要素生产率的副作用被抵消，从方程2回归结果来看，销售规模对于全要素生产率有负面作用但不显著；汇率对技术进步的影响系数为0.54且显著，这一影响明显高于方程1中的回归系数0.27，说明汇率升值对于促进行业技术进步具有作用，汇率通过中间渠道主要是外资流入和资本劳动比例发挥的作用大约是0.27。汇率对技术效率的作用同样不显著，说明汇率对技术效率的直接作用比较弱。

从回归的结果来看，汇率对生产率具有直接和间接的影响作用，且间接作用主要是通过外资流入和资本劳动比例发挥作用，这与理论分析是一致的，汇率通过要素价格替代效应和收入效应，引起资本深化；通过成本效应导致外商投资结构发生变化；通过影响出口价格和进口成本，导致企业的销售收入和规模发生变化。规模经济主要是对劳动生产率具有积极作用，但对于全要素生产率和技术进步作用并不显著。这说明中国的行业规模扩大产生了规模经济效应，提高了劳动生产率，但规模扩大并不意味着全要素生产率提高，部分企业可能更注重了数量的扩张，而在全要素生产率方面并没有明显的进步。

值得指出的是，在上述回归结果中，资产负债比例与实际汇率的交互项均显示为负，说明资产负债比例的提高对于促进行业生产率具有负面作用，资产负债比衡量了企业的融资能力，因此，融资能力较差的行业，在面临汇率升值时，劳动生产率提高较慢。这反映了在汇率升值过程中，提高金融市场发展水平，促进行业融资可以显著提高行业的生产率。

六　结论

通过上述论证可以得出：汇率持续且幅度较大的变动，可能如同关税的变化一样对企业或行业的生产率产生影响。相对于总量人民币实际有效汇率，将各行业贸易伙伴国的进出口份额作为权重构建的行业实际有效汇率，更能区分行业间面临外部竞争压力的差异。近十多年来，中国行业实际汇率整体呈上升趋势，行业间分化明显、升值压力各异；在汇率升值导致出口份额可能下降的同时，低效率企业的退出使生存下来的企业销售收入和市场规模扩大，规模经济效应有助于企业降低生产成本和提高资本使用效率，进而促进企业生产率提高。而影响各行业出口收入的主要因素是实际汇率、行业固定资产、国外市场需求、国内市场需求和劳动力工资。中国制造业销售收入对行业实际汇率的弹性较为显著，表明在汇率升值背景下制造业的销售收入得到增长。汇率升值对于制造业劳动生产率的总的影响系数更为显著，除销售规模外，资本劳动比例和外资流入间接对劳动生产率产生了积极的作用。因此，应进一步完善人民币汇率形成机制的市场化，增加人民币汇率弹性，引导生产要素的合理配置；进一步完善金融市场，降低企业融资的资金成本，为企业的技术进步提供必要的资金支持。

参考文献

姜波克、李怀定：《均衡汇率理论文献评述》，《当代财经》2006 年第 2 期。

华民：《人民币升值并未让中国经济增长变得更健康》，《上海证券报》2006 年 6 月 16 日。

刘泌清：《产品改进、产业升级和内涵经济增长——比较优势的视角》，《复旦学报》（社会科学版）2007 年第 2 期。

杜修立、王维国：《中国出口贸易的技术结构及其变迁：1980~2003》，《经济研究》2007 年第 7 期。

曾铮、张亚斌：《人民币实际汇率升值与中国出口商品结构调整》，《世界经济》2007 年第 5 期。

陈作章：《日元汇率升值趋势与日本经济内外均衡关系研究》，苏州大学博士论文，2007。

许斌：《技术升级与中国出口竞争力》，《国际经济评论》2008 年第 5 期。

姚洋、张晔：《中国出口品国内技术含量升级的动态研究——来自全国及江苏省、广东省的证据》，《中国社会科学》2008 年第 2 期。

姚洋、章林峰：《中国本土企业出口竞争优势和技术变迁分析》，《世界经济》2008 年第 3 期。

娄伶俐：《人民币升值对出口企业技术进步的作用区间分析》，《产业经济研究》2008 年第 4 期。

田素华：《人民币汇率变动投资效应的企业特征》，《世界经济》2008 年第 5 期。

黄梅波、熊爱宗：《日元、新台币升值及其对实体经济的影响》，《亚太经济》2008 年第 4 期。

谷克鉴、余剑：《汇率变化与中国产业结构调整研究》，中国人民大学出版社，2008。

张涛、张若雪：《人力资本与技术采用：对珠三角技术进步缓慢的一个解释》，《管理世界》2009 年第 2 期。

王敏:《人民币汇率变动的 FDI 及其贸易结构效应研究》,辽宁大学博士论文,2009。

熊威:《人民币升值后的汇率传递效应与贸易结构调整》,华中科技大学博士论文,2009。

苏振东、周玮庆:《FDI 对中国出口结构变迁的非对称影响效应》,《财经科学》2009 年第 4 期。

胡晓炼:《人民币汇率形成机制改革的成功实践》,《金融时报》2010 年第 7 期。

张帆:《中国企业对人民币升值免疫?》,《CMRC 朗润经济评论》2010 年第 11 期。

余永定:《现行汇率制度的主要特点分析》,《新世纪周刊》2010 年第 8 期。

曾贵、钟坚:《台湾加工贸易转型升级的路径、机制及其启示》,《世界经济与政治论坛》2010 年第 5 期。

张德进、王洛林:《汇率变化对企业生产率影响的文献综述》,《国际经贸探索》2012 年第 2 期。

张德进:《汇率变化对资本劳动比例的影响》,《国际贸易问题》2014 年第 1 期。

Kichun Kang, "How much have been the Export Products Changed from Homogeneous to Differentiated? Evidence from China, Japan and Korea", *China Economic Review*, No. 19, 2008.

Mary Amiti& Caroline Freund, "An Anatomy of China's Export Growth", *Federal Reserve Working Paper*, No. 11, 2009.

Wang Zhi and Wei Shang-jin, "What Accounts for the Rising Sophistication of China's Exports?", *NBER Working Paper*, No.13771, February 2008.

Hausman, Ricardo; Hwang Jason and Rodrik, Dani, "What You Export Matters", *NBER Working Paper,* No.11905, December 2005.

Rodrik, Dani, "What Is So Special about China's Exports?", *China&World Economy, No. 5, 2006.*

Lall, sanjaya, Weiss, john and Zhang, Jinkang, "The Sophistication of Exports: A New Trade Measure", *World Development,* 2005.

Robert Lafrance and David Tessier, Exchange Rate Uncertainty, Investment, and Productivity, 2008.

Miaojie Yu, "Processing Trade, Firm's Productivity, and Tariff Reductions: Evidence from

Chinese Products", *Beiking university Working Paper,* No. E2010007, 2010.

Belay Seyoum, "The Role of Factor Conditions in High-technology Exports: an Empiricial Examination," *The Journal of High Technology Management Research*, 15(1), 2004.

Ben Tomlin&Loretta Fung, "The Effect of Exchange Rate Movements on Heterogeneous Plants: A Quantile Regression Analysis. Bank of Canada", *Bank of Canada Working Paper* (25), 2010.

Ben Tomlin, "Exchange Rate Fluctuations, Plant Turnover and Productivity", *Bank of Canada Working Paper* (18), 2010.

汇率制度、金融市场化与企业出口持续性

聂　菁[*]

摘　要： 企业出口持续性对于出口贸易稳定发展具有重要影响。本文采用中国制造业企业 8 位数产品编码出口数据，实证分析了中国 2005 年人民币汇率形成机制改革前后，金融市场化对企业出口持续性的影响。结果表明，金融市场化显著促进了中国企业出口持续性。在汇率制度改革之前，金融市场化对中国企业出口持续性的正向影响相对较小；在汇率制度改革之后，金融市场化对企业出口持续性的正向影响有所增强。基于子样本的估计结果表明，在汇率制度改革之后，金融市场化对于中国东部地区及中高技术行业企业出口持续性的影响程度明显增强，也更为显著。本文的结论为进一步促进中国出口贸易的健康发展提供了重要参考。

关键词： 汇率制度　汇率波动　金融市场化　出口持续性

一　引言

出口贸易一直是理论界和业界关注的衡量经济发展的重要指标，无论对于

---

* 聂菁，中国社会科学院数量经济与技术经济研究所博士后。

宏观经济还是微观企业都十分重要。在经历了高速增长之后，近年来在世界经济增速放缓、国内劳动力成本逐渐攀升，出口贸易对中国经济增长的贡献有所下降，但仍然是经济发展的重要支撑。由于国家经济政策对出口贸易的影响最终将通过企业层面的决策来实现，因此研究企业的出口行为规律具有重要的现实意义。

出口贸易与汇率制度的关系尤为密切。近年来，随着人民币汇率形成机制进一步向市场化推进，如何适应人民币汇率的市场化波动已经成为中国出口企业面临的重要课题。现有文献大多基于发达国家或跨国数据研究汇率制度对经济的影响，而基于新兴经济体背景的研究十分有限。此外，现实中，出口贸易除了可能面临汇率波动的影响，还与企业的融资能力紧密相关。出口贸易融资对于出口企业拓展海外市场具有不可忽视的关键性作用。当前中国汇率制度改革、国内金融体系改革逐步推进，这些变化会如何影响中国出口企业的行为？这一问题的解答，在当前中国深化改革的新时期，对于促进中国出口贸易的长期稳定增长具有重要的参考价值。

新近基于出口企业层面的研究中，一个通常的做法是将一国出口总量分解为两个维度，一是参与国际市场的企业数量，即出口的扩展边际；二是每家企业的出口规模，即出口的集约边际。[①] 从这一角度出发，一国出口总量的变化既可能是因为潜在的出口企业实现了出口参与，也可能是因为现存的出口企业增加了出口数量。由于影响集约边际与扩展边际的因素是明显不同的，当宏观因素发生改变时，集约边际和扩展边际可能会出现不同的变化，如果仅从出口总量层面进行分析，可能会使结论出现偏误。在出口贸易的出口边际分解中，扩展边际的重要性引起了学者们的广泛重视。Melitz 提出的新新贸易理论强调了同一行业内企业生

---

① 一些研究进一步将每家企业的出口规模进行边际分解，分为企业内部的集约边际与企业内部的扩展边际两个维度，其中企业内部的集约边际指每一家企业的每种商品的出口数量，企业内部的扩展边际则是指每一家企业共出口了多少种类的产品（产品层面的扩展边际）或者企业同时参与了多少个国家的市场（地理位置层面的扩展边际）。

产率的异质性，以及企业出口进入国外市场必须支付的高昂的沉没成本，通过建立异质性企业出口决策模型，提供了一个分析出口企业异质性行为的经典理论框架，指出生产率水平的差异决定了即使在同一行业中，只有一少部分企业实现了出口参与，而不是全部企业都参与出口。在 Melitz 提出了新新贸易理论之后，微观企业的异质性引起了学术界极大的研究兴趣。宏观出口波动是微观出口企业决策加成的结果，因此研究微观出口企业的决策规律有助于准确理解和把握宏观出口波动及发展趋势。

大量实证研究表明，汇率变动会影响企业进入和退出出口市场。Bergin 和 Lin 考虑了汇率制度对扩展边际的影响。然而，也有一小部分实证研究认为，汇率变动对企业是否进入或退出出口市场几乎没有影响。实证证据并不一致，其原因可能有两方面：一是从汇率水平变动来看。当本币升值时，国内资产的国外价值会升高。一些原本由于流动性约束无法进入国外市场的企业，受益于国内资产价值的上升，此时开始参与出口国外市场，从这一角度看，本币升值促进了企业出口参与。然而，本币升值会使原本已经进入国外市场的出口企业失去其在国外市场的竞争力和部分市场份额，迫使现存的出口企业退出国际市场。综合起来，理论上汇率水平变动对企业是否参与出口市场存在正负两方面的影响。二是从汇率波动来看。如果企业家是风险厌恶的，汇率波动风险将会使大多数风险规避的出口企业倾向于减少贸易，从而对企业的出口参与产生起抑制作用。例如，Bergin 和 Lin 认为企业会对未来的汇率波动形成预期。若汇率波动过大将会增加企业参与出口市场收益的不确定性。所以，汇率波动会降低企业参与出口市场的概率。但另一方面，汇率波动也潜藏了多种风险以及收益的可能性。基于中国数据的研究结果表明，人民币升值降低了企业新参与出口的概率，也降低了企业持续出口的概率。

综合以上文献，汇率变动显著影响了企业进入和退出出口市场，但这一效应具有不确定性，与企业的融资约束程度紧密相关。此外，早期关于金融发展与出口贸易之间关系的研究主要集中在宏观层面上，形成了丰富的研究成果。新近的研究将大量注意力倾注于企业内部的出口决策规律上，但关于企业出口持续性的探讨并不多见。现有关于企业出口参与的文献中，较少区分持续出口企业和断续出口企业。持续出口企业在每一期均参与出口市场，具有相对稳定的市场份额；断续出口企业仅在某些不连续的时期参与出口市场，其出口行为具有不连续性。考虑这两类企业不同的行为特征，其出口决策的影响因素可能存在很大不同。Berman 等和 Li 等已经关注了出口持续性的问题，但目前这方面的研究还很少。

本文的贡献在于，第一，研究了中国汇率制度变化对企业出口持续性的影响。自1994年以来，中国实行以市场供求为基础的、单一的、有管理的浮动汇率制度。直至2005 年 7 月，人民币汇率制度改革进一步完善，参考一篮子货币来计算多边汇率指数。2005 年汇率制度改革之后，人民币汇率出现小幅上升之势，同时，汇率波动幅度也有所增大。本文分析了中国 2005 年人民币汇率形成机制改革前后，企业出口持续性影响机制的变化，丰富了现有研究。第二，本文研究了在不同汇率制度下，金融市场化程度对中国企业出口持续性的影响。由于金融市场化程度的提升能够有效缓解企业面临的融资约束，帮助企业应对汇率波动的影响，因此在金融市场化程度不同的地区，汇率制度变化对企业出口持续性的影响可能存在显著不同。第三，进一步将全样本划分为东部地区与其他地区、中高技术行业与中低技术行业子样本分别进行估计，丰富了现有实证研究，同时为进一步提高政策针对性提供参考和建议。

本文的研究结果表明，第一，汇率制度改革前后，金融市场化对中国不同地区企业出口持续性的影响存在显著差异。在东部地区，2005 年汇率制度改革之前，金融市场化对企业出口持续性没有显著影响。在汇率制度改革之后，汇率波动幅度有所增大，金融市场化程度的提升能够帮助企业克服汇率波动的不利影响，对企业出口持续性的影响显著为正。在其他地区，汇率制度改革前后，金融市场化对企业出口持续性影响的差异同样存在，但差别相对较小。第二，汇率制度改革前后，金融市场化对于中高技术行业、中低技术行业企业出口持续性的影响效应也显著不同。对于中高技术行业，汇率制度改革之前，金融市场化对企业出口持续性没有明显影响。但汇率制度改革之后，金融市场化对企业出口持续性具有显著的正向影响。对于中低技术行业，在汇率制度改革之后，金融市场化对企业出口持续性的正向影响也有所增强。这一结果表明，在汇率制度改革之后，金融市场化对于中国中高技术企业出口的正向作用不可忽视。第三，总体来看，金融市场化程度对企业持续参与出口有显著的正向影响，但对企业断续参与出口的影响有限，说明金融市场化程度的提升对中国企业出口的持续性具有重要意义。

本文余下内容安排如下：第一部分为计量模型建立，将全部出口企业划分为持续出口企业及断续出口企业，采用面板离散因变量模型检验中国 2005 年汇率制度改革前后，金融市场化对企业出口持续性的影响及其差异；第二部分介绍本文的数据来源与变量度量；第三部分为回归结果及分析。第四部分为结论与政策建议。

二　计量模型建立

本文借鉴 Robert 和 Tybout、Bernard 和 Jensen、孙灵燕和李荣林等学者的出口参与决策模型，建立面板离散因变量模型，对汇率制度变化、金融市场化对企业出口持续性的影响效应进行实证分析。基准计量模型设定如下：

$$con\_dummy_i = \alpha_0 + \beta_1 finan\_market_{i,t} + \beta_2 C_{i,t} + \varepsilon_{i,t} \tag{1}$$

$$discon\_dummy_i = \alpha_0 + \beta_1 finan\_market_{i,t} + \beta_2 C_{i,t} + \varepsilon_{i,t} \tag{2}$$

其中，con_dummy_i 为持续出口企业虚拟变量，如果企业 i 在样本期间的所有时期内均参与出口或者企业 i 在样本期间的某一时期参与出口并且在其后每一时期均参与出口，则 con_dummy_i 取值为 1，否则 con_dummy_i 取值为 0。$discon\_dummy_i$ 为断续出口企业虚拟变量，如果企业 i 在样本期间的某一时期参与出口，但在随后时期内没有参与出口，则 $discon\_dummy_i$ 取值为 1，否则 $discon\_dummy_i$ 取值为 0。完全不参与出口的企业作为对照组。$finan\_market_{i,t}$ 表示 t 时期企业 i 所在地区的金融市场化程度。$C_{i,t}$ 代表一系列控制变量。α_0 为常数项。$\varepsilon_{i,t}$ 为随机误差项。

式（1）、式（2）分别检验了金融市场化对企业持续出口、断续出口的影响，其中 β_1 是重点关注的变量，如果金融市场化程度的提升提高了企业持续出口、断续出口的概率，则在式（1）、式（2）中，β_1 的估计系数应该分别显著为正。

为了检验在汇率制度改革前后，地区金融市场化程度对企业出口持续性的影响是否存在显著差异，以 2005 年 7 月为分界点，将全部样本划分为汇率制度改革之前与汇率制度改革之后两个子样本，分别估计式（1）、式（2）。如果在汇率制度改革之前、汇率制度改革之后的两个子样本中，β_1 的估计系数存在显著差异，则表明在汇率制度改革前后，金融市场化程度对企业出口持续性的影响是不同的。

进一步，汇率制度变化、金融市场化对企业出口持续性的影响可能具有显著的地区和行业差异。例如，中国东部省份与西部省份的出口贸易增长机制可能显著不同；技术密集型行业、资本密集型行业、劳动密集型行业中企业对资金的需求量也具有明显差别。汇率制度、金融市场化对这些企业行为的影响可能显著不同。对样本进行分地区、分行业的分析，通过观察 β_1 估计系数的变化有助于揭示更深一层的规律。

参照现有文献，尽量控制了可能影响企业出口持续性的因素，包括资本密集度、企业年龄、员工人力资本、企业规模。

资本密集度。传统要素禀赋理论认为，一国要素禀赋决定了该国出口产品的类别。劳动力禀赋丰裕的国家倾向于出口劳动密集型产品，资本禀赋丰裕的国家则倾向于出口资本密集型产品。因此，资本密集度可以反映要素禀赋在微观企业层面的作用。

企业年龄。企业年龄与企业参与出口的决策往往存在一定的相关性。一般认为，企业的存续时间越长代表企业生产经营的经验越丰富，不确定性越低，参与出口的概率也越大。值得注意的是，现有文献中有时也会将企业年龄作为企业面临融资约束程度的度量指标之一，认为企业存续时间越长，经营不确定程度越低，外部融资能力也越强。但是，现有文献对企业年龄指标的使用范围有限，并且企业年龄的增长除了可能会影响企业的外部融资能力之外，也有可能会对企业的出口参与决策产生综合性影响，因此需要将企业年龄作为控制变量引入模型。

员工人力资本。人力资本对于经济发展的重要性毋庸置疑。理论上，人力资本水平的提高将会提高企业参与出口的可能性。因此，引入员工人力资本作为控制变量以反映人力资本水平对企业出口决策的影响。

企业规模。一般认为，规模的扩大会给企业带来多方面收益，例如规模的扩大使企业有条件实现规模经济，也可以提高出口扩展边际来分散国际市场风险。因此，加入这一指标来控制企业规模对企业出口决策的影响。

三 数据来源与变量度量

为了考察 2005 年人民币汇率形成机制改革前后，金融市场化程度对企业出口持续性的影响是否存在机制性变化，本文选取 2004 年第 1 季度至 2006 年第 4 季度作为样本区间。企业层面的出口数据来源于中国海关分类统计进出口贸易额数据库，这份数据涵盖了每一家企业每一个季度的出口产品信息，包括出口企业单位名称、地址、企业性质以及 8 位数产品编码的出口金额、数量、单位、目的国、贸易方式等。由于较新的实证研究表明，不同的出口目的国也可能会对企业的出口行为产生显著影响，为了控制贸易伙伴的影响，仅保留了全部出口美国的出口记录。为了控制行业类别差异，仅保留了制造业企业样本。由于美国是中国最主要的出口贸易伙伴国，因此样本具有较好的代表性。

但是，中国海关分类统计进出口贸易额数据库中没有包括企业特征信息与财务数据。由于非上市公司的特征信息与财务数据并不是公开数据，因此首先按照企业名称筛选出全部上市公司，即可以得到企业层面的出口数据与财务数据相匹配的完整样本①。为了保证估计结果的可靠性，进一步对样本进行了筛选。首先，理论研究的对象是生产企业，因此剔除中间贸易商。其次，为了避免集团企业与非集团企业在出口行为方面可能存在的差异，剔除集团企业。再次，剔除营业收入、固定资产净额等主要指标小于 0 的异常观测值。

其他企业财务指标均来自《国泰安数据库》。各变量的测算方法如下，① 金融市场化程度。来源于樊纲等（2011）。② 资本密集度。为固定资产净值与员工人数之比。这一比例越高，表明企业的资本密集度越高。③ 企业年龄。以企业成立时间开始计算企业存续时间，作为企业年龄的度量指标。④ 员工人力资本。由于缺乏企业员工受教育程度的统计数据，因此采用员工平均薪酬来度量企业员工的平均人力资本水平。⑤ 企业规模。为企业每季度的营业收入的对数值。

各主要变量的描述性统计见表 1。可以看出，持续出口企业所在地区的金融市场化程度平均值高于断续出口企业所在地区的金融市场化程度。说明从描述性统计的结果看，金融市场化程度的提升可能对企业持续性出口的概率有正向影响，与理论预期相一致。对比资本密集度指标，持续出口企业与断续出口企业的资本密集度的平均值没有明显差异。从员工平均薪酬指标来看，持续出口企业的这一指标也高于断续出口企业，说明平均而言持续出口企业的员工的人力资本水平相对更高。这一结果与经济直觉相符合，平均人力资本水平较高代表员工的平均能力较强，这类企业持续性出口的概率也相对较高。企业年龄、企业规模的统计结果显示，相对于断续出口企业，持续出口企业的存续时间更长，并且有更大的规模。

---

① 为了与财务报表季度数据相匹配，本章将月度出口数据进行了季度汇总。

表1　主要变量描述性统计

变量名	持续出口企业			
	观测值	平均值	最大值	最小值
金融市场化程度	510	8.51	11.34	4.14
资本密集度	510	12.16	14.85	6.26
员工平均薪酬	510	10.20	12.86	8.02
企业年龄	510	9.22	27	4
企业规模	510	20.21	25.56	17.08
	断续出口企业			
金融市场化程度	677	7.92	11.11	1.58
资本密集度	677	12.16	15.20	10.10
员工平均薪酬	677	10.00	12.41	7.99
企业年龄	677	8.86	25	3
企业规模	677	19.92	23.61	16.34

注：为了避免变量不平稳以及可能存在的异方差影响，资本密集度、员工平均薪酬、企业规模均取对数表示。

四　回归结果及分析

（一）汇率制度、金融市场化对企业出口持续性的影响

表2列出了面板离散因变量基准模型的估计结果，检验2005年人民币汇率制度改革前后，金融市场化程度对持续出口企业、断续出口企业的影响是否存在显著不同。人民币汇率形成机制发生改变，会使市场主体对未来汇率走势的预期也会随之变化。因此，考虑到企业会对未来汇率波动形成预期，此时汇率变动对企业出口持续性的影响也可能会出现机制上的改变。

表2 汇率制度、金融市场化影响企业出口持续性的基准模型估计结果

	2005年人民币汇率机制改革之前		2005年人民币汇率机制改革之后	
	模型（1） 持续出口企业	模型（2） 断续出口企业	模型（3） 持续出口企业	模型（4） 断续出口企业
金融市场化程度	0.103*** （3.01）	0.043 （1.42）	0.140*** （4.79）	0.051 （1.23）
资本密集度	−0.098 （−1.13）	−0.010 （−0.15）	−0.079 （−0.80）	0.032 （0.42）
员工人力资本	0.101 （1.61）	−0.045 （−0.58）	0.104 （1.31）	−0.155 （−1.57）
企业年龄	−0.021 （−1.04）	−0.031 （−1.41）	−0.021 （−1.08）	−0.034 （−1.58）
企业规模	0.032 （0.56）	−0.030 （−0.73）	0.035 （0.58）	−0.021 （−0.50）
常数项	−2.320* （−1.68）	0.035 （0.05）	−3.020* （−1.93）	0.506 （0.64）
Prob>chi2	0.0001	0.1987	0.0000	0.1677

注：1. 括号内数值为 z 检验值；

2. *、**、*** 分别表示估计值在 10%、5%、1% 水平上显著。

结果显示，模型（1）和模型（3）中，金融市场化程度的估计系数显著为正，说明无论在汇率制度改革之前，还是汇率制度改革之后，金融市场化程度的提高均显著提升了企业持续出口的概率。同时，模型（3）相对于模型（1），金融市场化程度的估计系数值增大，说明在汇率制度改革之后，金融市场化对企业出口持续性的正向影响有所增强。这一结果与理论预期相符合。一方面，在出口贸易的交易过程中，由于国际运输会比国内销售过程需要更长时间，并且国际运输会面临较高的风险，因此出口商需要更多的周转资金。一些可变的贸易成本，如运输费用和税费，可能也会发生在出口收益实现之前。这些因素使出口融资非常重要，完善的金融系统能够有效促进出口贸易，对出口企业具有不可忽视的重要影响。

另一方面，汇率波动幅度的增加会提高投资的不确定性，导致出口贸易对资金的占用率更高。因此，金融市场化程度的提升能够缓解企业的融资约束，从而促进企业持续性出口，并且这一效应在汇率制度改革之后更为明显。

模型（2）和模型（4）的估计结果显示，金融市场化程度的估计系数均不显著，表明无论在汇率制度改革之前，还是汇率制度改革之后，金融市场化程度的提升对于企业断续出口的概率的影响均不明显。可能是由于断续出口的企业受到市场份额等其他因素的影响，金融市场发展对其并不是决定性因素。

（二）不同地区的子样本分析

大量经验证据表明，在金融系统更为发达的国家和地区，汇率冲击对经济的影响也会更强烈。中国东部地区的金融系统相对于中西部地区更为完善，因此汇率冲击对东部地区企业出口持续性的影响可能更明显。此外，中国东部地区的出口总量也明显高于中西部地区，并且东部省份更接近国外市场，这也可能使汇率冲击对东部地区企业出口持续性的影响更显著。为了进一步考察中国不同省份出口贸易可能存在明显的地区性差异，分别采用东部省份的子样本、其他省份的子样本重新估计了基准方程，结果列示于表 3。

表3　不同地区子样本估计结果

项目	2005年人民币汇率机制改革之前		2005年人民币汇率机制改革之后	
	模型（5）东部地区	模型（6）其他地区	模型（7）东部地区	模型（8）其他地区
金融市场化程度	0.060 （0.72）	0.118* （1.90）	0.119** （2.11）	0.208*** （3.18）
资本密集度	−0.106 （−1.00）	−0.053 （−0.36）	−0.082 （−0.66）	−0.025 （−0.15）
员工人力资本	0.140 （1.46）	−0.035 （−0.38）	0.138 （1.15）	−0.047 （−0.41）

续表

项目	2005年人民币汇率机制改革之前		2005年人民币汇率机制改革之后	
	模型（5） 东部地区	模型（6） 其他地区	模型（7） 东部地区	模型（8） 其他地区
企业年龄	0.002 （0.14）	-0.113^{***} （-3.13）	0.002 （0.14）	-0.111^{***} （-2.72）
企业规模	0.077 （1.06）	-0.061 （-0.86）	0.086 （1.11）	-0.071 （-0.99）
常数项	-3.320^{*} （-1.80）	0.873 （0.55）	-4.443^{**} （-2.36）	0.370 （0.18）
Prob>chi2	0.0031	0.0042	0.0004	0.0085

注：1. 括号内数值为 z 检验值；

2. *、**、*** 分别表示估计值在 10%、5%、1% 水平上显著。

3. 被解释变量为持续出口企业虚拟变量。

模型（5）的结果表明，在中国东部地区，汇率制度改革之前，金融市场化程度没有明显提升企业持续出口的概率。但模型（7）的结果表明，在汇率制度改革之后，金融市场化程度的提升对企业持续出口有显著的正向影响。汇率制度改革使金融市场化程度对企业持续出口的影响发生了机制性改变。数据显示，2005 年汇率制度改革之后，人民币汇率出现小幅上升之势，同时，汇率波动幅度也有所增大。本币升值和汇率波动对企业出口份额有很强、显著的负向影响，降低了企业持续参与出口市场的概率。此时，金融市场化程度的提升能够缓冲本币升值及汇率波动的影响，提高企业持续出口的概率。

模型（6）和模型（8）的结果表明，在除东部省份之外的其他地区，虽然汇率制度改革前后，金融市场化程度对企业持续参与出口市场的概率均有正向作用，但在汇率制度改革之后，金融市场化程度的估计系数大幅提高，显著性水平也明显提升。结果同样支持了理论预期，在汇率制度改革之后，金融市场化程度对企业持续出口的影响效应显著增强。

（三）不同行业的子样本分析

现有经验研究表明，在高技术行业中，融资约束对出口贸易的制约效应更为显著。为了考察金融市场化程度的这种影响对于不同行业的企业是否存在显著差异，本文依据技术密集度将全样本划分为中高技术企业子样本、中低技术企业子样本分别进行估计。其中，中高技术行业包括通用设备制造、专用设备制造、交通运输设备制造、电气机械及器材制造、通信设备制造、计算机及其他电子设备制造、仪器仪表及文化、办公用机械制造、医药制造等行业；中低技术行业包括食品制造、饮料制造、纺织业、纺织服装、皮革、木材、造纸、文教体育用品制造、石油加工、化学原料及化学制品制造、塑料制品、非金属矿物制品、金属制品等行业。

表4　不同行业子样本估计结果

项目	2005年人民币汇率机制改革之前		2005年人民币汇率机制改革之后	
	模型（9）中高技术行业	模型（10）中低技术行业	模型（11）中高技术行业	模型（12）中低技术行业
金融市场化程度	0.050	0.140***	0.094***	0.188***
	（1.25）	（3.47）	（2.66）	（4.67）
资本密集度	0.056	−0.175*	−0.023	−0.178
	（0.42）	（−1.89）	（−0.15）	（−1.34）
员工人力资本	−0.084	0.196**	−0.045	0.297***
	（−1.15）	（2.48）	（−0.43）	（2.74）
企业年龄	−0.001	−0.034*	0.000	−0.041**
	（−0.03）	（−1.91）	（0.01）	（−2.42）
企业规模	0.079	0.001	0.049	0.012
	（1.15）	（0.01）	（0.69）	（0.18）
常数项	−3.136*	−1.803	−2.350	−3.421*
	（−1.93）	（−1.18）	（−1.23）	（−1.92）
Prob>chi2	0.4555	0.0000	0.0850	0.0000

注：1. 括号内数值为 z 检验值；

2. *、**、*** 分别表示估计值在 10%、5%、1% 水平上显著；

3. 被解释变量为持续出口企业虚拟变量。

模型（9）和模型（11）的结果表明，在汇率制度改革之前，金融市场化程度对中高技术行业出口持续性有正向影响，但在统计上并不显著。汇率制度改革之后，金融市场化程度的估计系数显著增大，显著性水平也明显提高，说明金融市场化程度能够帮助中国中高技术企业有效应对汇率波动的不利冲击，使中高技术行业的企业持续参与出口市场的概率显著提高。其原因在于，第一，中高技术行业的产品技术复杂度较高，研发和生产过程中所面临较大的不确定性，研发及生产的时间较长，受汇率波动问题的影响较为突出。第二，中高技术行业对于资本的需求相对较高，因此汇率波动可能使中高技术企业面临较严重的财务负担，制约了企业持续出口的能力。金融市场化有助于在长期和短期内增强中高技术企业的外部融资能力，促进出口贸易。

模型（10）和模型（12）的结果表明，在汇率制度改革之前以及汇率制度改革之后，金融市场化程度的估计系数均为正，并且在统计上显著，说明金融市场化对于中国中低技术行业企业的出口持续性具有显著的正向影响。并且，在汇率制度改革之后，金融市场化对中低技术行业企业出口持续性的影响得到增强。这一结果再次验证了前文理论预期，但同时也表明，金融市场化程度的提升促进中国中低技术企业出口持续性的原因在很大程度上可能是中国中低技术行业面临较严重的融资约束，因此在金融市场化程度较高的地区，企业更容易获得外部融资，保持国外市场份额，实现持续出口。

五 结论与政策建议

本文基于面板离散因变量模型，采用中国海关分类统计进出口贸易额数据库与上市公司的匹配数据，实证分析了 2005 年人民币汇率形成机制改革前后，金融市场化程度对中国企业出口持续性的影响，并检验了这一效应在不同地区、不同技术密集度行业内是否存在显著差异。

结果表明，金融市场化程度的提升显著提高了中国企业持续参与出口市场的概率。进一步分析表明，在汇率制度改革之前，金融市场化程度对中国东部地区、中高技术行业企业的出口持续性没有明显影响；汇率制度改革之后，金融市场化程度的提高能够帮助中国东部地区、中高技术行业的企业克服汇率波动的不利影响，对这些企业的出口持续性的影响显著为正。

本文的结论为中国汇率市场形成机制改革与金融市场化进程的推进，以及贸易开放的协调提供了有益参考。第一，金融市场化程度的提高有效促进了中国企业的持续出口。根据中国的实际情况，资本配置不当的问题仍然存在，融资约束是制约中国出口企业发展的重要因素。因此，适时推动金融市场发展，能够有效提高企业持续出口的能力，增强企业在国际市场的竞争力。第二，人民币汇率市场形成机制的完善与金融市场化进程的协调，将有助于帮助出口企业适应汇率的市场化波动，促进企业参与国外市场竞争，抓住国外市场发展机遇。第三，金融市场化对企业出口持续性的促进效应，对于中国东部省份及中高技术行业的出口企业更为明显，因此金融发展对于中国优化出口结构、推进出口转型升级具有不可忽视的重要影响。此外，应严格监管国际游资对人民币汇率的投机行为，避免人民币汇率过度波动，为中国企业参与国外市场提供稳定的环境，促进出口贸易健康发展。

参考文献

戴翔、张二震:《危机冲击、汇率波动与出口绩效——基于跨国面板数据的实证分析》,《金融研究》2011 年第 8 期。

樊纲、王小鲁、朱恒鹏:《中国市场化指数——各地区市场化相对进程 2011 报告》,经济科学出版社,2011。

孙灵燕、李荣林:《融资约束限制中国企业出口参与吗?》,《经济学季刊》2011 年第 1 期。

Ahn J. B., Weinstein D. E., "Trade Finance and the Great Trade Collapse", *American Economic Review*, 2011, 101 (3).

Becker B., Chen J., Greenberg D., "Financial Development, Fixed Costs, and International Trade", *Review of Corporate Finance Studies*, 2013, 2 (1).

Bergin P. R., Lin C-Y., "Exchange Rate Regimes and the Extensive Margin of Trade", *NBER Working Papers*, 2009, 5 (1).

Bergin P. R., Lin C-Y., "The Dynamic Effects of a Currency Union on Trade", *Journal of International Economics*, 2012, 87 (2).

Berman N., Martin P., Mayer T., "How do Different Exports React to Exchange Rate Changes?", *Quarterly Journal of Economics*, 2012, 127 (127).

Bernard A., Jensen J., "Exceptional Exporter Performance: Cause, Effect, or Both?", *Journal of International Economics*, 1999, 47 (1).

Chaney T., *Liquidity Constrained Exporters*, Mimeo, University of Chicago, 2005.

Cheung Y. W., Sengupta R., "Impact of Exchange Rate Movements on Exports: An Analysis of Indian Non-Financial Sector Firms", *Journal of International Money and Finance*, 2013, (39).

Chor D., Manova K., "Off the Cliff and Back? Credit Conditions and International Trade During the Global Financial Crisis", *Journal of International Economics*, 2012, 87 (1).

Cooke D., "Monetary Shocks, Exchange Rates, and the Extensive Margin of Exports", *Journal of International Money and Finance*, 2014, 41 (2).

Eisenlohr T. S., "Towards a Theory of Trade Finance", *Journal of International Economics*, 2013, 91 (1).

Greenaway D., Guariglia A., Kneller R., "Financial Factors and Exporting Decisions", *Journal of International Economics*, 2007, 73 (2).

Kehoe T. J., Ruhl K. J., "How Important is the New Goods Margin in International Trade?", *Journal of Political Economy*, 2013, (121).

Li H., Ma H., Xu Y., "How do Exchange Rate Movements Affect Chinese Exports?A Firm-Level Investigation", *Journal of International Economics*, 2015, 97 (1).

Manova K., "Credit Constraints, Equity Market Liberalizations and International Trade", *Journal of International Economics*, 2008, 76 (1).

Melitz M., "The Impact of Trade on Aggregate Industry Productivity and Intra–Industry Reallocations", *Econometrica*, 2003, 71 (6).

Minetti R., Zhu S. C., "Credit Constraints and Firm Export: Microeconomic Evidence from Italy", *Journal of International Economics*, 2011, 83 (2).

Roberts M., Tybout J., "The Decision to Export in Colombia: An Empirical Model of Entry with Sunk Costs", *American Economic Review*, 1997, 87 (4).

权力结构与企业谈判工资

摘　要： 工资收入是初次分配的基本构成，也是收入差距产生的重要因素，在谈判工资的理论中企业与雇佣工人之间根据谈判力决定企业剩余的分配。本文通过构建企业、工会以及工会内工人的分配权力函数，讨论了经济个体资源对谈判工资的影响。同时在分配权力函数中引入制度参数，通过可度量的参数表征差异化的分配制度对工人收入的影响。通过模拟分析可以看出，在初次分配过程中强调分配的经济效率对于整体提高工人的工资水平更有效果。

关键词： 权力结构　谈判工资　收入差距

一　引言

改革开放带给中国经济举世瞩目的高速增长，其中一个关键的发展动因就是劳动力从固有制度中的极大解放，人口红利为中国经济增长提供了强劲的动力。在经济增长的同时也推动着劳动力结构的变迁，劳动力结构在知识、技能等因素的影响下分化为多层次结构，一部分高技能、高知识劳动力成为市场中的稀缺要

---

[*]　高丽媛，中国社会科学院数量经济与技术经济研究所博士后。

素，而知识技能低下的劳动力则在一定行业中呈现过剩状态。社会劳动力结构的变迁推动着社会分配结构的进一步变化，资本泛化特征明显——劳动力结构的变化扩大了收入差距，马太效应日益明显。

在中国的收入结构下，初次分配在很大程度上决定了最终的分配格局，工资收入约占居民家庭收入的七成之重，工资是如何确定的，也是经济学理论中讨论非常广泛的问题之一。生产技术的进步形成了资本的泛化，决定工资的因素变得复杂起来，工资结构也发生了相应的改变，工资理论也相继形成了补偿性工资理论与激励性工资理论两大类的分析。在补偿性工资理论看来，工资是对工人付出劳动的补偿，这种观点对古典经济学和新古典经济学的工资理论具有很强的继承性。Hicks首先分析了同质化劳动力的工资决定过程，指出工资决定于一个微观生产最优化过程，在完全竞争和不存在不确定性风险的情况下要素的边际成本等于边际产出水平，因而工资与工人的边际生产率相同。针对劳动力的异质性研究，后续又产生了以Roy为代表的比较优势工资决定理论、以Becker为开拓者的人力资本工资决定理论和以Jovanovic为创始人的工作匹配工资决定理论。这些理论分别从工作技能、人力资本形成和劳动力等对工作认知的不同角度分析影响工资水平的因素。

在一般均衡视角下，工人工资通常被视为劳动力的一般均衡价格，在这个价格下能够实现劳动力市场出清。然而劳动力市场的摩擦性不可忽视，摩擦的过程可以被解释为劳动力的雇佣者和提供者之间的博弈谈判，在谈判机制下会形成一种新的均衡状态。这种状态下劳动力市场并不必然实现出清状态，也就是说劳动力的供给和需求并不相同。鲍尔斯将这种情况分析为劳动力市场的短边效应，处于劳动力市场短边的一方具有权力。而张屹山等人的前期研究则将这种情况解释为由谈判力形成的权力差异决定了市场不能实现出清状态。他们将权力来源解释为资源的贡献，在鲍尔斯的冲突理论基础上，将资源结构转化为分配过程中的权力结构。本文也将在谈判工资定价模型的基础上引入由资源构成的权力结构，并以此分析不同的权力结构对企业工资的影响。

本文在 Aumann 和 Shapley, Stole 和 Zwiebel, 以及 Acemoglu 等工作的基础上讨论了差异化的资源结构下权力对于谈判工资的影响。传统模型中博弈双方分别具有一定的讨价还价力,并且根据讨价还价力的关系确定博弈过程的利益分配,讨价还价力越大,可分得的利益也就越多。但是讨价还价力从何而来呢?本文认为讨价还价力来自于经济主体在经济活动中的(经济)权力。张屹山等指出经济权力是社会经济活动中不可忽视的因素,是交易价格决定的关键因素,也是社会财富分配的决定因素。经济主体拥有的资源禀赋越多,在经济活动中相对的经济权力也就会越大。具体到企业谈判工资形成的问题上,一个企业的运转与利润形成来源于资本、劳动力、技术、组织安排等多重资源协调运用,所以企业的工人、技术人员、管理人员和资本出资人之间存在着合作生产的经济关系和竞争性的分配关系,不同的企业主体以自身的禀赋特征和贡献程度分享共同的合作产出。此外,无论是哪个层面的分配过程都存在着一定的非经济特性,也就是说分配过程中并非与个体贡献程度完全对应。其一,经济主体的经济贡献的衡量是困难的,其二,每个逐利的经济个体都期望获得更多的收益而在制度许可的范围内尽可能增加个人收益,其三,人的价值观中存在着扶弱的主观倾向,这些原因都导致了分配问题中不仅仅涉及经济权力,还受到其他权力(例如政治权力和社会权力)的干预。因此本文参照 Durham Y.、Hirshleifer J. 和 Smith V. L. 的分析,在影响企业工人工资形成的权力模型中采用了生产性分配权力和非生产性分配权力加权加总的权力函数,并着重分析了权重系数对于企业效益以及工人收入差异的影响。

二 包含权力因素的工资定价模型

(一) 模型的假设

本文考察在企业中工资的形成过程以及权力因素对于工资水平的影响。假设企业和雇佣工人都是风险中性的,企业和工人的贴现率 $r \geqslant 0$。经济中的企业存在两种状态，即生产状态和闲置状态。在任意时刻，闲置企业可以增加劳动力的投入转化为生产状态。

假设企业以劳动为唯一生产投入，但是工人的劳动能力不尽相同，因此对企业产出的贡献也有所差异。在模型的设定中我们对雇佣工人的劳动加以区分，假设 e_t 表示企业雇佣工人的无差别劳动贡献，A_t^i 是工人的个人能力参数，工人的技术水平通过这个参数体现。在一个规模为 n 的企业内 A_t^i 服从密度函数 $f_n(x)$，在不同的企业规模下 A_t^i 的密度函数会有所不同，原因在于不同规模的企业所吸引的人力资本存在较大差异，相比于刚刚起步的小微企业，发展良好的大型企业通常能吸引更具人力资本的劳动。故可设工人在企业中的生产函数为 $y_t^i = e_t A_t^i$（$0<\alpha<1$），那么企业的产出函数可以表示为：

$$y_t(n) = \int_0^n y_t^i di = e_t \int_0^n (A_t^i)^\alpha di \qquad (1)$$

这里假设企业规模 n 是连续的，并且不存在偷懒行为。因此，企业收益实际是企业规模的函数，因此记为 $y(n)$。并且 $y(n)$ 为单调递增的、严格凹的，并且关于 n 连续可微，符合稻田条件 $\lim_{n \to 0^+} y'(n) = +\infty$，$\lim_{n \to \infty} y'(n) = 0$。

企业和工人之间存在的雇佣关系可能因遇到两种冲击而终止。一类冲击是因企业存在一定的倒闭风险而终止雇佣关系，这一类冲击服从发生概率为 $\delta > 0$ 的 Poisson 过程，这种情况下所有的雇佣工人都将变为待业状态，企业则变为产出为 0 的废弃状态。另一类冲击是雇佣工人离职导致雇佣关系的结束，服从发生概率为 $s > 0$ 的 Poisson 过程，此时企业和其他雇佣工人都将保持原有状态。

企业在出现职位空缺的情况下会发布新的职位信息招聘新职员，并且劳动力市场是有摩擦的，即企业雇佣新工人时会面临一定的成本，记为 $c(v)$，其中 v 是空缺的职位数，$c(v)$ 为严格增函数、严格凸的、连续可微的，且满足稻田条件。

此外，社会劳动力与空缺职位之间存在一定的匹配关系，定义为总量匹配函数 $M(u,\bar{v})$，其中 u 是待业人数，$\bar{v}$ 是空缺职位总数。$M(u,\bar{v})$ 表示企业和工人之间

经济发展"新常态"理论与创新

的匹配比率。每个企业能雇佣到一个工人的概率服从参数为 v 的 Poisson 过程，工人能够受雇于一个企业的概率也服从 Poisson 过程，并且待业工人遇到空缺职位的过程是随机的，不依赖于除了职位空缺数以外的其他条件，例如其他工人和企业的性质。假设 M 关于 $(u, \bar{v})$ 的规模收益不变，同时关于单独的 u、$\bar{v}$ 规模收益递减。设 $\theta = \bar{v}/u$ 并且 $q(\theta) = M(u, \bar{v})/\bar{v}$，那么企业雇佣到一个工人的 Poisson 速率为 $vq(\theta)$ $=vM(u, \bar{v})/\bar{v}$，待业工人遇到某一企业的 Poisson 速率为 $\theta q(\theta)=M(u, \bar{v})/u$。为了书写方便，将 $q(\theta)$ 简写为 q。

进一步，设定工资的决定过程。假设 $J(n, t)$ 表示 t 期时企业雇佣 n 个劳动力时的 Hamilton-Jacobi-Bellman 值函数，$V^i(n, t)$ 表示工人受雇于某一企业的 HJB 值函数，$V^u(t)$ 表示一个待业者的 HJB 值函数。雇佣工人会结成工会与企业进行谈判分配企业利润，雇佣工人的个人工资根据其分配权力确定。工会与企业的谈判函数可以写作：

$$\varphi J(n, t) = (1-\varphi) \int_0^n \left[V^i(n, t) - V^u(t) \right] di \qquad (2)$$

参数 $\varphi \in (0, 1)$ 是工会相较于企业的权力，当工会权力 φ 增强，工会获得相同利益水平时企业的利益会受到一定损害，反之如果工会权力 φ 减弱，在工会保持相同利益水平时企业获得的利益会增加。

工会与企业的谈判决定了企业支付给雇佣工人的工资总额，记为 $W_t(n)$。企业雇佣的工人在 $W_t(n)$ 中获得相应的工资水平 $W_t^i(n)$，并且其工资的高低取决于工人的分配权力 p_i，企业支付的工资总额与雇佣工人个人工资将满足 $W_t^i(n) = p_i W_t$。

为了简化问题的分析，假设工会的分配权力可以表示为 $\varphi = \dfrac{\sum A_i}{\sum A_i + K}$，企业所有者的分配权力为 $1-\varphi = \dfrac{K}{\sum A_i + K}$。其中 K 是企业所有者的出资量，A_i 是企业雇佣工人可货币化的贡献。从生产函数看企业所有者的资本并未影响产出水平，但是企业所有者通过资本的投入仍然具有分配的资格，这相当于生产函数对雇佣工人的劳动贡献基于企业所有人投入进行单位化变换，从分配权力角度看，企业与工会对企业生产所投入的资源贡献度决定了相对的权力关系，并且在一定时期企业所有者的资源投入相对稳定，因此企业所有者的贡献虽未直接表现在生产函数中，但是仍具有分配的权力是合理的。

通过 φ 的设定就能够确定工会获得的工资总额 $W(n)$，接下来就是企业雇佣工人按照自身的分配权力分配工资总额，分配权力选取为

$p_i = \tau \dfrac{A_i}{\sum A_i} + (1 - \tau) \dfrac{B_i}{\sum B_i}$。其中 $\dfrac{A_t^i}{\int_0^n A_t^i di}$ 表示了雇佣工人的相对贡献，也就是生产性分配权力，$\dfrac{B_t^i}{\int_0^n B_t^i di}$ 则表示了非生产分配权力。

进一步，假设失业人员的失业收入 b>0。

（二）企业所有者的行为分析与 HJB 方程

首先，讨论上述经济的稳态均衡以及稳态均衡下的工资水平，此时时间参数不再起作用，因此稳态均衡下工资只由就业人数 n 决定，即 $w^i(n)$。

假设规模为 n 的企业，其动态规划目标函数可以表示为 $J(n)$，并且关于 n 是严格凹，且二阶连续可微的。因此 HJB 方程可以表示为

$$rJ(n) = y(n) - W(n) - \delta J(n) - s\int_0^n \frac{\partial J(n)}{\partial A_i}di + \max_{v \geq 0}\left[-c(v) + \frac{qv}{n}\int_0^n \frac{\partial J(n)}{\partial A_i}di \right] \quad (3)$$

其中 $y(n)$ 是产出，$W(n)$ 是雇佣劳动力的成本，$\dfrac{\partial J(n)}{\partial A_i}$ 是第 i 个雇佣工人对企业利润的边际贡献（随着雇佣工人个人能力的差别存在差异），$s\int_0^n \dfrac{\partial J(n)}{\partial A_i}di$ 是工人离职给企业造成的损失，$c(v)$ 是企业发布职务信息的成本，$\dfrac{qv}{n}\int_0^n \dfrac{\partial J(n)}{\partial A_i}di$

表示新雇佣劳动力带给企业的利益，由于企业所雇佣工人的个人贡献存在差别，因此以平均化的边际贡献衡量新雇佣劳动力的贡献。企业将在最大化自身利益的原则下根据雇佣工人的劳动能力决策新雇佣的劳动力数量 v。

假设 $v(n)$ 是拥有 n 个劳动力企业的最优策略，也就是：

$$v(n) = \arg\max_{v \geq 0}\left[-c(v) + \frac{qv}{n}\int_0^n \frac{\partial J(n)}{\partial A_i}di\right]$$

由一阶条件得到：

$$c'(v(n)) = \frac{q}{n}\int_0^n \frac{\partial J(n)}{\partial A_i}di \qquad (4)$$

最优发布策略 $v(n)$ 的唯一性与 $J(\cdot)$ 有关，依赖于 $c(\cdot)$ 的凸性。将最优策略 $v(n)$ 代入 HJB 函数，即

$$J(n) = \frac{1}{r+\delta}\left[y(n) - W(n) - c(v(n)) + \left[qv(n) - sn\right]\frac{1}{n}\int_0^n \frac{\partial J(n)}{\partial A_i}di\right] \qquad (5)$$

也可以代入 $v(n) = \left[c'\right]^{-1}\left(\frac{q}{n}\int_0^n \frac{\partial J(n)}{\partial A_i}di\right)$。

（三）工资收入者的行为分析与 HJB 方程

除企业所有者以外的工人可分为就业状态和待业状态两种情况，在不同状态下 HJB 方程有不同的表示。

处于就业状态的雇佣工人的 HJB 方程可以写作：

$$rV^i(n) = w^i(n) - (s+\delta)\left[V^i(n) - V^u\right] + (qv(n) - sn)\frac{1}{n}\int_0^n \frac{\partial V^i(n)}{\partial A_j}dj \qquad (6)$$

等式两边对 i 积分可以得到企业工会需满足的 HJB 方程：

$$r \int_0^n V^i(n) di = \int_0^n w^i(n) di - (s + \delta) \left[\int_0^n V^i(n) di - nV^u \right] + (qv(n) - sn) \int_0^n \left(\frac{1}{n} \int_0^n \frac{\partial V^i(n)}{\partial A_j} dj \right) di$$

整理可得：

$$rV(n) = W(n) - (s + \delta) [V(n) - nV^u] + (qv(n) - sn) \frac{1}{n} \int_0^n \frac{\partial V(n)}{\partial A_j} dj$$

其中 $V(n) = \int_0^n V^i(n) di_\circ$

稳态下雇佣工人工资的讨价还价方程为：

$$\varphi J(n) = (1 - \varphi)(V(n) - nV^u)$$

而处于待业状态工人的 HJB 方程为：

$$rV^u = b + \theta q \frac{\int_0^{n^*} [V(n) - V^u] v(n) dG(n)}{\int_0^{n^*} v(n) dG(n)} = b + \frac{\varphi}{1 - \varphi} \theta q \frac{\int_0^{n^*} J'(n) v(n) dG(n)}{\int_0^{n^*} v(n) dG(n)} \quad (7)$$

其中 $G(n)$ 是稳态下企业规模的分布，$g(\cdot)$ 是 $G(\cdot)$ 的密度函数，$G(\cdot)$ 与稳态均衡相一致，因此 $G(\cdot)$ 和 $g(\cdot)$ 会满足相应的稳态平衡条件。$g(\cdot)$ 在 $(0, n^*)$ 的区间连续，并且对于任一 $n \in (0, n^*)$，以及任意的 $\varepsilon > 0$，在区间 $(n - \frac{\varepsilon}{2}, n + \frac{\varepsilon}{2})$ 下式成立：

$$\left(\frac{qv(n)}{\varepsilon} + \frac{sn}{\varepsilon} + \delta \right) g(n) = \frac{qv(n - \varepsilon)}{\varepsilon} g(n - \varepsilon) + \frac{s(n + \varepsilon)}{\varepsilon} g(n + \varepsilon) + O(\varepsilon)$$

这个等式左端表达的意思是规模为 n 的企业在企业倒闭（发生概率为 δ）、雇佣新劳动力（发生概率为 $\frac{qv(n)}{\varepsilon}$）以及解雇现有劳动力（发生概率为 $\frac{sn}{\varepsilon}$）三种情况下将脱离当前状态；右端则表示进入 $g(n)$ 状态的两种方式，一种是在 $g(n+\varepsilon)$ 状态下雇佣工人离职进入 $g(n)$ 状态（发生概率为 $\dfrac{s(n+\varepsilon)}{\varepsilon}$），另一种则是在 $g(n-\varepsilon)$ 状态下雇佣新雇佣工人进入 $g(n)$ 状态（发生概率为 $\dfrac{qv(n-\varepsilon)}{\varepsilon}$）。当 $\varepsilon \to 0$ 时，可以得到：

$$\frac{g^{'}(n)}{g(n)} = \frac{s - \delta - qv^{'}(n)}{qv(n) - sn},$$

因此

$$g(n) = C\exp\left(\int_0^n \frac{s - \delta - qv^{'}(v)}{qv(v) - sv}dv\right) \tag{8}$$

其中 C 需要满足 $\int_0^{n^*} g(n)dn = 1$。

此外，还需要互补松弛性条件：$J(0) \leqslant k$ 以及 $\theta \geqslant 0$。这个条件用于保证存在正的均衡解，并且 k 要充分小才能使企业更积极的进入生产状态。

（四）稳态均衡与稳态均衡解

通过对企业和居民目标泛函的分析，定义满足如下条件（1）~（5）的多元函数组合 $[\theta, q, V^u, G(\cdot), g(\cdot), J(\cdot), V(\cdot), v(\cdot), w(\cdot)]$ 为一个稳态均衡。

（1）$q=q(\theta)$；

（2）企业和居民的目标泛函 $J(\cdot)$、$V(\cdot)$ 和 V^u 满足相应的 HJB 方程（5）式、（6）式和（7）式，以及谈判方程（2）式；

（3）企业发布最优的职位空缺数 $v(\cdot)$，满足（4）式；

（4）企业规模满足 $G(\cdot)$ 和 $g(\cdot)$ 满足（8）式；

（5）满足互补松弛性条件。

在确定稳态均衡的含义后，我们将利用讨价还价方程和企业与居民的目标函数求解稳态的工资水平。

稳态经济下的工资谈判方程为：$\varphi J(n) = (1-\varphi)(V(n) - nV^u)$，首先在等式两端对 n 求导，于是可以得出企业规模对于双方谈判作用的关系式：

$$\varphi J'(n) = (1-\varphi)[V'(n) - V^u] \qquad (9)$$

进一步再将谈判方程关于雇佣工人能力 A_i 求导，获得雇佣工人能力对于工资谈判影响的关系等式：

$$\varphi \frac{\partial J(n)}{\partial A_i} + J(n) \frac{\partial \varphi}{\partial A_i} = (1-\varphi) \frac{\partial V(n)}{\partial A_i} - (V(n) - nV^u) \frac{\partial \varphi}{\partial A_i},$$

整理后可以得到：

$$\frac{\partial J(n)}{\partial A_i} = \frac{1-\varphi}{\varphi} \frac{\partial V(n)}{\partial A_i} - \frac{J(n) + V(n) - nV^u}{\varphi} \frac{\partial \varphi}{\partial A_i} \qquad (10)$$

（10）式对于任意的 i 都成立，因此

$$\varphi \int_0^n \frac{\partial J(n)}{\partial A_i} di = (1-\varphi) \int_0^n \frac{\partial V(n)}{\partial A_i} di - (J(n) + V(n) - nV^u) \int_0^n \frac{\partial \varphi}{\partial A_i} di \qquad (11)$$

通过分析得到企业与雇佣工人的目标函数满足：

$$J(n) = \frac{1}{r+\delta} \left[y(n) - W(n) - c(v(n)) + [qv(n) - sn] \frac{1}{n} \int_0^n \frac{\partial J(n)}{\partial A_i} di \right] \qquad (12)$$

$$rV(n) = W(n) - (s + \delta)[V(n) - nV^u] + (qv(n) - sn)\frac{1}{n}\int_0^n \frac{\partial V(n)}{\partial A_j}dj \quad (13)$$

将（12）式、（13）式分别对 n 求导可以得到：

$$(r + \delta + s)J'(n) = y'(n) - W'(n) + s(J'(n) - \frac{1}{n}\int_0^n \frac{\partial J(n)}{\partial A_i}di)$$

$$+ \frac{1}{n}(qv(n) - sn)[\frac{\partial J(n)}{\partial A_n} - \frac{1}{n}\int_0^n \frac{\partial J(n)}{\partial A_i}di]$$

$$(r + \delta + s)[V'(n) - V^u] = W'(n) - rV^u + (qv'(n) - s)\frac{1}{n}\int_0^n \frac{\partial V(n)}{\partial A_i}di$$

$$+ \frac{1}{n}(qv(n) - sn)[\frac{\partial V(n)}{\partial A_n} - \frac{1}{n}\int_0^n \frac{\partial V(n)}{\partial A_i}di]$$

代入（9）式、（10）式和（11）式，整理得到如下方程：

$$\frac{\varphi}{1 - \varphi}[y'(n) - W'(n) + s(J'(n) - \frac{1}{n}\int_0^n \frac{\partial J(n)}{\partial A_i}di)] = W'(n) - rV^u + (qv'(n) - s)\frac{1}{n}\int_0^n$$

$$\frac{\partial V(n)}{\partial A_i}di$$

简化为：

$$\frac{\varphi}{1 - \varphi}[y'(n) - W'(n)] + sV'(n) = W'(n) - rV^u + qv'(n)\frac{1}{n}\int_0^n \frac{\partial V(n)}{\partial A_i}di \quad (14)$$

将（11）式代入企业最优决策条件 $c'(v(n)) = \frac{q}{n}\int_0^n \frac{\partial J(n)}{\partial A_i}di$，可以得到：

$$c'(v(n)) = \frac{1 - \varphi}{\varphi}\frac{q}{n}\int_0^n \frac{\partial V(n)}{\partial A_i}di$$

因此（14）式可以写作

$$W'(n) = \varphi \left(y'(n) - \frac{\partial c(v(n))}{\partial n} \right) + (1-\varphi) \left[s \left(V'(n) - V^u \right) + r V^u \right] \tag{15}$$

对 n 积分可以得到工会与企业通过谈判获得的工资总量：

$$W(n) = \varphi(y(n) - c(v(n))) + (1-\varphi)[s(V(n) - nV^u) + rnV^u] \tag{16}$$

从工会获得的谈判工资总量表达式看，工会的谈判力 φ 决定了工会能够获得的工资总额量。（16）式表明如果居民拥有更多的资本，那么在与企业的谈判中将占据更有利的地位，一些高福利西方国家的工人可以通过工会组织罢工等活动提高当前的工资水平或者其他福利待遇，这不仅因为工会充分代表雇佣工人的权益，更是因为雇佣工人有良好的社会福利做保障，即便失去工作的机会也不会对生存问题造成威胁。

再由 $w_i^j(n) = p_i W_i$，可以确定企业雇佣工人的个人工资水平。

从这个决策过程中看，企业雇佣工人的生产能力贡献是决定收入水平的重要因素，这也是企业雇佣工人经济权力在工资性收入决定过程中的主要表现，企业雇佣工人的权力关系很大程度上反映在能力贡献差别上。关于权力结构差异的影响分析，我们将在下一节中利用数值模拟的方法详细阐述。

三　企业权力结构影响谈判工资的模拟分析

根据前文分析，企业工人的工资水平通过两个过程决定。首先是企业所有者与工会之间的谈判过程，企业所有者是企业有形资本的出资人，工会则代表了企业的雇佣工人，二者的谈判决定了企业产出的分配。其后，企业雇佣工人再根据一定的分配权力分配工会分得的企业产出。

因此，权力结构对工资水平形成的影响也应从两个层面进行分析。第一个层面就是在企业内部，在同一企业内工会对于雇佣工人工资起到的作用是相同的，因而形成企业内部工资差异的原因在于企业职员能力差别导致的分配权力的差别。第二个层面是从社会层面看,除了雇佣工人能力的因素以外,工会的作用也会对居民收入产生影响。我们将工会的影响力简单的抽象为企业和雇佣工人的劳动或资本规模,雇佣工人的劳动和技术资本规模越大,工会的影响力也会相对更大。因此权力结构也相应分成两个维度,一个维度是企业内部雇佣工人具有的分配权力,另一个维度是企业规模。

基于这样的想法,本节将分别从企业和社会两个层面模拟分析权力结构对初次分配过程的影响,为了模拟过程的方便,将对理论模型做相应的简化,但是简化过程并不影响对问题的分析。

(一) 数理模型的简化与假设

前一节考虑了一个存在雇佣工人个人能力差别的工资决定过程,为了简化模拟过程,本节中工会与企业讨价还价过程参考 Acemoglu 的无差别雇佣工人工资定价模型的结果。这样做并不影响对问题的分析,这是因为引入能力差别的工资定价模型能够清晰地看出企业雇佣工人能力水平对于企业生产能力的影响,这种影响既能反映在企业的产出水平上,也会反映在雇佣工人的工资水平上。但是,在企业工会谈判过程中并不真正依赖于个人的力量,而是取决于雇佣工人平均能力水平。因此在模拟过程中将差别化的工资定价模型简化为无差别工资定价模型并不会对模拟结果产生较大影响。

参考 D.Acemoglu 和 W.Hawkins 对无差别工人工资的求解,假设当生产函数是 C-D 生产函数 $y(n)=An^\alpha$ 时,可以得到显式表达如下:

$$w(n)=(1-\varphi)rV^u+\frac{\alpha\varphi}{1-\varphi+\alpha\varphi}An^{\alpha-1}$$

这个表达式是单个雇佣工人工资的表示,有差别工资模型中工会与企业谈判分得工资总量与无差别工资模型中各个雇佣工人获得的工资之和相等,因此工会谈判分得的工资总额可以表示为：

$$W(n)=(1-\varphi)rnV^{u}+\frac{\alpha\varphi}{1-\varphi+\alpha\varphi}An^{\alpha}$$

此时的 $A=\frac{1}{n}\sum A_i$，表示企业工人的平均贡献，之后，企业雇佣工人再根据分配权力分得相应的个人工资，也就是个人工资满足 $w^i(n)=p_iW(n)$。其中 $p_i=\tau\frac{A_i}{\sum A_i}+$
$(1-\tau)\frac{B_i}{\sum B_i}$。这里的 A_i 就是如前所述的个人生产性能力，对企业生产产出有贡献。而 B_i 是一种非生产性资源，这里假设这一类资源是外生的，并且对企业的生产活动没有贡献，只参与分配活动。

（二）企业内部权力结构与工人工资差异的模拟分析

首先，分析分配权力结构对企业雇佣工人工资的影响。在一个企业的内部，企业员工规模不再是企业员工工资的差异来源，此时造成企业工人工资差异的关键因素就是企业赋予工人的分配权力结构差别。

在模拟的过程中首先要确定企业与工会之间的谈判力。本文认为企业所有者以企业资本投资的方式获取相应的分配权力，也就是说因为他们在企业厂房、设备、资金等方面进行了相应的投入，因此具有对企业产出的分配权力。工会则是因为企业雇佣工人对企业的生产过程有贡献而具有分配的权力。因此我们对企业与工会分配权力的设定为：

工会的分配权力为：$\varphi=\frac{\sum A_i}{\sum A_i+K}$；

企业所有者的分配权力为：$1-\varphi=\frac{K}{\sum A_i+K}$。

其中 K 是企业所有者的出资量，A_i 是企业雇佣工人可货币化的生产性贡献。

通过 φ 的设定就能够确定工会获得的工资总额 $W(n)$，接下来就是企业员工按照自身的分配权力分配工资总额，分配权力选取为 $p_i=\tau\dfrac{A_i}{\sum A_i}+(1-\tau)\dfrac{B_i}{\sum B_i}$。

为了分析企业雇佣工人工资的影响因素，将从如下几个方面展开讨论。

（1）在企业分配制度中，员工个人分配权力中权力倾向性系数 τ 对企业雇佣工人工资的影响；

（2）企业员工个人资源禀赋对差异工资的影响；

（3）个人生产性贡献对企业雇佣工人工资的影响。

首先，基于企业分配制度因素的分析。首先模拟分析企业员工个人分配权力中权力倾向性系数 τ 对企业雇佣工人工资的影响，分别选取不同的权力倾向性系数 τ 为 0.8、0.5 和 0.2，表示企业的分配制度对生产性贡献的重视程度。目前的企业工资由基础性工资和效率工资组合而成，效率工资就是企业对生产性贡献的一种考量，基础性工资则具有调节收入差距、平衡收入结构的作用。当然在一定的企业制度环境下，职员也可能利用非正当的非生产性分配权力获取一定的收入。

假设企业雇佣工人的资源量 R_i 服从正态分布，本文模拟的过程选取的正态分布为 N（100，10）。在不同的企业制度下雇佣工人的分配权力结构会存在较大差异，本文考察一种相对公平的企业分配权力结构，即雇佣工人之间的非生产性分配权力对等，生产性分配权力会根据他们的劳动贡献有所差别。在这种情况下，企业雇佣工人的非生产性分配权力是相同的，分配过程能够实现经济效率。根据 Durham Y.、Hirshleifer J. 和 Smith V. L. 的研究结果，可知在这种情况下雇佣工人的非生产性资源投入决策为：

$$B_i=\frac{(1-\tau)R}{n^2}$$

其中 R 代表企业雇佣工人的资源总量，即 $R=\sum R_i$。在确定了非生产性资源投入量后即可确定生产性资源的投入量，我们假设经济资源将全部投入生产和分配活动中。因此生产性资源的投入量为：$A_i=R_i-B_i$。

由此可以确定企业雇佣工人的个人分配权力 $p_i=\tau\dfrac{A_i}{\sum A_i}+(1-\tau)\dfrac{B_i}{\sum B_i}$。在获得必要的决策量以后，我们就可以模拟不同权力倾向性系数下的企业雇佣工人收入，具体的模拟结果如图 1 所示。

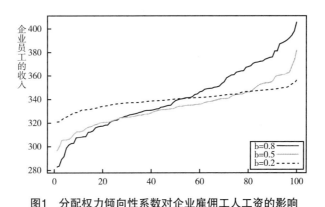

图1　分配权力倾向性系数对企业雇佣工人工资的影响

从图 1 中可以看到三种不同的权力构成比例会对企业雇佣工人的收入造成一定影响，并且这种影响主要表现在对雇佣工人收入差距的作用上，而对雇佣工人收入的平均水平没有明显影响。当权力倾向性系数较高时，也就是分配过程更加倾向于生产性资源投入，此时的收入分配结果如图中黑色实线表示，此时企业雇佣工人间的收入差距较大。随着权力倾向性系数的降低，这种差距不断缩小，当 τ 的取值为 0.2 时（图中虚线）雇佣工人收入基本持平，收入差距的浮动范围与收入均值相比仅为 0.05，与 τ 取值为 0.8 时收入浮动与收入均值之比的 0.17 相比相差了两倍多。由此可见企业雇佣工人分配权力中的倾向性系数会影响企业员工的收入差距。

其次，基于企业雇佣工人资源禀赋因素的分析。所谓资源禀赋的差异即前文中所指的雇佣工人资源量 R_i 之间的差别。在图 1 的模拟过程中，假设企业雇佣工人的资源量服从一个正态分布，显然模拟分布的方差值越大，企业雇佣工人的资源禀赋差异就越明显。因此，本文模拟了企业雇佣工人资源禀赋量分布的标准差分别取值为 10、30 和 50 这三种情况下企业雇佣工人的收入情况，并且按照权力倾向性系数的不同取值分别进行了对比。模拟结果如图 2 所示。这三个图像都呈现出相同的规律性，也就是资源禀赋的差异性与收入差距是同向变化的。不论权力倾向性系数的取值为 0.8，或是 0.5，抑或是 0.2，企业雇佣工人的收入差距都会随着资源禀赋分布标准差的增加而变大。

那么，如何能缩小禀赋差异带来的收入差异呢？要说明这一点就必须先要明确企业雇佣工人的资源禀赋是什么。从模型的设定看，生产性资源是指企业员工除了一般性劳动投入以外的生产性贡献，这也就是通常所说的人力资本。企业中雇佣工人的劳动投入一方面是可以以时间度量的简单劳动力，这种劳动多是体力

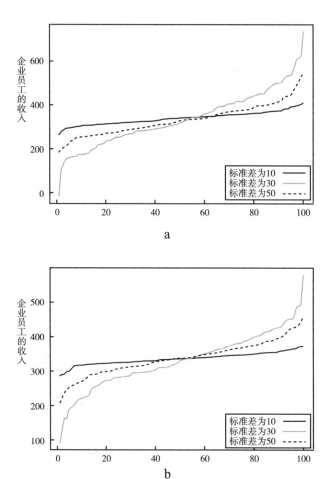

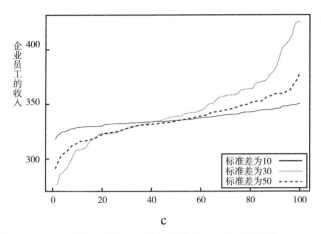

图2　资源禀赋差异对企业雇佣工人收入的影响（τ 依次取值为0.8、0.5和0.2）

性的，劳动者之间的差异对企业影响微乎其微。而另一种投入则是含有技术性的，这种资源的投入对企业的生产能够产生额外的贡献。人力资本会根据企业雇佣工人的教育水平、劳动年限、工作过程中的培训而产生差异。因此想缩小企业员工资源禀赋差异对收入产生的影响，企业和政府都可以提供一定的职业技术培训以不断地提高企业雇佣工人的人力资本水平，以起到调节收入差距的作用。并且这样的调整方式并不会损失企业生产的效率，也不会降低企业雇佣工人的劳动积极性。

（三）企业雇佣工人工资的社会化分析

从理论分析的部分不难发现对企业雇佣工人工资产生影响的企业特征可以分为这样两个方面内容：企业雇佣工人的生产贡献度和企业的类型。企业雇佣工人对生产活动的贡献程度主要通过生产函数决定，雇佣工人生产性投入变量的指数 α 决定了其对生产过程的贡献大小。企业可以按照资本构成分为劳动密集型、资本密集型和技术密集型，我们试图通过模拟分析检验三种不同的企业属性对于企业雇佣工人收入能够形成怎样的影响。我们以企业资本与雇佣工人数量之比区分企业属于资本密集型或者劳动密集型，企业资本与雇佣工人之比较高的企业可视为资本密集型，反之如果企业资本与雇佣工人之比较低则可视为劳动密集型。从理论模型中关于生产函数的设定可以看出个人生产的能力贡献变量 A 在一定程度上表达着劳动生产力的技术水平,因此我们选择个人能力参数和与企业资本的比例区分企业属于资本密集型或者技术密集型,如果个人能力参数之和与企业资本的比例较高则代表了技术密集型,反之则代表资本密集型。具体的分析结果如下:

(1)企业雇佣工人对产出的贡献参数 α 的不同对其收入产生的影响。选取雇佣工人贡献度分别为 0.5、1 和 2 三种情况进行模拟。α 在生产函数中体现了雇佣工人对生产活动的贡献度。从图 3 表示出的模拟结果看,α 的取值对收入会产生很大影响。无论分配过程中权力倾向性系数取值如何,α 决定了企业雇佣工人的收入水平,α 取值越大,企业的产出水平越高,企业雇佣工人的收入水平也会越高。

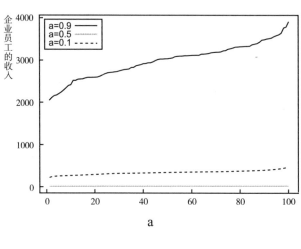

a

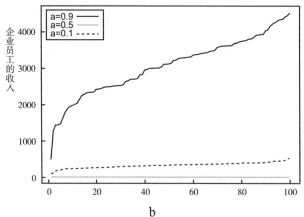

b

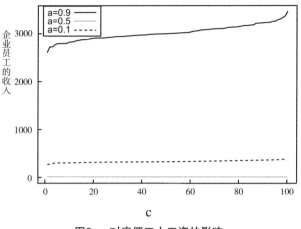

图3 α对雇佣工人工资的影响

（2）企业类型对企业雇佣工人工资的影响。①关于资本密集型企业与劳动密集型企业的比较。对社会中的企业我们分别假设了三种情况，第一种情况是人均资本量为0.5，第二种情况是人均资本量为1，第三种情况是人均资本量为2。模拟结果如图4所示。从模拟的结果可以清晰地看出企业人均资本量对企业雇佣工人收入能够产生正向的作用，人均资本量越大，企业雇佣工人的收入也会越高。这说明当企业增加资本投入而保持雇佣劳动力数量不变时能够提高企业雇佣工人的工资收入，但是这种情况通常需要企业雇佣工人的劳动技能也得到提升。从社会角度分析，这种现象说明企业从劳动密集型升级为资本密集型有利于企业雇佣工人收入水平的提升。②关于资本密集型企业与技术密集型企业的比较。对社会中的企业分别假设了三种情况，第一种情况是可货币化的个人能力参数和与企业资本之比为0.5，第二种情况是可货币化的个人能力参数和与企业资本之比为1，第三种情况是可货币化的个人能力参数和与企业资本之比为2。模拟结果如图5所示。

模拟结果显示随着企业雇佣工人技术能力的提高，企业雇佣工人的收入水平也会相应上升。从单个企业发展看，这是企业技术进步的必然结果，企业雇佣工人的劳动能力、技术水平越高，即便企业所有者投入的资本数量不发生改变也会相应地创造更高的利润水平，因此工会层面分配得到的工资总额也会增加，进而劳动者收入得以提高。从社会企业发展的比较看，技术密集型的企业相比于资本密集型的企业，企业雇佣工人的收入水平更高。

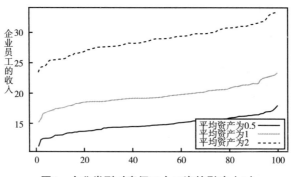

图4　企业类型对雇佣工人工资的影响（1）

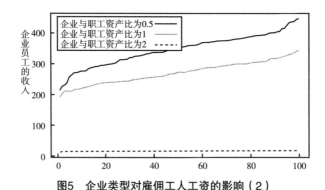

图5　企业类型对雇佣工人工资的影响（2）

结　论

本文讨论了权力结构对企业工人谈判工资形成的影响。权力博弈过程中形成的工资水平并不是劳动力在市场出清状态下的一般均衡价格，工人工资可以视为工会与企业谈判博弈、工人间博弈这两层博弈的结果，工人与企业的资源关系决定了谈判过程中的权力关系。本文构建了含有权力结构的工资定价模型，并分析权力结构对工人工资的影响。从数理分析结果看，企业与工会的谈判力决定了企业工会工资的水平。根据我们对双方的谈判力设定，企业和工会谁的资本比例越高，谁就会在企业产出分配过程中占据更多的份额。

此外，基于冲突理论的观点将职工的分配权力分解为生产性分配权力和非生产性分配权力。模拟结果显示，权力倾向性系数越大，也就是分配权力更侧重生产性分配权力，企业工人间的收入差距越大。在这种情况下，工人的收入结构与生产性资源的分布结构相同，充分体现了初次分配的经济公平性，也就是我们经常讨论的按劳分配模式。模拟结果还显现工人对生产活动的贡献度正比于工人的收入水平。从社会角度看，工人的贡献度越大，企业的技术含量越高，产品的附加值也会更大，企业更容易赚取高额利润，对工人的工资水平能够起到正向的推动作用。模拟结果说明，企业人均资本量对企业职工收入能够产生正向的作用，人均资本量越大，企业工人的收入也会越高。从社会角度分析，这种现象说明企业从劳动密集型升级为资本密集型有利于企业职工收入水平的提升。随着企业职工技术能力的提高，企业职工的收入水平也会相应上升。从单个企业发展看，这是企业技术进步的必然结果，企业工人的劳动能力、技术水平越高，即便企业所有者投入的资本数量不发生改变也会相应创造更高的利润水平，因此工会层面分配得到的工资总额也会增加，进而劳动者收入也得以提高。转换到权力结构观点下可以看出，社会产业升级的过程其实就是社会主体之间权力结构转换的过程，这种权力结构转换能够改变社会主体之间的收入结构。

参考文献

李稻葵、刘霖林、王红领:《GDP 中劳动份额演变的 U 型规律》,《经济研究》2009 年第 1 期。

张屹山、金成晓:《真实的经济过程:利益竞争与权力博弈——经济学研究的权力范式》,《社会科学战线》2004 年第 4 期。

张屹山、王广亮:《资本的泛化与权力博弈》,《中国工业经济》2004 年第 7 期。

张屹山、于维生:《经济权力结构与生产要素最优配置》,《经济研究》2009 年第 6 期。

张屹山等:《资源、权力与经济利益分配通论》,社会科学文献出版社,2013。

Aumann, R.J, L.S. Shapley, *Values of Non-Atomic Games*, Princeton, 1974.

A D Roy., "Some Thought on the Distribution of Earnings", *Oxford Economic Papers*, Vol.3, Issue 2, 1951 (1).

Becker, G. S., "Investment in Human Capital: a Theoretical Analysis", *Journal of Political Economy*, 1962 (10).

Bowles Samuel, *Competitive Wage Determination and Involuntary Unemployment: A Conflict Model*, Mimeo, University of Massachusetts, 1981.

Bowles Samuel, *The Production Process in a Competitive Economy:Walrasian, Neo-Hobbesian and Marxian Models*, Mimeo, University of Massachusetts, 1983.

D. Acemoglu, "William Hawkins. Wages and Employment Persistence with Multi-worker Firms", *Working Paper*, http://economics.mit.edu/files/5956, 2010.

Durham Y., Hirshleifer J., and Smith V. L., "Do the Rich Get Richer and the Poor Poorer? Experimental Tests of a Model of Power", *American Economic Review*, 1998, 88 (4).

Stole, L. A., and J. Zwiebel, "Intra-firm Bargaining under Non-binding Contracts", *Review of Economic Studies*, 1996, 63 (3).

Stole, L. A., and J. Zwiebel, "Organizational Design and Technology Choice under Intrafirm Bargaining", *American Economic Review*, 1996, 86 (1).

Jovanovic, B., "Job matching and the theory of turnover", *Journal of Political Economy*, 1979 (87).

宏观经济背景下的中国人口发展态势和
健康状况研究

许　静 *

摘　要：本文通过分析中国 GDP 增长、低生育水平、老龄化程度、慢性病患病率、死亡疾病谱以及死因构成的变化趋势，为国家政府部门制定相关政策提供实证依据。基于时间序列分析视角，采用历史性纵贯描述性分析方法，对中国 GDP 增长率、总和生育率、老龄化比重、患病率、疾病死亡率等死因构成的发展变化进行系统性分析。结果显示，2010 年起国民经济增长进入下行通道，GDP 保持 7% 左右中高速增长；2000 年起中国开始进入世界超低生育国家行列，同时步入全球老龄化发展较快国家行列；城市居民是慢性病患病的主要群体，呼吸系统疾病、脑血管病和心脏病成为慢性病高发病种；危害健康长寿的三大主要疾病为恶性肿瘤、脑血管病、心脏病，约为构成城乡居民死亡原因的 65% 左右；前五位重大慢性病构成死亡原因 85% 以上，2010 年是中国城乡居民死亡疾病谱发生显著变化的关键转折点。由此可见，中国国民经济发展开始进入新常态，人口年龄结构老化、慢性病患病率高发与致死率高成为中国社会面临的巨大挑战，慢性病综合治理刻不容缓。

关键词：GDP 增长率　超低生育水平　老龄化　慢性病患病率　死亡疾病谱

---

* 许静，中国社会科学院数量经济与技术经济研究所博士后，国家卫生和计划生育委员会统计信息中心副研究员（资格）。研究方向：健康经济学、家庭人口学、应用统计方法、计量经济方法、行为科学与政策评估。

一　引言

面对国际经济金融危机的风云变幻，坚定"十三五"规划全面建成小康社会的宏伟目标，继"人口转变"和"流行病转变"之后，世界各国已进入"第三次全球健康转变"。"全球健康覆盖（Universal Health Coverage, UHC）"成为宗旨性目标，以确保全球每一个人在有限的资源下能够有机会得到他们所需要的、没有金融风险的、高质量的健康服务（The World Health Report 2013: Research for Universal Health Coverage, 2013）。由此，老龄化、慢性病、医疗保障和卫生服务利用水平是各国政府所面临的迫切需要解决的问题。

本研究系交叉学科健康研究中前期阶段的系统化探索性分析，旨在剖析中国GDP 增长率、65 岁以上老年人口比重、慢性病患病率、死亡疾病谱的发展演变规律，进一步考察宏观经济增长、人口老龄化、慢性病与健康之间的相互作用机理和内部影响机制，为中国医疗保障体制改革与创新、大健康产业发展等后续研究奠定坚实的基础。

二　资料与方法

（一）资料来源

本研究数据来源分三部分：① 经济数据来源于《中国统计年鉴 2014》，2016年《政府工作报告》；② 人口数据来源于《中国常用人口数据集》、《人口和计划生育常用数据手册（2007）》、《中国生育数据集》、《中国人口统计年鉴》（1994~2006）、《中国人口和就业统计年鉴》（2007~2014）、《中国 2000 年人口普查资料》、《2005 年全国 1% 人口抽样调查资料》、《中国 2010 年人口普查资料》；③ 健康数据来源于国家卫生部进行的五次国家卫生服务调查（1993 年、1998 年、2003 年、2008 年、2013 年），取自《2004 中国卫生统计年鉴》《2009 中国卫生统计年鉴》《2013 中国卫生和计划生育统计年鉴》《2014 中国卫生和计划生育统计年鉴》。

（二）研究方法

本研究基于时间序列分析视角，采用历史性纵贯描述性分析方法，对中国 20 世纪 80 年代以来的宏观经济、50 年代以来的人口变动态势、90 年代以来的老龄化趋势、90 年代以来的慢性病患病趋势、90 年代以来的疾病死亡率及死因构成进行系统化解析。

（三）统计分析

运用 Excel 2007 和 PowerPoint 2007 软件进行统计分析，绘制出双轴图、三维立体直方图、饼状图等，综合考察总量、变化率、速度和趋势，透析出中国经济、人口、老龄化、慢性病等发展态势的关键性转折点。

三　实证分析结果

（一）中国 GDP 增长率变动趋势

自 20 世纪 80 年代以来，中国经济增速经历了三起三落的中长期大幅震荡态势。GDP 增长率抵达的三大顶峰分别为 1984 年的 15.2%、1992 年的 14.2% 和 2007 年的 14.2%；坠落的三大低谷分别为 1990 年的 3.8%、1999 年的 7.6% 和 2015 年的 6.9%，下行调整区间分别为 6 年（1985~1990 年）、7 年（1993~1999 年）和 8 年（2008~2015 年）。可见，中国经济已结束了近两位数的高速增长，转向 7% 上下的中高速增长期，进入经济发展的新常态。（李扬、李平、李雪松、张平，2015）

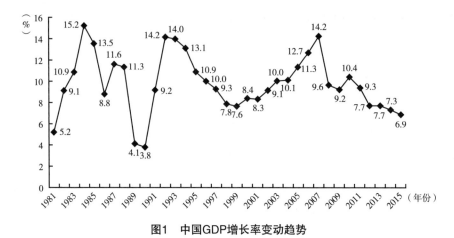

图1 中国GDP增长率变动趋势

资料来源：中华人民共和国国家统计局编《中国统计年鉴2014》，中国统计出版社，2014。2014年和2015年数据取自李克强《政府工作报告：2016年3月5日在第十二届全国人民代表大会第四次会议上》，人民出版社，2016。

（二）中国人口变动趋势

20世纪70年代，由于计划生育政策的实施，中国的生育率在短期内飞速下降，先后经历了下降、反弹、徘徊，最终走向持续下降的过程。20世纪90年代以后，总和生育率（TFR）降至2.1更替水平以下，中国进入世界低生育水平国家行列。2000年以后，TFR大体呈微波震荡态势，第五次全国人口普查资料显示TFR为1.22，2005年全国1%抽样调查数据显示TFR为1.33，2010年第六次全国人口普查数据显示TFR为1.18，接近超低生育水平。2011年总和生育率跌至波动最低点1.03，2013年总和生育率回升至2000年的1.22水平。尽管有诸位学者使用直接或间接的估计方法重构人口年龄性别结构，但毫无疑问，中国目前的低生育水平已达到世界超低生育水平的标准区间，即TFR在1.3~1.5之间。

（三）中国人口老龄化变化趋势

自20世纪90年代起，65岁及以上老年人口比重呈稳步增长态势。2000年以后，中国已步入全球老龄化发展较快国家的行列。调查数据显示，1990年65岁及以上

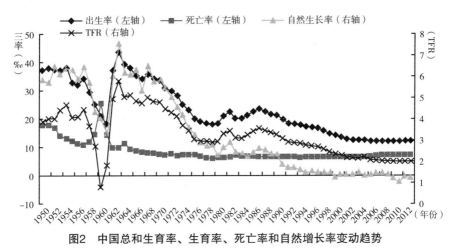

图2　中国总和生育率、生育率、死亡率和自然增长率变动趋势

资料来源：1950~1992年出生率、死亡率和自然增长率数据取自姚新武、尹华编《中国常用人口数据集》，1994；1993~2006年数据取自《人口和计划生育常用数据手册》（2007）。1950~1992年的分年龄别育龄妇女的TFR数据来源于姚新武编《中国生育数据集》，中国人口出版社，1995；1993~2005年数据来自《中国人口统计年鉴》（1994~2006）（国家统计局人口和社会科技统计司，中国统计出版社），其中包括2000年第五次全国人口普查，《中国2000年人口普查资料》（国务院人口普查办公室、国家统计局人口和社会科技统计司编，中国统计出版社，2002），2005年全国1%人口抽样调查，《2005年全国1%人口抽样调查资料》（全国人口抽样调查办公室编，中国统计出版社，2007）；2006~2013年数据取自2007~2014年《中国人口和就业统计年鉴》（国家统计局人口和就业统计司编，中国统计出版社）；2010年数据取自2010年全国第六次人口普查，《中国2010年人口普查资料》（国务院人口普查办公室、国家统计局人口和就业统计司编，中国统计出版社，2012）。

老年人口比重仅为5.6%，1995年上升为6.2%，2000年达到7.0%，2005年上升至7.7%。此后突破8%的比例，2010年高达8.9%，2013年飙升至9.7%。从老年人口的总量来看，1990年65岁及以上老年人口总量仅为6368万人，1995年增加到7510万人，2000年为8821万人，2005年为10055万人。随后持续扩张，2010年增至11894万人，2013年高达13161万人。从老年抚养比来看，1990年65岁及以上老年抚养比仅为8.3，1995年上升为9.2，2000年达到9.9，2005年波动上升至10.7，2010年持续增至11.9，2013年上升到13.1。总体来看，这二十多年间，65岁及以上老年人口比重增加了约4.1%，老年人口总量增加了约6793万人，65岁及以上老年抚养比增加约4.8个百分点。由此可见，中国人口年龄结构呈迅速老化的发展态势，老龄化社会负担形势严峻。

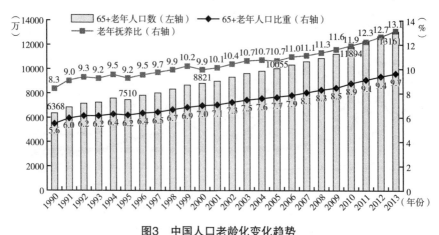

图3　中国人口老龄化变化趋势

资料来源：中华人民共和国国家统计局编《中国统计年鉴2014》，中国统计出版社，2014。

(四) 中国人口慢性病患病趋势

历次国家卫生服务调查数据显示，全国居民慢性病患病率总体呈指数增长态势，1993年慢性病患病率约为169.8‰，1998年稳中有落约为157.5‰，2003年略有下降约为151.1‰，2008年迅速上涨为199.9‰，2013年飙升至330.7‰。分城乡来看，城市居民慢性病患病率水平显著高于农村居民，1993年、1998年和2003年城市约为农村的两倍多，2008年和2013年城市是农村的1.65倍和1.24倍。这说明，城市居民比农村居民更易遭受慢性病的危害，这与城市居民的生活方式、饮食习惯、锻炼行为等因素直接有关，城市居民成为中国慢性病患病的主要群体。1993年城市居民慢性病患病率约为285.8‰，1998年稍有回落约为273.3‰，2003年持续降低约为239.6‰，2008年迅速反弹约为282.8‰，2013年持续上涨至366.7‰。可见，城市居民慢性病患病率水平波动在240‰~370‰之间，然而，农村居民慢性病患病率水平却波动在120‰~300‰之间，处于相对较低水平。1993年农村居民慢性病患病率约为130.7‰，1998年略有下降约为118.4‰，2003年稍有上涨约为120.5‰，2008年持续上涨约为170.5‰，2013年迅速升至

294.7‰。这表明，农村居民比城市居民患慢性病的概率相对较小，但也在随着城市化进程的加剧、城乡居民的居住地不断融合、城乡居民的生活方式和行为习惯等逐步趋同的情况下，患慢性病的发生概率越来越高。

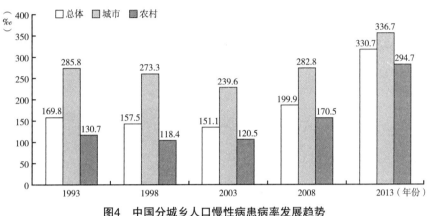

图4 中国分城乡人口慢性病患病率发展趋势

注：慢性病患病率均为按例数计算结果。

资料来源：以上数据来源于国家卫生部分别于1993年、1998年、2003年、2008年、2013年进行的五次国家卫生服务调查，取自《2004中国卫生统计年鉴》、《2009中国卫生统计年鉴》（中华人民共和国卫生部编，中国协和医科大学出版社），以及《2013中国卫生和计划生育统计年鉴》、《2014中国卫生和计划生育统计年鉴》（国家卫生和计划生育委员会编，中国协和医科大学出版社）。

从分疾病类别两周患病率的患病水平来看，不论城市、农村城乡居民的呼吸系统疾病两周患病率最高，在74.7‰~40.2‰区间，其中，1993年和1998年城乡居民患病率均保持在60‰以上，2003年、2008年和2013年城乡居民患病率均下降在56‰~40‰区间，城乡居民呼吸系统疾病患病的可能性最大；心脏病在城市居民两周患病率中位居第二，在11.5‰~20.4‰区间，而在农村居民中两周患病率在2.4‰~7.7‰区间，城市居民患心脏病的可能性为农村居民的1.66~4.79倍，心脏病在城市居民中突发的可能性相对较大；恶性肿瘤城乡居民两周患病率都相对较低，城市居民两周患病率在1.0‰~2.2‰区间，农村居民两周患病率在0.4‰~1.3‰区间，城市居民患恶性肿瘤的可能性约是农村居民的

1.62~2.75倍，恶性肿瘤在城市居民中突发的可能性相对较大；脑血管病在城市居民中两周患病率为3.3‰~7.7‰区间，在农村居民中两周患病率为0.9‰~5.9‰之间，城市居民患脑血管病的可能性是农村居民的1.06~3.66倍，脑血管病在城市居民中突发的可能性相对较大，且2013年数据显示城乡居民脑血管病两周患病率逐步趋同于6‰左右；损伤和中毒在城市居民中两周患病率为3.9‰~4.7‰区间，在农村居民中两周患病率为4.2‰~6.3‰区间，农村居民患损伤和中毒的可能性是城市居民的0.89~1.57倍，损伤和中毒在农村居民中突发的可能性相对较大。

从分疾病类别两周患病率的变动趋势来看，呼吸系统疾病两周患病率不论城市、农村居民的城乡居民均呈迅速下降态势。20年间，城市居民的呼吸系统疾病两周患病率约降低41%，农村居民的呼吸系统疾病两周患病率约降低36%，城市下降速度快于农村五个百分点；心脏病两周患病率城乡均呈上升发展态势，城市居民的心脏病两周患病率升高11.3%，农村居民的心脏病两周患病率约增长2.2倍，农村增长速度远远高于城市；恶性肿瘤两周患病率城乡居民均呈平缓上升走势，城市居民的恶性肿瘤两周患病率增长约1倍，农村居民的恶性肿瘤两周患病率增长约2.25倍，农村增长速度是城市两倍多；脑血管病两周患病率城乡居民均保持了高速增长的态势，城市居民的脑血管病两周患病率增长90.9%，农村居民的脑血管病两周患病率增长5.5倍，农村增速快于城市六倍多；损伤和中毒外部原因两周患病率城乡居民均保持较为稳定的波动水平，城市居民的损伤和中毒外部原因两周患病率降低17.0%，农村居民的损伤和中毒外部原因两周患病率增加7.14%。由此可见，脑血管病、心脏病、恶性肿瘤这三种慢性病两周患病率呈上升走势，脑血管病不分城市、农村居民的增速最快，约为心脏病和恶性肿瘤两周患病率增速的三倍，呼吸系统疾病两周患病率尽管下降但仍处于第一位。因此，呼吸系统疾病、脑血管病和心脏病成为慢性病高发病种。

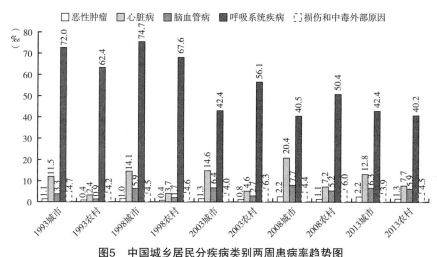

图5 中国城乡居民分疾病类别两周患病率趋势图

资料来源：以上数据来源于国家卫生部分别于1993年、1998年、2003年、2008年、2013年进行的五次国家卫生服务调查，取自1994年、1999年、2004年、2009年《中国卫生统计年鉴》（中华人民共和国卫生部编，中国协和医科大学出版社），以及2013年、2014年《中国卫生和计划生育统计年鉴》（国家卫生和计划生育委员会编，中国协和医科大学出版社）。

（五）中国城乡人口死亡疾病谱变化和死因构成

国家卫生服务调查数据显示（见表1），不论城市、农村居民的死亡疾病谱均发生了明显变化。具体而言，从城市居民主要疾病的类别来看，除1995年的特殊情况（脑血管病位居第一位），2010年以前主要依次为恶性肿瘤（第一位）、脑血管病（第二位）、心脏病（第三位）。从2010年起心脏病的粗死亡率超过脑血管病的粗死亡率，跃居城市居民疾病死亡率的第二位，这说明，心脏病的发生成为继恶性肿瘤之后的第二杀手，其突发性不容忽视；从农村居民主要疾病的类别来看，2000年以前主要依次为呼吸系统疾病（第一位）、恶性肿瘤（第二位）、脑血管病（第三位），从2000年起脑血管病的粗死亡率超过恶性肿瘤的粗死亡率，跃居农村居民疾病死亡率的第二位，自2010年起脑血管病替代呼吸系统疾病，跃居农村居民疾病死亡率的第一位，成为居民健康的头号杀手，而呼吸系统疾病粗死亡率迅速下降，心脏病退居第三。总体来看，2010 年是中国居民死亡疾病谱发生重大转折的关键点，危害城乡居民健康长寿的三大疾病为恶性肿瘤、脑血管病、心脏病，其中，在城市恶性肿瘤的威胁最大，在农村脑血管病的威胁最大，以上三种慢性病约构成城乡居民死亡原因的 65%，由此可见，中国慢性病的综合治理刻不容缓。

表1　全国城乡居民主要疾病死亡率及死因构成（前五位）

年份	城市疾病别	粗死亡率（1/10万）	构成（%）	位次	农村疾病别	粗死亡率（1/10万）	构成（%）	位次
1990	恶性肿瘤	128.03	21.88	1	呼吸系统疾病	159.67	24.82	1
	脑血管病	121.84	20.83	2	恶性肿瘤	112.36	17.47	2
	心脏病	92.53	15.81	3	脑血管病	103.93	16.16	3
	呼吸系统疾病	92.18	15.76	4	心脏病	69.60	10.82	4
	损伤和中毒	40.43	6.91	5	损伤和中毒	68.48	10.65	5
1995	脑血管病	130.48	22.17	1	呼吸系统疾病	169.38	26.23	1
	恶性肿瘤	128.58	21.85	2	恶性肿瘤	111.43	17.25	2
	呼吸系统疾病	92.54	15.73	3	脑血管病	108.05	16.73	3
	心脏病	90.10	15.31	4	损伤和中毒	72.71	11.26	4
	损伤和中毒	40.57	6.89	5	心脏病	61.98	9.60	5
2000	恶性肿瘤	146.61	24.38	1	呼吸系统疾病	142.16	23.11	1
	脑血管病	127.96	21.28	2	脑血管病	115.20	18.73	2
	心脏病	106.65	17.74	3	恶性肿瘤	112.57	18.30	3
	呼吸系统疾病	79.92	13.29	4	心脏病	73.43	11.94	4
	损伤和中毒	35.57	5.91	5	损伤和中毒	64.89	10.55	5
2005	恶性肿瘤	124.86	22.74	1	呼吸系统疾病	123.79	23.45	1
	脑血管病	111.02	20.22	2	脑血管病	111.74	21.17	2
	心脏病	98.22	17.89	3	恶性肿瘤	105.99	20.08	3
	呼吸系统疾病	69.00	12.57	4	心脏病	62.13	11.77	4
	损伤和中毒	45.28	8.25	5	损伤和中毒	44.71	8.47	5

年份	城市疾病别	粗死亡率 （1/10万人）	构成 （%）	位次	农村疾病别	粗死亡率 （1/10万人）	构成 （%）	位次
2010	恶性肿瘤	162.87	26.33	1	脑血管病	145.71	23.37	1
	心脏病	129.19	20.88	2	恶性肿瘤	144.11	23.11	2
	脑血管病	125.15	20.23	3	心脏病	111.34	17.86	3
	呼吸系统疾病	68.32	11.04	4	呼吸系统疾病	88.25	14.15	4
	损伤和中毒	38.09	6.16	5	损伤和中毒	52.93	8.49	5
2012	恶性肿瘤	164.51	26.81	1	恶性肿瘤	151.47	22.96	1
	心脏病	131.64	21.45	2	脑血管病	135.95	20.61	2
	脑血管病	120.33	19.61	3	心脏病	119.50	18.11	3
	呼吸系统疾病	75.59	12.32	4	呼吸系统疾病	103.90	15.75	4
	损伤和中毒	34.79	5.67	5	损伤和中毒	58.86	8.92	5
2013	恶性肿瘤	157.77	25.47	1	脑血管病	150.17	22.92	1
	心脏病	133.84	21.60	2	恶性肿瘤	146.65	22.38	2
	脑血管病	125.56	20.27	3	心脏病	143.52	21.90	3
	呼吸系统疾病	76.61	12.37	4	呼吸系统疾病	75.32	11.49	4
	损伤和中毒	39.01	6.30	5	损伤和中毒	57.14	8.72	5

资料来源：《2013中国卫生和计划生育统计年鉴》（国家卫生和计划生育委员会编，中国协和医科大学出版社）；《2014中国卫生和计划生育统计年鉴》（国家卫生和计划生育委员会编，中国协和医科大学出版社）。

由 2013 年全国城乡主要疾病的死因构成状况来看（见图6），前五位重大慢性病构成城乡居民死亡原因的 85% 以上。具体来看，在城市中，恶性肿瘤对居民的健康危害最大，位居五大重大慢性病之首，占比约为 25.47%；位居第二位的是心脏病，占比约为 21.6%；第三位是脑血管病，占比约为 20.27%；三者合计占比约为 67.34%。在农村中，脑血管病对居民的健康危害最大，位居五大重大慢性病之首，占比约为 22.92%；位居第二位的是恶性肿瘤，占比约为 22.38%；第三位是心脏病,占比约为 21.9%;三者合计占比约为 67.2%。由此可见,危害城乡居民身体健康和生命安全的三大刽子手为恶性肿瘤、脑血管病、心脏病,迫切需要剖析这三大慢性病病因及死因的影响因素,切实制定综合解决方案,将慢性病的隐患扼杀在摇篮里。呼吸系统疾病的城乡死因构成占比约为 12.37% 和 11.49%,这主要和居民的吸烟行为以及空气环境质量有关;损伤和中毒外部原因的城乡死因构成占比约为 6.30% 和 8.72%,这主要和城乡居民所从事的不同职业和经历有关。

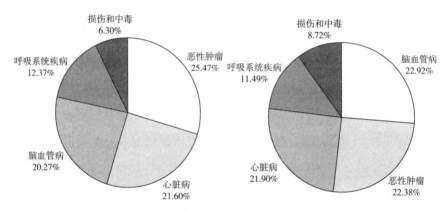

图6　2013年全国城乡居民主要疾病死因构成

资料来源:《2014中国卫生和计划生育统计年鉴》(国家卫生和计划生育委员会编,中国协和医科大学出版社)。

四　结论与讨论

中国国民经济发展进入新常态,为应对持续加大的经济下行压力,在区间调控基础上实施定向调控和相机调控,着力稳定经济增长,调整优化产业结构,推动产业创新升级,深化重点领域和关键环节改革,推进创新驱动发展战略(2016年《政府工作报告》)。面对日益严峻的人口老龄化状况,中国全面启动实施"二孩"政策,促进人口均衡发展,同时,积极应对老龄化所带来的一系列社会问题,完善养老保险制度,实现"老有所养,老有所依"。随着城市化进程的加速,城市化率由 2000 年 36.22% 升至 2013 年 53.73%，不断融合的思想观念、生活方式、行为习惯等，是形成城乡居民慢性病患病的重要因素。《中国慢性病及其危险因素监测（2010）——老年健康专题报告》数据显示，60 岁以上老年人口中，至少患有一种下列慢性病（高血压、糖尿病、慢性阻塞性肺部疾病、哮喘和肿瘤）的比例约为 74.2%，至少患有上述两种及以上慢性病的比例为 20.3%，可见，老年人口是慢性病患病的主要人群，在老年人口中呈现多种慢性病并发症共存的显著特征。《国家卫生服务调查》数据显示，2014 年前五位重大慢性病（恶性肿瘤、脑血管病、心脏病、呼吸系统疾病、损伤和中毒外部原因）分别构成中国城乡居民死亡原因的 86.84% 和 88.03%（《2015 中国卫生和计划生育统计年鉴》），且城市、农村居民的恶性肿瘤死亡率均为最高。因此，人口年龄结构老化、慢性病患病率高发与致死率高成为中国社会面临的巨大挑战，慢性病综合治理刻不容缓。

参考文献

李扬、李平、李雪松、张平：《2016 年中国经济形势分析与预测》，社会科学文献出版社，2015。

中华人民共和国国家统计局：《中国统计年鉴 2014》，中国统计出版社，2014。

《李克强：政府工作报告——2016 年 3 月 5 日在第十二届全国人民代表大会第四次会议上》，人民出版社，2016。

姚新武、尹华：《中国常用人口数据集》，中国人口出版社，1994。

国家人口和计划生育委员会发展规划司、中国人口与发展研究中心：《人口和计划生育常用数据手册》，中国人口出版社，2008。

姚新武：《中国生育数据集》，中国人口出版社，1995。

国家统计局人口与就业统计司：《中国人口统计年鉴》（1994~1998），中国统计出版社，1994~1998。

国家统计局人口和社会科技统计司：《中国人口统计年鉴》（1999~2004），中国统计出版社，1999~2004。

国家统计局人口和就业统计司：《中国人口统计年鉴》（2005~2006），中国统计出版社，2005~2006。

国家统计局人口和就业统计司：《中国人口和就业统计年鉴》，（2007~2014）中国统计出版社，2007~2014。

国务院人口普查办公室：《中国 2000 年人口普查资料》，中国统计出版社，2002。

全国人口抽样调查办公室：《2005 年全国 1% 人口抽样调查资料》，中国统计出版社，2007。

国务院人口普查办公室：《中国 2010 年人口普查资料》，中国统计出版社，2012。

中华人民共和国卫生部：《1994 中国卫生统计年鉴》，中国协和医科大学出版社，1994。

中华人民共和国卫生部：《1999 中国卫生统计年鉴》，中国协和医科大学出版社，1999。

中华人民共和国卫生部：《2004 中国卫生统计年鉴》，中国协和医科大学出版社，2004。

中华人民共和国卫生部：《2009 中国卫生统计年鉴》，中国协和医科大学出版社，2009。

中华人民共和国国家卫生和计划生育委员会：《2013 中国卫生和计划生育统计年鉴》，中国协和医科大学出版社，2013。

中华人民共和国国家卫生和计划生育委员会：《2014 中国卫生和计划生育统计年鉴》，中国协和医科大学出版社，2014。

中华人民共和国国家卫生和计划生育委员会：《2015 中国卫生和计划生育统计年鉴》，中国协和医科大学出版社，2015。

中国疾病预防控制中心，慢性非传染性疾病预防控制中心：《中国慢性病及其危险因素监测（2010）：老年健康专题报告》，人民卫生出版社，2014。

World Health Organization, *The World Health Report 2013: Research for Universal Health Coverage*, Publications of the World Health Organization, which are available on the WHO web site (www.who.int), World Health Organization Press, 20 Avenue Appia, 1211 Geneva 27, Switzerland.

五大发展理念引领下的
互联网金融驱动供给侧结构改革

李同英　朱洪波[*]

摘　要： 2016 年是"十三五"规划和全面建成小康社会决胜阶段的开局之年，也是中国经济转型升级的关键之年，从金融服务实体经济发展与经济结构升级的高度来定位中国金融改革的目标与方向，坚持"创新、协调、绿色、开放、共享"的发展理念，将引领中国金融业新的发展轨迹。供给侧结构改革的核心在于提效率、降成本、减产能，而这些恰恰与互联网的去中介化、精准匹配等特性相融合。互联网金融可以同时从资产端和负债端共同唤醒经济体系中"沉睡的资金"，解决经济转型中供给侧的失衡，让资金流入实体经济，盘活存量，刺激增量，有效助推供给侧结构改革取得新突破，为中国经济注入新的活力和动力。

关键词： 五大发展理念　供给侧结构改革　互联网金融

一　引言

党的十八届五中全会审议通过了"十三五"规划建议，提出了"创新、协

---

　　* 李同英，南通理工学院计算机与信息工程学院；朱洪波，南京邮电大学教育部宽带无线通信与传感网技术重点实验室。

调、绿色、开放、共享"五大发展新理念,开启了中国全面建成小康社会的新征程。党的十八届五中全会以来,习近平总书记在关键场合多次强调要着力加强供给侧结构改革,这标志着中国改革思路的重大创新,从过去强调需求侧改革转变为突出供需两端改革。未来一段时期,供给侧结构改革将成为中国改革的主攻方向。在新的历史条件下,必须以五大发展理念为引领,着力推进供给侧改革,深化结构性改革,扩大有效供给,提升发展平衡性、包容性和可持续性,实现发展目标。

2015 年,中国的金融改革已然大迈步、多点齐发力,尤其是互联网金融也取得了较快的发展和突破。互联网金融的发展完全符合风向,首先,从大局看,互联网金融符合了新时期五大发展理念的诉求:一是创新发展,互联网金融是技术创新驱动的一个新的业态模式;二是协调发展,由于互联网金融跨界的缘故,它对金融产业与经济的发展都提出了协调的要求;三是开放发展,互联网金融不仅要求金融走出过去的垄断、封闭运营,还要求中国金融和世界金融的贯通;四是绿色发展,互联网金融能极大地减少产耗、能耗;五是共享发展,互联网金融可盘活、增强传统金融的资源,增进人民福祉。其次,从具体应用看,互联网金融是供给侧改革的重要抓手,借助 P2P、众筹以及更多新的互联网金融创新模式,为金融客户提供服务,有效增加新供给。此外,从政策方向看,互联网金融符合"双创"精神,可为发展打造新的引擎、注入新的动能。

二 供给侧改革助力新金融生态——互联网金融

新常态下的中国经济增速持续下滑,2015 年 6.9% 的 GDP 增速已降至 25 年来的最低点,银行不良贷款率连续 10 个季度上升,表明实体经济正处于转型升级的阵痛期,而传统的需求侧管理已难以解决经济瓶颈问题。面对加大的经济下行压力,只有新动力源能够对冲下行因素,政府适时地推出了"供给侧改革",即通过优化劳动力、土地、资本及创新等供给,提高全要素生产率来推动经济增长。

所谓供给侧结构改革，就是着眼于中国发展实际从供给和生产端着手，通过供给结构的调整和优化，不断降低企业的制度性交易成本（包括各种税费、社会保障成本、融资成本等），促进投资者更有效地进入各生产领域等改革措施，最大限度地释放生产力，提高全要素生产率，提升企业竞争力，创造新的经济增长点，恢复经济活力，实现经济社会可持续发展。

实际上，供给侧可分为产业层面、要素层面和制度层面三个层面的供给，对应着"转型、创新、改革"。在中国供给侧结构性改革中，"供给侧"是改革切入点，"结构性"是改革方式，"改革"才是核心命题，内在地体现出"转型是目标、创新是手段、改革是保障"的逻辑关系，即全面贯彻落实五大发展理念，创新是国家发展全局的核心，优化资源配置，释放新需求，创造新供给，促进经济稳定协调可持续发展。

供给侧结构改革，重点在于提升全要素生产率，即从生产和供给端着手，增加有效的供给，并理顺供求结构的失衡。为了创造新供给，应加大金融业的改革力度，放宽市场准入，放松管制，鼓励创新，拓展金融资源有效配置的领域和空间，提高金融体系的效率，推进利率均衡，从而不断降低实体经济的融资成本。互联网金融恰巧可以改善供给端的不平衡，有效提升全要素生产率，甚至由此而言，消费金融也可以从消费升级角度促进供给侧改革，以消费金融引导消费升级，再以消费升级引领产业转型，以供给创新创造消费需求。

"沉睡的资金"被唤醒流向实体经济最需要之处，"供给侧改革"表明了宏观经济政策思路的新认知，成为下一步经济决策的一枚重棋。与此同时，互联网金融定位服务实体经济也将获得巨大的成长空间。

中国经济已进入中低速增长的新常态，新经济催生新金融，衡量新金融是否有效，要考察三个方面，一是在多大程度上用新的基础设施重构金融基础设施；二是在多大程度上与场景融合；三是在多大程度上填补了现有金融体系的缺失。在保险、理财等方面，互联网金融都会对现有的资金模式进行有效补充，但并不会取代传统金融。

"鼓励金融机构创新"的提出，将切实提高互联网金融服务实体经济的宽度和深度。消费金融有两个核心元素，一是消费者，二是消费场景，无论做金融的生意还是做电商的生意，都得从用户入手，最终都是做用户的生意、关注用户的需求。

新金融在供给侧改革发挥重要作用，将直接地体现在消费金融上。消费金融在为中国中小企业提供大量信用支持的同时，消费端恰好响应了对供给方的拉动。京东有过一些测试表明，金融产品供给植入到场景中，白条可以拉动用户的消费上升30%~50%，如果可以进一步扶持到其他互联网创业形态，就能推动整个供给侧提供更多的优质产品。

2015年，针对互联网保险、互联网支付、网络借贷P2P等行业监管的细则或征求意见稿的相继落地，监管体系的逐渐完善引发了行业在业务合法合规方面的调整和新一轮洗牌潮。"互联网+"的大潮下，互联网对各行各业的渗透率进一步加深，同时也带来了新的风险，消费者保护成为互联网金融发展的重要前提。而信息技术的变革，以及区块链、云计算等技术的突破将推动金融业务重构，互联网金融的崛起，体现了技术创新和制度创新对金融供给的影响，将获得政策层面的大力支持。

商业银行与互联网金融将加速融合，以银监会为微众银行和网商银行颁布银行牌照为标志，互联网银行将开启大门。实施差异化的战略定位、构建专属化的产品体系、包容性的渠道策略、低成本的运营模式，有助于互联网银行体现相应优势。依托数据支撑，商业银行新资产战略已经实施。

在P2P方面，行业规模增长迅猛，成交金额、参与人数持续增长，产品利率下降，期限上升，供给能力明显增强；行业高集中度趋势显现，以2015年前三季度成交量统计，北京、广东、上海占比超过70%，成交量排名前十的平台占比超过40%，累计问题平台占比达30%，行业发展重点已不再体现为平台数量的增长，而更多地体现为优势平台的规模提升。

另外，车贷、房贷成为平台垂直化布局的重点方向，供应链金融类产品可挖掘的资产规模大，核心企业的选择是关键；融资租赁类产品受基础资产属性影响，产品收益率低于行业平均水平，但资金流向可控；信用类产品主要用于个人消费，对风控效率和精确度要求高。随着 P2P 资产规模的扩大，对风控技术的需求显著增强，一方面，具有用户规模优势的平台自我优化风控技术提高，另一方面，第三方征信公司凭借数据优势在风控技术方面可能更快形成突破，助力 P2P 风控效率的提升。

股权众筹的发展有助于丰富中国多层次资本市场体系，获得了政策层面的积极鼓励，互联网非公开股权融资累计融资金额达 140 亿，同时体现出机构集中度高、平均资本实力较小以及平均活跃度低的特征。

宏观政策、人口增长及其结构性变化、城镇化、消费观念改变等多因素助力社会消费增长，消费金融成为个人信贷产品的主要趋势。商业银行、消费金融公司、电商企业、P2P 多方发力消费金融，场景及流量将成为互联网消费金融的核心竞争优势。

三 供给侧结构改革的"新引擎"

供给侧结构性改革就是要发挥市场有效的配置作用，而从资本市场边缘崛起的互联网金融，也逐渐成为倒逼这一体系改革最为强大的力量。供给侧结构性改革需要金融资本作支撑，在此背景下，充满活力和创新力的互联网金融自然成为最佳突破口。

供给侧改革的重点在于提升全要素生产率，而互联网金融正可以高效提升全要素生产率，从而实现供给侧改革的根本诉求。近年来，互联网金融的不断发展从供给端对金融进行了改变，为公众提供了新的投资理财渠道，一些中小企业发展的"融资难、融资贵"问题得到解决，激发大众创业和万众创新，驱动供给侧结构改革是显而易见的。

互联网金融和供给侧改革息息相关，互联网金融业可以改善金融领域有效供给短缺的窘境，进而改变市场供求关系不匹配的情况。互联网金融将提供"新引擎"，已成为"新常态"下供给侧结构性改革中不可或缺的一员。金融业应立足金融本业，创新发展，全面实现资金流、信息流、商品流互联，为驱动实体经济提质增效增添新动力，为金融自身经营转型提供新引擎，着力构建服务于实体经济的互联网金融新模式。

"平台＋大数据＋金融"跨界融合的互联网金融应服务于供给侧改革大局，推进"平台＋大数据＋金融"的整体布局，强化互联网技术与金融的跨界融合应用；坚持"两小"和"两链"战略，大力支持"双创"，真正使互联网金融融合工商百业、服务大众、情系民生，突出加强投资于小微企业、"三农"等实体经济薄弱环节，助力破解制约小微民营企业发展的"融资难、融资贵"痼疾，融合互联网金融的普惠特性与金融信贷专业优势，使金融服务惠及更多的小微企业和涉农商户。优化管理体制，提升客户体验，提高其融资可获取性并使融资成本降低，积极服务大众创业、万众创新；优化业务流程，提高审批和放款效率，突出加强支持新兴业态培育和公共服务模式创新，创建"专业化、连锁化、品牌化"的超市式金融模式。与服务政府机构、集团公司以及贯穿供应链上下游的云计算平台共同开拓针对特定领域社区如医院、学校等的互联网金融服务，推动小微金融与社区金融业务联动，线上线下联动，为小微企业、社区民众提供更加便利、高品质的金融服务和增值体验。便捷化社会服务和企业经营，实现各行各业"互联网＋"的发展升级，为公众提供可信赖的管家式金融服务。

互联网金融也是供给侧改革的受益者，发展互联网金融本身就是金融市场的一种供给侧改革，从这个角度来说，互联网金融既是供给侧改革的执行者，也是受益者。若将金融改革放置于供给侧结构性改革的大背景下，毫无疑问互联网金融作为金融行业中技术属性和互联网属性较强的一个领域，可以发挥先行者的作用，将为供给侧结构性改革做出更大的贡献，提高资源配置效率和降低中小微企业的融资成本，使这两点与互联网金融"无缝对接"。

互联网金融以普惠金融为主旨。2015年的互联网金融以服务普通大众和中小微而出色，互联网金融已经从新生事物，逐步发展升级为金融体系的新生力量。而普惠金融就是要让各种有效金融需求都能得到满足，继续发展互联网金融已经成为促进普惠金融的一个重要力量。未来互联网金融需要通过大数据、区块链等互联网技术，利用网络流量和用户数据整合，根植于中小微实体经济企业，进一步在用户金融的供给侧发力，发挥互联网高效快捷的工具作用，满足企业的金融需求，才能提升普惠金融的效率，从而也为自己的发展找到源头和根本动力。

积极利用互联网等手段，建立"投资＋融资"的平台，实现"投贷联动和投保联动"的银行、证券、保险等金融业态与企业融合，促进资本市场更好地服务实体经济。过去中国金融在供给侧没有满足需求，没有匹配居民的需求，所以才进一步引进 P2P 借贷、股权众筹等这些互联网金融的模式。强烈的需求激发供给增长太快，导致了膨胀式、爆炸式的发展。P2P 网贷平台的数量在三四年的时间里注册超过三千家，现在可能生存着一两千家。这种情况说明，需求是旺盛的，居民投资理财的需求还没有得到充分的满足。但当前出现的这么多问题平台甚至违法犯罪现象，则是金融服务在供给侧出了问题，一些金融服务的供给是劣质的，甚至存在伪创新等。因此，金融供给侧改革依然要加大创新力度，服务于居民的投资理财的需求。对互联网金融来说，首先本身就是供给侧改革的重要内容。互联网金融助力供给侧结构性改革，需要全社会共同努力，与此同时，互联网金融呼唤制度供给能提供新的动力。互联网金融并不需要很多新的法律，只要把现有的这些打击非法融资的规范、各种融资活动，以及惩罚诈骗做到位，就可以清理好互联网金融继续发展的环境。这些法律制度的落实，能够助推互联网金融持续健康发展，并助力供给侧结构性改革。

四　互联网金融"优、快、准、宽"助推供给侧改革

互联网金融在一定程度上是供给侧改革的先声。包括 P2P 在内的众多互联网金融助推供给侧结构性改革的重点是"优（优质资产）、快（撮合速度快）、准

（精准匹配）、宽（拓宽企业融资及理财渠道，唤醒沉睡资金）"，作为一线实践者，互联网金融可以做到"优、快、准、宽"，精准助推供给侧结构改革。

首先是优，即优质资产，互联网金融保证了资产的优质程度。此前由于行业处于野蛮生长状态，不少互联网金融平台只一味追求发展速度，忽略了平台风控能力，致使坏账跑路现象频出。从供给侧改革的角度来看，互联网金融平台通过大数据和区块链等新技术可以加强平台的风险控制能力，建立加强审核机制，可确保所获取的资产都是优质资产。如 91 金融在长期与银行的合作过程中，结合传统商业银行的信用评价体系，参照国际通用的 FICO 信用评分模型，以分类用户和企业设计，自己专有的大数据信用体系，同时采用线上线下相结合的审核机制，对项目设立严格筛选机制，保证平台上的资产优质、安全。

其次是快，即撮合速度快。此前中小微企业通过银行贷款，不仅存在"融资难、融资贵"等问题，还包括手续繁杂、融资速度慢等问题。有很多创业企业只是因为短暂的资金紧缺而导致公司无法正常运转，并不代表其商业模式不可行。而互联网金融最大的优势就在于其平台的撮合速度，这也是互联网金融行业能够在短短几年里实现飞速发展的主要原因之一。互联网金融能够做到快速，是因为互联网金融平台具备较强的中介性，并且手里拥有大量的资源，在用户需求时，能够将资金快速对接给需求者，而不是临时抱佛脚地去寻找。

再次是准，即精准匹配。互联网金融精准整合用户需求，能够精准助力供给侧结构改革，这是由于互联网金融平台拥有较强的数据整合和分析挖掘能力，并且建有自己的用户数据库，创建专业化、连锁化、品牌化的超市式公众金融模式，能为客户和企业提供可信赖的管家式服务。

最后是宽，即拓宽企业融资及理财渠道。众所周知，正是传统金融存在的信息不对称问题，才给了互联网金融诞生和发展的机会，使其成为中小微企业的重要融资渠道。但实际上，相对市场而言，只在线上发展的互联网金融能够解决的融资问题是微不足道的，一大批企业发展的"融资难和融资贵"问题仍有待解决，互联网金融融资拓宽思路在下述两个方面：首先，互联网金融会做"加法"，善于利用"沉睡资金"。当前绝大部分互联网金融更侧重于个人理财,面向企业理财的产品还很匮乏,致使大量的企业"资金沉睡"。而事实上相对于零碎的个人资金,企业资金往往动辄百万以上,能够满足更多其他企业的融资需求。其次,互联网金融善于做"减法",敢于淘汰"旧产能"。当传统动能由强变弱时,需要新动能异军突起和传统动能转型,形成新的"双引擎",才能推动经济持续增长、跃上新台阶。互联网金融运用信息网络等现代技术,推动生产、管理和营销模式变革,重塑产业链、供应链、价值链,改造提升传统动能,使之焕发新的生机与活力。

五 结论与展望

互联网金融行业的优势是信息技术的运用与市场化运作的创新,未来行业要想继续发展,需要在规范合规的前提下,发挥其比较优势,专注传统金融难以满足的小微领域,提升金融服务的质量、优化金融资源的配置,在为供给侧改革做出贡献的同时实现自身的价值。前提是要对其进行科学监管,既要精准发力,又要防止矫枉过正,同时配之有效的行业自律。监管只能起到提醒的作用,关键还是靠自律,互联网金融行业才能够真正利用移动互联网、大数据、区块链等技术发挥创新的作用。互联网金融既是供给侧改革的助推者,也是受益者。供给侧结构改革离不开互联网金融企业的大力支持,互联网金融从资产端和负债端共同唤醒经济体系中"沉睡的资金",解决经济转型中供给侧的失衡,让资金流入实体经济,盘活存量,刺激增量。既能做加法,又能做减法,真正做到"优、快、准、宽",为中国经济注入新动力。从 2016 年 Apple Pay 的推出到五大银行免除手机转账汇款手续费用等一系列动作,都表明互联网金融再次通过传统金融机构领跑发力了;基于 P2P 结构、区块链技术形成的共识算法、智能合约等技术,会成为新一代技术创新或金融创新的支撑点。互联网金融有非常大的发展潜力,还有很多技术没有应用到金融领域,这依然是技术创新不足与技术改造不足带来的问题,互联网金融正与西方全面对接,将推动中国金融改革与世界接轨。

参考文献

编写组:《〈中共中央关于制定国民经济和社会发展第十三个五年规划的建议〉辅导读本》,人民出版社,2015。

贾康:《供给侧改革的核心内涵是解放生产力》,《中国经济周刊》2015年第49期。

周小川:《深化金融体制改革》,《人民日报》2015年11月25日。

肖风:《区块链五年或将改变互联网金融》,新浪财经,2016年1月5日。

宋湘燕、黄珊:《区块链技术在商业银行的应用前景》,《金融时报》2015年12月21日。

王馨:《互联网金融助解"长尾"小微企业融资难问题研究》,《金融研究》2015年第9期。

巴曙松:《去杠杆、去产能考验金融体系》,《财经》2015年第31期。

艾瑞咨询:《互联网消费金融万亿级市场空间开启,校园分期市场争夺进入白热化》,《金卡工程》2015年第10期。

陈麟、谭杨靖:《互联网金融生态系统发展趋势及监管对策》,《财经科学》2016年第3期。

谢平、邹传伟、刘海二:《互联网金融的基础理论》,《金融研究》2015年第8期。

孙杰、贺晨:《大数据时代的互联网金融创新及传统银行转型》,《财经科学》2015年第1期。

Coindesk, *IBM Reveals Proof of Concept for Blockchain-Powered Internet of Things*, http://www.coindesk.com/ibm-reveals-proof-concept-blockchain-powered-internetthings/, 2015-01-17.

中国的拉弗曲线

——基于劳动、资本和消费税率的分析

杜勇宏[*]

摘　要： 拉弗曲线是研究税率与税收之间关系的经典工具。劳动、资本和消费是税收的三大"隐性税基"，分别研究它们的拉弗最优税率，能够更好地研究税率与税收、经济增长之间关系。本文根据 Mendoza 公式，对中国劳动、资本和消费平均税率进行详细测算，结果说明资本、劳动和消费平均税率均呈上升趋势。而后，本文通过新古典主义增长模型的平衡增长路径，采用一般均衡模型定量地分析了中国的劳动所得税和资本收入税的拉弗曲线。最后求出我国的最优税率结果表明通过提高劳动所得税同时降低资本收入税可以提高 40% 的总税收。

关键词： 拉弗曲线　一般均衡模型　税率

一　拉弗曲线

对宏观税负与经济关系的研究是西方公共经济学和财政学的重要内容，而有

---

* 杜勇宏，北京师范大学统计学院，副教授。

重要影响的成果当推美国供给学派的代表人物阿瑟·拉弗提出的有关税收负担与税收收入或经济关系的曲线，即"拉弗曲线"。拉弗曲线如图1所示。

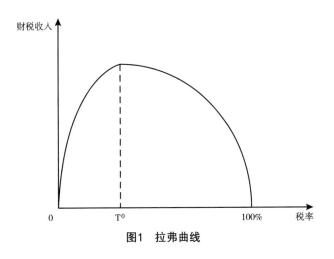

图1　拉弗曲线

　　如图1所示的曲线是说明税率与税收之间的一个函数关系。该曲线表示的主要内容及其含义为在一定资源（广义的，包括自然、人造以及人力）和环境（主要指体制、法律、政策、文化传统等）条件下，税率由低（0点）向高（T^0点）提升时，税收也将得到提高；但当税率超过T^0点继续提高，则税收开始降低。这表明，为获得最佳税收，税率不可过高也不能过低，应有一个最优税率，即图中T^0点处，它是税制设计的理想目标模式。随着经济的发展，对应一定经济水平的税率过低和过高都将不利于进一步的经济增长。税率过低致使财政收入不能支付在该经济水平下政府应承担的各种公共支出，不能够为经济发展提供足够的保障而制约经济的增长；税率过高导致私人和企业负担过重，影响和打击投资者的积极性并影响各种资本的积累而削弱经济主体的活力，从而导致经济发展的停滞甚至下降。因此，一定的经济水平应有一个最优税率与之对应。该曲线还表明，基于上述同样的理论，取得同样多的税收，可以采用两种不同的税率。拉弗曲线在研究税负与税收收入或经济增长的关系中有其重要的影响，在理论上证明了税负、税收收入和经济增长之间存在最优的结合点。这要求宏观税率不可以随意地确定，而要依据本国经济水平、经济增长目标、社会文化传统、体制、法律、政策等一些因素而科学地确定，只有如此才能够保证经济社会的有序发展。Lindsey 测量了 1982 到 1984 年美国减税纳税人的反应，并计算了自筹资金度。Baxter 和 King 使用生产性政府资本的新古典主义发展模型去分析财政政策的作用。Schmitt-Grohe 和 Uribe 发现在新古典主义发展模型中存在拉弗曲线，但他们关注内生的劳动税以平衡预算，而不是分析拉弗曲线。Ireland、Bruce 和 Turnovsky、Novales 和 Ruiz 发现在 AK 内生发展模型下存在动态拉弗曲线。

税收是政府打入市场的"楔子"，征税势必对市场机制运行产生很大的干扰，因此政府选择不同的课税对象对经济的影响也不同。从课税基础上看，尽管不同税的课税依据不同，但是从宏观角度看，各税种的征税对象不外乎劳动、资本和消费三种，因此可以说，劳动、资本和消费是税收的"隐性税基"。Yanagawa 和 Uhlig 在迭代架构中发现更高的资本所得税可能导致更快的发展，与传统经济学相反。Jonsson 和 Klein 计算了含通货膨胀的税收的福利成本，发现对几种税收工具来说瑞典都位于拉弗曲线的下滑面。Prescott 通过比较美国和欧洲国家劳动税对劳动供给的作用提出了税收的刺激效应问题。

如果中国的劳动所得税或资本收入税变动，税收和产量会如何调整？为了回答这些问题，我们通过新古典主义增长模型的平衡增长路径，定量地分析了中国的劳动所得税和资本收入税的拉弗曲线。

二 模型

在离散时间 t=1，2，3…∞下，大部分居民将选择使其终生效用折现最大化，等价于一跨期的预算与资本流方程，如下：

$$\max_{c_t, n_t, k_t, x_t, b_t} E_0 \sum_{t=0}^{\infty} \beta^2 [u\ (c_t, n_t) + v\ (g_t)]$$

等价于

$$(1+\tau_t^c)c_t+x_t+b_t=(1-\tau_t^n)\ w_t n_t+(1-\tau_t^k)\ (d_t-\delta)k_{t-1}+\delta k_{t-1}+R_t^b b_{t-1}+s_t+\Pi_t+m_t k_t=(1-\delta)\ k_{t-1}+x_t \quad (1)$$

其中 c_t、n_t、k_t、x_t、b_t、m_t 分别表示消费、工作时间、资本、投资、国债以及外来现金给付。政府支出 g_t 也给予居民免费效用。与此同时，居民从企业中获得工资 w_t、分红 d_t、利润 π_t、资本偿付 m_t、利息 R_t^b，以及政府一次性转移支付 s_t。居民需要支付消费税 τ_t^c、劳动所得税 τ_t^h、资本税 τ_t^k。其中资本税按扣除折旧后的股息征收。

m_t 是指外部资产偿付，可以为负数即为一项负债。这一性质符合交易逆差或顺差，m_t 等同于净出口，可以一种较为简单的方式引入国际贸易。在平均增长路径均衡下，这一模型与其他国家具有相同的经济增长速度和居民具有相同的时间倾向的基于资本税的开放经济一致。贸易的差额影响稳态下劳动力对税收的反应，从而影响拉弗曲线的形状。一个真正开放的经济分析超过了本文的分析范围。

最典型的企业利润最大化公式如下：

$$\max_{K_{t-1}, n_t} y_t - d_t k_{t-1} - w_t n_t \quad (2)$$

根据柯布－道格拉斯生产函数：$y_t = \xi^t k_{t-1}^{\theta} n_t^{1-\theta}$，

其中 ξ^t 表示综合技术水平，政府的预算线为：

$$g_t+s_t+R_t^b b_{t-1}=b_t+T_t \quad (3)$$

政府的税收表达式为：

$$T_t = \tau_t^c c_t + \tau_t^n w_t n_t + \tau_t^k (d_t - \delta) k_{t-1} \qquad （4）$$

$$W_t = (1-\theta)\frac{y_t}{h_t},\ d_t = \theta\frac{y_t}{k_{t-1}} \qquad （5）$$

我们的目标是研究在税率变化下，这一均衡将如何改变。简单地说，就如 Chari 等所解释的税率是一楔子，本文的一些结论也将用更通俗的语言解释。通过政府财政预算、税收收入与转移支付（政府支出）之间的关系影响总税收，是对税率最为主要的解释，也是本文着重分析之处。

本文集中于比较平衡增长路径。其假设 $m_t = \psi\bar{m}$，其中 ψ 表示总产出增长因子。政府负债（政府支出）与其预算增长速度一致也是一关键假设（$b_{t-1} = \psi\bar{b}$ 以及 $g_{t-1} = \psi\bar{g}$）。当税率改变时，政府转移支付按照预算调整，改写成 $s_t = \psi\bar{b}\,(\psi - R_t^b) + T_{t-1} - \psi\bar{g}$。在平衡增长路径下，转移支付项作为一调整项将被保留，由此政府支出将被调整。

（一）弗里希常数弹性偏好

劳动供给的弗里希弹性是分析中的重要参数。为了更好地了解这一弹性的规律，自然要去探究弗里希常数弹性偏好，无论消费或劳动数量。这些偏好因同平衡增长路径一致。我们将满足以上特征的偏好叫作"弗里希常数弹性"或者"CFE 弹性"。假设偏好是一二阶连续可微的效用函数 u (c, n)，其严格单调递增，在 c 和 -n 间凹形，贴现率 β，与长期增长一致并且构成一劳动供给的弗里希常数弹性 ψ，并且假设在一阶条件下有一内部解。那么这一偏好是替代效应为 $\frac{1}{\eta} > 0$ 同时给出函数形式，如果 $\eta=1$：

$$u(c, n) = \log (c) - kn^{1+\frac{1}{\varphi}} \qquad （6）$$

如果 $\eta > 0, \eta \neq 1$，那么

$$u(c, n) = \frac{1}{1-\eta}\left(c^{1-\eta}\left(1-\kappa(1-\eta)n^{1+\frac{1}{\varphi}}\right)^{\eta}-1\right) \tag{7}$$

其中 $\kappa > 0$ 反射变化。相反，这一效用函数具有以上性质。

同时，本文也给出了 Cobb-Douglas 效用函数，这一效用函数也很重要并被广泛使用。

$$u(c_t, n_t) \sigma \log(c_t) + (1-\sigma)\log(1-n_t) \tag{8}$$

由此推出 Frisch 弹性为 $\frac{1}{n_t}-1$，其随着劳动力供给增长而减少。

（二）均衡

在均衡条件下，居民计划使其效用折现最大化，工厂使其利润最大化同时政府制定税收政策使其满足预算。这些就是计算拉弗曲线的平衡增长关系模型的关键要素，除了工作时间、利率和税收，其余所有变量的增长率均为 $\varphi = \xi^{\frac{1}{1-\theta}}$。根据 CFE 偏好，任何资产的税后收益率为 $\bar{R} = \Psi^{\eta}/\beta$，其中假设 $\xi > 1$，收益率 $\bar{R}$ 之类的取值均大于 1，β 系数大小不严格要求小于 1。用 $\overline{k/y}$ 表示在平衡增长路径下的资本产出回报率 k_{t-1}/y_t，在模型中，这一参数为：

$$\overline{k/y} = \left(\frac{\bar{R}-1}{\theta(1-\tau^k)} + \frac{\delta}{\theta}\right)^{-1} \tag{9}$$

劳动生产率和税前工资为：

$$\frac{y_t}{n} = \psi^t \overline{k/y}^{\theta/(1-\theta)} \text{ and } W_t = (1-\theta)\frac{y_t}{n}$$

平衡增长资本产出率与税前工资一样只取决于政府对资本性收入税率 τ^k 的制定，是关于 τ^k 的一个减函数，依赖于偏好参数 $\overline{R}$。这也意味着像资本税和劳务税这些和产出相关的税收可以通过税率乘以相对应的计税产出计算，相对应的计税产出又仅与资本所得税率相关。

接下来解决平衡下的劳动水平，用 $\overline{c/y}$ 表示平衡增长路径比 c_t/y_t，根据 CFE 偏好以及平衡增长模型，可以获得居民和工厂的一阶条件：

$$(\eta\kappa\overline{n}^{1+1/\varphi})^{-1}+1-\frac{1}{\eta}=a\overline{c/y} \tag{10}$$

其中：

$$a=\left(\frac{1+\tau^c}{1-\tau^n}\right)\left(\frac{1+\frac{1}{\varphi}}{1-\theta}\right) \tag{11}$$

取决于税率、劳动报酬以及劳动供给的 Frisch 弹性。

三 对中国劳动、资本、消费税率的估算研究

三大税基平均税率的测算方法是由 Mendoza、Razin 和 Tesar 率先根据 OECD 组织国民账户提出的，之后 Mendoza、Milesi 和 Asea 对该方法进行了订正，为了表述方便，我们统称为 Mendoza 方法。Mendoza 公式是根据 OECD 组织的税制结构和统计资料整理出来的，这限制了它在其他国家的广泛应用。中国的税制结构与 OECD 组织有很大区别，主要表现为 1994~2008 年实行生产型增值税、个人所得税实行分类征收方法、营业税同时对资本和消费征税、农业税曾长时间存在，等等。另外，中国国民经济统计资料也很难与 OECD 组织国民账户对应。由于这两方面的原因，测算中国三大税基平均税率的公式需要结合中国税制结构特点进行调整。

　　测算劳动、资本和消费的税负及其结构，首先要界定各税种的税基属性。中国现行税制中，税基属于资本要素的税种有企业所得税、资源税、城镇土地使用税、土地增值税、房产税、印花税、契税和耕地占用税；税基属于消费支出的有消费税和筵席税；税基既包括劳动要素又包括资本要素的是个人所得税，既包括资本要素又包括消费支出的税种有增值税、营业税、城市维护建设税、教育费附加税、车辆购置税和车船税；没有税基单独属于劳动要素的税种，也没有既包括劳动要素又包括消费支出的税种。

表1　劳动要素税负测算表

单位：亿元

年份	个人所得税中劳动要素税	社会保障缴款	农业各税	劳动税收（W）	劳动报酬（R）	劳动收入（R+W）	劳动要素税收负担（%）
1995	62.50	1006	278.09	1346.59	29266.68	30613.27	4.40
1996	114.48	1252.4	369.46	1736.34	35139.41	36875.75	4.71
1997	158.32	1458.2	397.48	2014	39491.84	41505.84	4.85
1998	211.31	1623.1	309.89	2144.3	42635.49	44779.79	4.79
1999	258.55	2211.8	285.52	2755.87	44844.23	47600.1	5.79
2000	318.82	2644.9	334.32	3298.04	48919.78	52217.82	6.32
2001	457.61	3101.9	324.71	3884.22	53437.5	57321.72	6.78
2002	644.23	4048.7	474.92	5167.85	58971.03	64138.88	8.06
2003	796.84	4882.9	632.83	6312.57	65901	72213.57	8.74
2004	1003.52	5780.3	536.22	7320.04	72181.89	79501.93	9.21
2005	1235.71	6975.2	201.41	8412.32	86781.72	95194.04	8.84
2006	1371.62	8643.2	217.08	10231.9	100525.4	110757.3	9.24
2007	3286.74	10812.3	47.81	14146.85	119893.7	134040.55	10.55
2008	2378.97	13696.1	67.45	16142.52	154892.8	171035.32	9.44
2009	2644.03	16115.6	80.81	18840.44	170304.2	189144.64	9.96

年份	个人所得税中劳动要素税	社会保障缴款	农业各税	劳动税收（W）	劳动报酬（R）	劳动收入（R+W）	劳动要素税收负担（%）
2010	3331.18	19276.1	78.36	22685.64	196690.7	219376.34	10.34
2011	4125.57	25153.3	91.38	29370.25	234346.9	263717.15	11.14
2012	3835.54	30738.8	131.78	34706.12	262864.1	297570.22	11.66
2013	4395.30	35252.9	150.26	39798.46	290943.5	330741.96	12.03
2014	5185.93	39827.7	141.05	45154.68	318258.1	363412.78	12.43

资料来源：历年《中国统计年鉴》和《中国税务年鉴》。

通过表1可以看出，中国1994~2014年劳动要素税收负担逐年增长，从1994年的4.16%上升到2014年的12.43%，劳动要素创造的税收收入也呈现不断增加的态势。

表2　资本要素税负测算

单位：亿元

年份	资本税收	经营盈余	企业所得税	资本税基	资本税负（%）
1995	2433.13	12557.53	811.41	14179.25	17.16
1996	2181.20	14558.82	878.44	15861.58	13.75
1997	3597.94	15716.97	925.54	18389.37	19.57
1998	3898.07	15717.71	963.18	18652.60	20.90
1999	4475.49	16665.49	968.48	20172.50	22.19
2000	5570.06	18528.60	999.63	23099.03	24.11
2001	6555.96	2025.06	2630.87	23950.15	27.37
2002	7373.10	22850.62	3082.79	27140.93	27.17
2003	8905.92	27364.61	2919.51	33351.02	26.70
2004	11588.56	39532.70	3957.33	47163.93	24.57
2005	14910.22	58459.80	5343.92	68026.10	21.92
2006	18240.30	70862.03	7039.60	82062.73	22.23

年份	资本税收	经营盈余	企业所得税	资本税基	资本税负（%）
2007	25120.72	86245.97	8779.25	102587.44	24.49
2008	29589.69	104357.60	11175.63	122771.66	24.10
2009	26510.83	90103.24	11536.84	105077.23	25.23
2010	33259.02	117456.61	12843.54	137872.09	24.12
2011	41349.08	138387.09	16769.64	162966.53	25.37
2012	51351.92	147919.87	19654.53	179617.26	28.59
2013	58397.05	162733.73	22427.20	198703.58	29.39
2014	65797.38	170859.56	24642.19	212014.75	31.03

资料来源：历年《中国统计年鉴》和《中国税务年鉴》。

通过表2可以看出，1994~2009年中国资本要素的税收负担绝对额逐年增加，资本要素的税负呈现"降—升—降—升"的波动趋势：1995~1996年呈下降态势；1997~2001年呈上升态势，2001~2005年呈下降态势，2006~2011年呈稳定态势，2012~2014年呈上升态势。

表3 消费支出税负测算

单位：亿元

年份	最终消费（C）	消费负担的税收（θ）	消费税基	消费支出税负（%）
1995	36197.9	3264.3	32933.6	9.91
1996	43086.8	4244.7	38842.1	10.93
1997	47508.6	4080.3	43428.3	9.40
1998	51460.4	4843.5	46616.9	10.39
1999	56621.7	5663.0	50958.7	11.11
2000	63667.7	6358.3	57309.4	11.09
2001	68546.7	7963.1	60583.6	13.14
2002	74068.2	9144.2	64924.0	14.08
2003	79513.1	9681.7	69831.4	13.86

续表

年份	最终消费 （C）	消费负担的税收 （θ）	消费税基	消费支出税负 （%）
2004	89086.0	11037.4	78048.6	14.14
2005	101447.8	12431.2	89016.6	13.97
2006	114728.6	14975.3	99753.2	15.01
2007	136229.4	17166.7	119062.7	14.42
2008	157466.3	22187.7	135278.6	16.40
2009	172728.3	30285.9	142442.4	21.26
2010	198998.1	36542.2	162455.9	22.49
2011	241022.1	44172.3	196849.7	22.44
2012	271112.8	45295.0	225817.8	20.06
2013	300337.8	47588.1	252749.7	18.83
2014	328312.6	48050.9	280261.7	17.15

资料来源：历年《中国统计年鉴》和《中国税务年鉴》。

通过表 3 可以看出，1995~2000 年消费税负在 10% 上下波动，2001 年消费税负上升到 13.14%，2002~2008 年消费税负在 15% 上下波动，2009 年之后消费税负加速上升，2011 年达到 22.49%，2012~2014 年逐年下降到 17.15%。

图2　1995~2014年中国劳动、资本、消费要素税负趋势

表4　中国劳动、资本、消费课税收入在GDP中的构成

年份	劳动税占GDP比	资本税占GDP比	消费税占GDP比	总税收占GDP比
1995	0.021882	0.039538	0.053045	0.114465
1996	0.024082	0.030251	0.05887	0.113203
1997	0.025167	0.04496	0.050988	0.121115
1998	0.025084	0.045599	0.056659	0.127341
1999	0.030343	0.049277	0.062352	0.141971
2000	0.032791	0.055381	0.063218	0.151391
2001	0.034914	0.058930	0.071578	0.165422
2002	0.042258	0.060291	0.074773	0.177323
2003	0.045639	0.064389	0.069998	0.180026
2004	0.044979	0.071208	0.067821	0.184009
2005	0.044465	0.078811	0.065707	0.188983
2006	0.046255	0.082458	0.067699	0.196412
2007	0.052068	0.092458	0.063183	0.207709
2008	0.050455	0.092486	0.069350	0.212292
2009	0.053848	0.075770	0.086560	0.216178
2010	0.055235	0.080980	0.088974	0.225189
2011	0.060428	0.085074	0.090883	0.236384
2012	0.064153	0.094922	0.083726	0.242802
2013	0.066668	0.097824	0.079717	0.244209
2014	0.06963	0.101462	0.074096	0.245188

资料来源：根据表1、表2、表3数据计算。

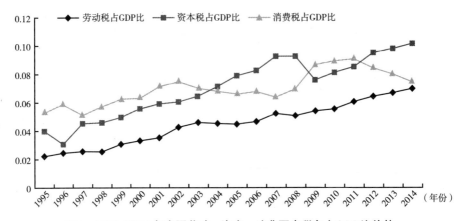

图3 1995~2014年中国劳动、资本、消费要素税负占GDP比趋势

表5 劳动、资本和消费税率的国际比较

国家名称	劳动税率	资本税率	消费税率
德国	0.412	0.233	0.155
法国	0.456	0.355	0.183
意大利	0.466	0.340	0.145
英国	0.278	0.456	0.163
澳大利亚	0.500	0.240	0.196
比利时	0.487	0.424	0.173
丹麦	0.474	0.506	0.349
芬兰	0.487	0.313	0.271
希腊	0.406	0.160	0.154
爱尔兰	0.268	0.207	0.257
荷兰	0.438	0.293	0.194
葡萄牙	0.313	0.234	0.208
西班牙	0.355	0.296	0.144
瑞典	0.559	0.409	0.255
美国	0.281	0.364	0.047
加拿大	0.311	0.381	0.121
日本	0.281	0.322	0.080
中国	0.124	0.31	0.172

资料来源：OECD.Stat。

表6 劳动、资本和消费税收占GDP比的国际比较

国家名称	劳动税收占GDP比	资本税收占GDP比	消费税收占GDP比	总税收占GDP比
德国	0.202	0.053	0.093	0.348
法国	0.225	0.077	0.103	0.405
意大利	0.177	0.108	0.085	0.37
英国	0.140	0.099	0.103	0.342
澳大利亚	0.239	0.057	0.106	0.402
比利时	0.230	0.094	0.094	0.418
丹麦	0.234	0.082	0.149	0.465
芬兰	0.231	0.076	0.125	0.432
希腊	0.132	0.069	0.105	0.306
爱尔兰	0.109	0.077	0.111	0.297
荷兰	0.196	0.070	0.103	0.369
葡萄牙	0.144	0.058	0.120	0.322
西班牙	0.165	0.080	0.083	0.328
瑞典	0.286	0.075	0.122	0.483
美国	0.143	0.087	0.033	0.263
中国	0.0696	0.1015	0.0741	0.2452

资料来源：OECD.Stat。

从表5可以看出，各国劳动、资本和消费课税的差异比较大：美国、日本、英国、加拿大、澳大利亚资本税负相对较高，达到30%~40%，而劳动税负相对较低，为20%~30%，而欧洲大陆各国资本税负相对较低，大约为25%，劳动税负较高，达到35%~45%。而且可能正是由于这两类要素税负水平的差异影响了这两组国家生产中资本和劳动的相对密集率。欧洲具有相对较高的劳动生产率，而美国则具有相对较高的就业率。在消费课税上，美国、日本、加拿大、澳大利亚和瑞士税负较低，为4%~10%，而其他国家则达到了15%~20%。与发达国家相比，中国的劳动税负明显偏低，消费税负和资本税负总体上处于中等偏下水平。

四 实证分析：中国的最优税率估计

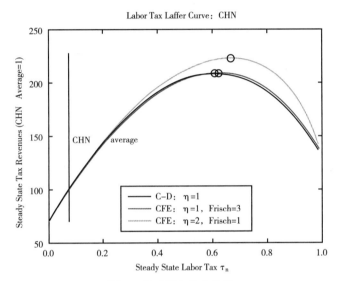

图 4 劳动税负拉弗曲线

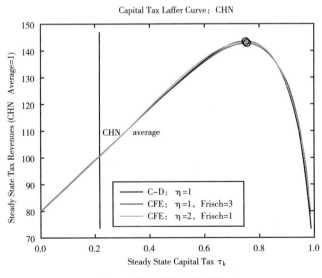

图 5 资本税负拉弗曲线

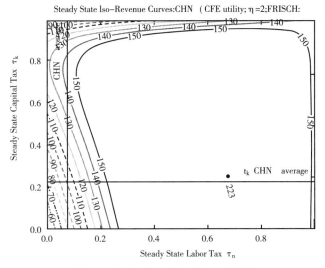

图6　劳动和资本税负联合拉弗曲线

利用在 CFE 偏好下的新古典主义增长模型和 DGE 模型研究中国的拉弗曲线。图 4 表示劳动税的最优税收为 70% 左右；图 5 表示资本税的最优税收为 80% 左右；图 6 表示资本税和劳动税的最优税收组合为（23%，66%）。

五　结论和政策建议

本文根据 Mendoza 公式，对中国劳动、资本和消费平均税率进行详细测算，结果说明资本、劳动和消费平均税率均呈上升趋势。而后，通过新古典主义增长模型的平衡增长路径，采用一般均衡模型定量地分析了中国的劳动所得税和资本收入税的拉弗曲线。结果表明中国资本税和劳动税的最优税收组合为（23%，66%），目前中国的资本税和劳动税的税收组合为（31%，12.4%），通过提高劳动所得税同时降低资本收入税可以提高 40% 的总税收。当然资本税和劳动税的最优税收组合（23%，66%）是一个长期均衡的结果，我们不能一蹴而就，它给出税制改革调整的方向。现在交个税的人很少，只有 2800 万人，占人口总数的不到 2%。随着经济和城市化发展，建议慢慢提高劳动所得税，同时降低资本收入税。

参考文献

Baxter, M., King, R. G., "Fiscal Policy in General Equilibrium", *American Economic Review*, 1993, 82 (3).

Ireland, P. N., "Supply-side Economics and Endogenous Growth", *Journal of Monetary Economics*, 1994 (33).

Jonsson, M., Klein, P., "Tax Distortions in Sweden and the United States", *European Economic Review*, 2003 (47).

Lindsey, L. B., "Individual Taxpayer Response to Tax Cuts: 1982-1984: With Implications for the Revenue Maximizing Tax Rate", *Journal of Public Economics*, 1987, 33 (2).

Mendoza, E. G., Razin, A., Tesar, L. L., "Effective Tax Rates in Macroeconomics: Cross-country Estimates of Tax Rates on Factor Incomes and Consumption", *Journal of Monetary Eco-nomics*, 1994 (34).

Novales, A., Ruiz, J., "Dynamic Laffer Curves", *Journal of Economic Dynamics And Control*, 2002 (27).

Prescott, E. C., "Prosperity and Depression", *American Economic Review*, 2002 (92).

Prescott, E. C., "Why do Americans Work so much more than Europeans?", *Quarterly Review*, Federal Reserve Bank of Minneapolis, 2004.

Schmitt-Grohe, S., Uribe, M., "Balanced-budget Rules, Distortionary Taxes, and Aggregate Instability", *Journal of Political Economy*, 1997 (5).

Yanagawa, N., Uhlig, H., "Increasing the Capital Income Tax may Lead to Faster Growth", *European Economic Review*, 1996 (40).

个人信用评分对信贷配给的优化效应研究

陈昊洁　许　佩[*]

摘　要： 针对信贷过程中产生信贷配给失衡问题，本文通过数理推导证实了个人信用评分能有效优化调节信贷配给偏差问题，对个人信用评分的作用机理进行微观层面的分析；对个人信用评分的效用从信息不对称、逆向选择、道德风险等多个维度进行分析；从信用评分体系角度论证了其对信贷配给的优化效用，并在微观层面，即信用评分指标与样本结构对信贷配给的优化进行分析。

关键词： 信用评分　信贷配给　信息不对称　信用评分优化

引　言

中国个人信用征信系统不完善，商业银行与个人借贷者之间出现了信息不完全、信息不对称的现象。在个人信贷过程中，由于借贷者的信息完善度具有优势，在进行信用贷款时，银行等金融机构易产生逆向选择现象，引发道德风险。

---

*　陈昊洁，中国社会科学院数量经济与技术经济研究所；许佩，哈尔滨工业大学管理学院。

在信贷市场上，配给同样属于一种市场非出清现象。Stiglitz 与 Weiss 于 1981 年提出，信贷配给是指当金融机构提供的信贷利率低于瓦尔拉斯式均衡水平时，信贷需求大于信贷供给，是在这种供求不均衡的情况下存在的一种经济现象，这种经济现象的结果是无法满足所有贷款者需求的，部分贷款者被拒绝。在信贷配给中，王婷、江钰媛认为最主要的难题是如何科学选择贷款者，也就是说，在供不应求的情况下，金融机构应该选择为哪些申请者提供贷款，应该选择拒绝哪些贷款者，个人信用评分恰能解决这一问题。

在信贷配给理论中，Keeton 把信贷配给分为两种类型，即 I 类信贷配给和 II 类信贷配给。前者是指由银行信贷供给有限所导致的全部贷款申请者均只能拿到部分贷款；后者是银行和贷款申请者对信用风险评价存在差异，导致银行只能批准部分申请者的贷款申请，其他贷款申请者被拒绝或者只能满足部分需求的行为。显然，个人信用贷款中存在的信贷配给属于 II 类信贷配给。

供求不均衡是信贷配给形成的根本原因。供求不均衡产生的主要原因在于银行和信贷申请者之间存在的信息不对称，相比较而言，贷款申请者基本掌握了与其还款能力有关的所有信息，且对于将来的还款行为也有一定的把控能力，而银行却无法完全掌握这些信息，甚至有时所掌握的信息是贷款申请者提供的虚假信息，而为了缩小信息不对称，银行所需要付出的监督成本将远远大于机会成本，因此，银行通常无法准确地对信贷申请者的还款能力做出科学的判断，进而出现拒绝满足要求的贷款申请者、批准不符合要求的贷款者或者给予超额贷款等现象，也就是出现信贷不足和信贷过度的现象。

个人信用评分体系的实质是一个输入信息—输出决策的过程，将个人信用的相关信息输入到个人信用评分体系中，个人信用评分体系将基于一定的规则输出这些信息所对应的个人信用决策，判断对应的还款情况。晏艳阳、刘戡和王征认为个人信用评分体系从一定程度上缩小了贷款申请者和金融机构之间的信息不对称，提高了金融机构对信用风险的控制能力。

根据对信贷配给的理论分析，信用评分作为信贷配给的影响因素之一，在个人信贷配给过程中有着权重上的影响。Bogan等人在分析农户信贷配给问题时发现，对农户是否进行信用评分测量，对最后的配给结果有权重上的影响。Turvey在运用需求弹性价格分析时得出，信用评分影响信贷行为，从而影响信贷配给结果。国内也有很多学者对个人信贷配给的影响因素进行分析，得出个人信用评分对信贷配给的影响机理。基于此，本文对于个人信贷过程中产生的信贷配给问题从信贷配给的机理进行了深入的分析，对信用评分的作用命题进行论证，从整体上分析信用评分对信贷配给的优化，以及信用评分指标与样本结构对信贷配给的优化分析。

一　信贷配给机理分析

（一）信息不对称引起的信贷配给

肯尼斯认为，信贷市场中存在着广泛的信息不对称现象。在个人信贷中，信贷申请者向银行提交信贷申请用于个人投资。在这一经济活动中，信贷申请者具有信息优势，能够完全掌握有关自身还款能力的信息，包括个人目前收入及收入在将来可能发生的变动、家庭情况、贷款用途的合理性等，此外，信贷申请者对于还款行为也具有掌控性。当贷款申请者的还款能力降低时，他会选择拒绝偿还贷款，且有时尽管贷款申请者具有还款能力，他也会基于利润最大化的考虑存在拒绝偿还贷款的可能，此时风险即被转嫁给银行。而在这一经济活动中，尽管银行可以通过对贷款申请者的监督调查等方式来降低信息不对称，但是这一监督成本往往会高于贷款所带来的机会成本，基于此，银行会拒绝部分能够满足现行利率条件的借款者。对这一过程的具体分析如下：

在个人信贷活动中，假设贷款利率为r，如果这笔个人贷款的申请者并未违约，则银行可以获得的收益E为：

$$E=1+r \tag{1}$$

当贷款申请者向银行提交贷款申请之后，银行给予贷款的概率为 p，这一概率的临界值为 p^*。银行给予贷款的概率在 $[0,1]$ 上的密度函数为 $f(p)$，对应的分布函数为 $F(p)$。

假定在市场均衡时，提交贷款申请的所有申请者都能够接受 r，且贷款申请都获得了批准，则银行在这一利率下的收益的期望为：

$$E(r) = \frac{\int_0^{p^*}(1+r)pf(p)dp}{\int_0^{p^*}pf(p)dp} = (1+r)\frac{\int_0^{p^*}pf(p)dp}{F(p^*)} = (1+r)\bar{p}(r) \qquad (2)$$

公式（2）对贷款利率进行求导，可得：

$$\partial E/\partial r = \bar{p}(r) + (1+r)(\partial p/\partial r) \qquad (3)$$

其中，$\bar{p}(r) > 0$，代表 r 增大时给银行带来的收入效应，也就是说每当 r 增加 1 个单位，能使 E 减小（$1+r$）（$\partial p/\partial r$）个单位。如下所示：

$$\begin{cases} E(\text{收入}) > E(\text{风险}),则 \partial E/\partial r > 0 \\ E(\text{收入}) < E(\text{风险}),则 \partial E/\partial r < 0 \end{cases} \qquad (4)$$

从而，有

$$\begin{cases} r \to 0, p^* \to 1,则(1+r)(\partial p/\partial r) \to 0,因此 \partial E/\partial r > 0 \\ r \to 1, p^* \to 0,则(1+r)(\partial p/\partial r) \to 1,因此 \partial E/\partial r \leqslant 0 \end{cases} \qquad (5)$$

也就说，在区间 $(0, 1)$ 内，有 r^* 满足

$$\begin{cases} r \leqslant r^*, \partial E/\partial r \geqslant 0 \\ r \geqslant r^*, \partial E/\partial r \leqslant 0 \end{cases} \quad （6）$$

综上所述，银行在开展信贷业务时，往往倾向于会选择一个合理的利率来满足部分贷款申请者的需求，拒绝其他的贷款申请者。而不是制定一个较高的利率满足所有贷款申请者的需求，信贷配给由此而生。

（二）逆向选择引起的信贷配给

"逆向选择"是在信息不对称下所产生的一种市场配置扭曲的现象。在企业信贷市场中，企业申请贷款的目的往往是为了投资，相对而言，进行高风险投资的企业预期收益较高，也愿意承担较高的贷款利率，而进行低风险投资的企业预期收益相对较低，愿意承担的贷款利率也较低。而银行与企业之间存在信息不对称的现象，银行无法完全了解企业进行投资的风险大小，企业在这方面则具有信息优势。在这种情况下，银行会更倾向于愿意付出高利率的企业，从而会出现高风险企业驱逐低风险企业的现象，银行所面临的信用风险也大大增加。为了避免这种现象，银行所采取的措施则是减少对所有企业批准贷款申请的可能，这也导致银行对贷款的供给减少，出现信贷配给。

同理，在个人信用贷款中，也同样会由于信息不对称出现这种逆向选择。本文将从个人效用的角度出发，来分析这种逆向选择行为所造成的信贷配给。

在个人信贷活动中，假设贷款利率为 r，个人贷款申请者以价值 c 的抵押或质押品申请金额为 L 的贷款，并将其用于个人消费或者个人投资等，这一贷款的使用能给申请者带来的效用为 U。再假设银行和个人贷款申请者的效用函数均为 $F(u, \theta)$ 且此函数满足，当 $\theta_1 > \theta_2$ 时，有

$$\int_0^y [F(u, \theta_1) - F(u, \theta_2)] du \geqslant 0 \quad （7）$$

则对于个人贷款申请者而言，有

$$u_c\left(r\right) = max\left\{U + u\left[-\left(1+r\right)L\right], U + u\left(-c\right)\right\}$$
$$= U + max\left\{u\left[-\left(1+r\right)L\right], u\left(-c\right)\right\} \tag{8}$$

对银行而言，有

$$u_b\left(r\right) = min\left[u\left(1+r\right)L, u\left(c\right)\right] \tag{9}$$

也就是说，对于个人贷款申请者，其面临着是否到期还款的选择，若个人信贷申请者选择到期还款，则其效用为 $U + u\left[-\left(1+r\right)L\right]$，银行的效用为 $u\left(1+r\right)L$；若个人信贷申请者选择拒绝偿还贷款，则其要失去抵押物或质押物，其效用为 $U + u\left(-c\right)$，银行获得个人贷款申请者提供的抵押物或者质押物，其效用为 $u\left(c\right)$。

综上，对个人贷款申请者，有

$$E\left(u_c\right) = \int_0^\infty \left\{U + max\left[u\left(-\left(1+r\right)L, u\left(-c\right)\right)\right]\right\}f\left(u,\theta\right)du$$
$$= U + \int_0^\infty max\left\{u\left[-\left(1+r\right)L, u\left(-c\right)\right]\right\}f\left(u,\theta\right)du \tag{10}$$

对银行，有

$$E\left(u_b\right) = \int_0^\infty min\left\{u\left[\left(1+r\right)L, u\left(c\right)\right]\right\}f\left(u,\theta\right)du \tag{11}$$

考虑到当 $\theta_1 > \theta_2$ 时，效用函数满足 $\int_0^\infty \left[F\left(u,\theta_1\right) - F\left(u,\theta_2\right)\right]du \geq 0$，则在确定的 r，一定有 $\hat{\theta}$ 满足 $u_c\left(r\right) = 0$。且当 r 增加时，$\hat{\theta}$ 也会增加，进而高违约风险的个人贷款申请者获得了贷款，低违约风险的个人贷款申请者的贷款申请被拒绝。正是因为这种逆向选择的存在，银行往往选择降低贷款供给，导致"惜贷"现象发生，贷款供给小于贷款需求，信贷配给由此产生。

（三）道德风险引起的信贷配给

在个人信贷中，道德风险的存在也会导致银行选择减小贷款的供给，从而出现信贷配给。个人信贷的道德风险指的是贷款申请者在获得贷款后，由于贷款获得者不负责任，或者贷款获得者不努力工作、贷款用在其他用途上等，这导致其偿贷能力降低，进而导致贷款获得者并未按时偿还贷款的行为。由于道德风险的存在，银行会倾向于提高利率，或者减少贷款供给，从而带来信贷配给。

对于这种信贷风险产生的原因，可以从成本或者效用两个方面来解释。

从成本的角度来看，Jafee 构建了 J-R 模型专门对信贷市场中的道德风险问题进行了研究。该学者将贷款申请者分为两类：诚实的贷款获得者和不诚实的贷款获得者。由于信贷市场中信息不对称问题的存在，银行无法科学地辨别这两类贷款获得者，因此，银行往往会选择某一竞争性利率水平，或者通过减少贷款供给的方式来加强对信贷风险的控制，这种行为也会导致诚实的贷款申请者逐步退出信贷市场，从而带来信贷配给。

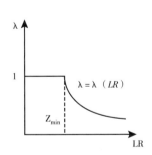

图1 借款人不违约比例函数

具体解释如下：

假定不同贷款获得者的违约成本 C 各不相同，且满足 $C \subset [C_{min}, C_{max}]$，$C^*$ 是不诚实贷款获得者违约与否的分界点，C_{max} 是贷款获得者违约成本中最大的，违约成本为最大时 C_{max} 的贷款获得者不会违约，是诚实的贷款获得者。C_{min} 是不诚实贷款获得者违约成本中最小的，当最小违约成本小于还款额度的时候，即 $C_{min} < P$

时,一定会观察到不诚实贷款获得者的违约行为发生。根据对不诚实贷款获得者的道德属性假定,当违约成本大于还款额度 P,即 $C^*>P$ 时,不诚实的贷款获得者不会违约;当违约成本小于还款额度,即 $C^*<P$ 时,不诚实的贷款获得者必然违约。

从效用的角度来看,假设贷款获得者对于贷款有两类用途:正常购买商品消费和其他非指定的不利于偿还贷款的用途。两类用途发生的概率大小分别为 P_a、P_b,给贷款获得者带来的效用分别为 U_a、U_b。一般而言,有 $U_a < U_b$,$P_a > P_b$,且 $P_a U_a > P_b U_b$,也就是说第一类用途的期望效用较高。

同样,假设贷款利率为 r,个人贷款申请者以价值 c 的抵押或质押品申请金额为 L 的贷款,则对于两类用途,分别有

$$E(u_a) = P_a \{U_a - u[(1+r)L] + (1-P_a)[u(-c)]\} \qquad (12)$$

$$E(u_b) = P_b \{U_b - u[(1+r)L] + (1-P_b)[u(-c)]\} \qquad (13)$$

若 $E(u_a) = E(u_b)$,则有

$$\frac{P_a U_a - P_b U_a}{P_a - P_b} = u[(1+r)B + u(-c)] \qquad (14)$$

此时,可获得 $E(u_a) = E(u_b)$ 时的利率 r^*。

当 $r < r^*$ 时,$E(u_a) > E(u_b)$,贷款获得者会选择第一类用途;当 $r < r^*$ 时,$E(u_a) < E(u_b)$,贷款获得者会选择第二类用途,此时道德风险就会发生。也就是说银行采用的竞争性利率水平会使贷款获得者出现违约的可能性增加,银行面临的信用风险增加,因此,银行会选择减小信贷供给,信贷配给由此产生。

二 个人信用评分效用分析

命题 1:银行为了在降低信贷风险的同时实现效用最大化,会对贷款申请者进行选择,设定阈值 p^*,拒绝违约概率大于 p^*($0 < p^* \leq 1$)贷款申请者。对假设

进行证明如下：

在个人信贷评估中，假设贷款申请者的违约概率为$P \in [0,1)$，且该违约概率为连续的，密度函数为$f(p)$。其所申请的贷款额为$L(p)$，银行最终收回的总金额为$R(p)$。根据命题1，对于这样的贷款申请者，银行的决策为：

$$\begin{cases} 银行给予贷款, 当借款人违约概率\ p < 银行可接受的违约概率p^* \\ 银行不给予贷款, 当借款人违约概率\ p \geqslant 银行可接受的违约概率p^* \end{cases} \quad (15)$$

此时，在这一阈值p^*下，银行的目标为实现收益的最大化，即

$$\max_{p,L,p^*} \int_0^{p^*} [(1-p)R(p) - L(p)]f(p)d(p) \quad (16)$$

约束条件为：

$$s.t.\ V[L(p)] - (1-p)R(p) - pd \geqslant 0, for\ 0 \leqslant p \leqslant p^*, L(p) \geqslant 0 \quad (17)$$

定义银行的效用函数$U(p)$为：

$$U(p) = V[L(p)] - (1-p)R(p) - pd \quad (18)$$

对$L(p)$和P分别求导并代入公式（17）中，有

$$U'(p) = R - d = [V(L) - U - d]/1 - p \quad (19)$$

此时，银行的目标，即公式（16）可以转换为：

$$\max_{p,L,p^*} \int_0^{p^*} [v - pd - U - L]f(p)d(p) - \int_0^{p^*} \lambda(p)[U'(1-p) - V + U + d]dp$$

$$= \int_0^{p^*} [v - pd - U - L]f(p)dp + \int_0^{p^*} \lambda[V - U - d]dp - [\lambda(p)U(1-p)]\Big|_0^{p^*} +$$

$$\int_0^{p^*} [(1-p)\lambda' - \lambda]UdU \quad (20)$$

对公式（20）中的 $L(p)$ 和 P 分别求导，可以得到银行目标最大化的条件为：

$$(1-p)^2\lambda = \int_0^{p^*}(1-\alpha)f\alpha d\alpha \qquad （21）$$

再对公式（20）中 p^* 求导，有

$$L(p)Ln[1+(1-p^*)^2] \quad \frac{1}{(1-p^*)^2}+\frac{1-(1-p^*)^2}{(1-p^*)^2+1}+ \qquad （22）$$

$$\left[\frac{1}{(1-p^*)^2}-1\right]d\left(\frac{3}{2}L-1\right)+\frac{(p^*)^3-3(p^*)^3}{2(1-p^*)^2}c=0$$

根据公式（22），有

$$\left[\frac{1}{(1-p^*)^2}-1\right]d\left(\frac{3}{2}L-1\right)+\frac{(p^*)^3-3(p^*)^3}{2(1-p^*)^2}c<0 \qquad （23）$$

从而可以得出最优条件为：

$$[8p^*-4-3(p^*)^2]d+[(p^*)^2-3p^*]c<0, p^*(0<p^*\leq1) \qquad （24）$$

如公式（24）所示，不同的 P 对应着不同的阈值 P^* 带入 c 值，即可求出阈值的大小。如假设 $c=0$，则 $L(p)=0$，$R(p)=0$，有 $p^*<\frac{2}{3}$。

综上所示，银行为了实现效用最大化，只会选择 $p<p^*$（$0<p^*\leq1$）的贷款申请者，假设 1 成立。

命题 2：个人信用评分可以实现贷款违约预警。也就说，个人信用评分与真实的个人违约概率存在相关性。假设证明如下：

假设在个人信贷中，贷款申请者最终违约的概率为 P_{CR}，而 P_{CR^*} 是 P_{CR} 的隐性变量，其中 P_{CR^*} 为：

$$P_{CR*} = X_i \theta_1 + \varepsilon_{1i} \tag{25}$$

上式中，θ_1 为待估参数，X 为影响贷款申请者违约的外生变量。

同理，假设贷款申请者对应的真实的个人信用评分为 CR，而 CR^* 是 CR 的隐性变量，其中 CR^* 为：

$$CR^* = S_i \theta_2 + \varepsilon_{2i} \tag{26}$$

上式中，θ_2 为待估参数，S 为影响个人信用评分的外生变量。此外，在公式（25）和（26）中，有 $[\varepsilon_{1i}, \varepsilon_{2i}] \in N[0,0,1,1,\rho]$，其中 ρ 为方程间残差相关系数。

则对于 P_{CR*} 和 CR^* 有

$$P_{CR*} = \begin{cases} 1, 如果 P_{CR*} > 0 \\ 0, 如果 P_{CR*} \leq 0 \end{cases} \tag{27}$$

$$CR^* = \begin{cases} 1, 如果 CR^* > 0 \\ 0, 如果 CR^* \leq 0 \end{cases} \tag{28}$$

根据个人信贷的实际过程，可知当 $CR=1$ 时，P_{CR*} 才能被观察。

构建 log-likelihood 方程，如下

$$LnL = \sum_{i=1}^{N} \{P_{CR*} \times CR \times ln\, F_2(X\theta_1, S\theta_2, \rho) + (1 - CR) \times lnF(-S\theta_2)\}$$

$$+ (1 - P_{CR*}) \times CR \times ln[F(S\theta_2) - F_2(X\theta_1, S\theta_2, \rho)] \tag{29}$$

其中，F 和 F_2 分别是正态分布和二元正态分布的累积概率分布函数。根据苟琴、黄益平（2014），Drakos K、Giannakopoulos N.（2011）的研究，采用完全信息最大

似然估计法估计参数 θ_1 和 θ_2 可以得出，个人信用评分与信贷配给具有相关关系。

因此，通过假设 1 的证实分析，银行为了实现效用最大化，只会提供货款给违约概率为 p^*（$0 < p^* \leqslant 1$）的借款人，同时，通过对假设 2 的证实分析，个人信用评分对个人信贷违约有相关关系，可以得出，通过个人信用评分方法的使用，提高对信用违约概率的评测和预警，可以为银行更好地实现效用和利润的最大化。

三 信用评分对信贷配给的优化效应分析

（一）个人信用评分可调节优化信息不对称引起的信贷配给

对于信息不对称所带来的信贷配给，本节将从供给和需求的角度进行分析，具体分析如下。

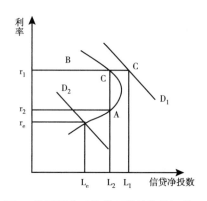

图2 信用评分对信贷配给的优化调节图

如图 2 所示，假设在不存在信贷配给的情况下，银行可提供的贷款供给为 L_1，市场上的贷款需求曲线为 D_1，供求曲线的交点为市场均衡点，此时市场上的均衡贷款量为 L_1，均衡利率为 r_1。

在信息不对称条件下的银行信贷配给中，银行会选择一个较低的利率来提供贷款供给，也就是说，信贷配给使信贷市场中的供给曲线发生了变化，此时会导致市场中存在供不应求的现象，$L_1 \sim L_2$ 个贷款需求者无法获得贷款。

在加入个人信用评分之后，银行会对贷款申请者的还款能力等因素进行科学评估和判断，拒绝信用评分较低的不良用户。也就是说，个人信用评分将使贷款需求曲线由 D_1 移动到 D_2，此时的供求曲线的交点为 r_e 和 L_e。

对比加入个人信用评分后的信贷市场，有 $r_e < r_1$，$L_e < L_1$，均衡利率和均衡贷款均有所降低，且相对而言，银行的收益 $L_e(1+r_e) < L_1(1+r_1)$。尽管银行的利润有所降低，但是市场可以达到均衡配置，银行面临的信用风险也大大减小。此外，个人信用评分有助于提高银行对高违约风险客户的鉴别能力，增加了对符合条件用户的贷款，提高了信贷市场效率，实现了对信息不对称带来的信贷配给的优化调节。

（二）个人信用评分可调节优化逆向选择引起的信贷配给

在逆向选择的情况下，当 $\theta_1 > \theta_2$ 时，效用函数满足

$$\int_0^\infty [F(u, \theta_1) - F(u, \theta_2)]du \geq 0 \qquad (30)$$

也就是说，当 u 增加时，$\hat{\theta}$ 也会增加，进而高违约风险的个人贷款申请者获得了贷款，低违约风险的个人贷款申请者的贷款申请被拒绝。正是因为这种逆向选择的存在，银行往往选择降低贷款供给，导致"惜贷"现象发生，贷款供给小于贷款需求，信贷配给由此产生。而在加入个人信用评分之后，尽管有些贷款申请者能够提供的 θ 较小，但是其信用得分较高，银行会倾向于给这类用户提供贷款，这部分贷款申请者将不会被逐出信贷市场，银行可以正常提供贷款供给。由逆向选择带来的信贷配给得到了优化调节。

（三）个人信用评分可调节优化道德风险引起的信贷配给

一般来说，个人信贷市场上存在两类道德风险，第一类是指贷款获得者将信贷用于高风险的非指定用途，第二类是指贷款获得者在违约成本较低时将选择违约。

加入个人信用评分之后，信用评分使均衡利率 r^* 和实际利率 r 的距离拉大，客户因利率升高而产生第一类道德风险的概率将会降低。当 r^* 和 r 的间的距离拉开得足够大时，那么客户发生第一类道德风险的可能将被完全消除。

对于第二类道德风险，银行对个人信用评分较低的贷款申请者要求提供更高价值的抵押物或者质押物，此时，贷款获得者的违约成本增加，其选择第二类道德风险的可能性降低。

因此，个人信用评分的存在可以降低第一类道德风险和第二类道德风险发生的概率，从而调节优化道德风险带来的信贷配给。

四 信用评分指标与样本结构对信贷配给的优化分析

以上研究表明，个人信用评分能有效调节信贷配给产生的均衡问题，促进信贷市场的资源进行有效配置，同时也有助于降低银行面临的信用风险。从上文的分析中，可以得出个人信贷配给主要是由三个原因引起的：信息不对称、逆向选择和道德风险下的个人信贷配给。

(一) 样本指标的有偏性分析

针对实现客户违约率最小化目的，征信机构需要收取个人信息数据以及相关信贷数据（包括参加工作年限、所属单位性质、信贷历史记录、可支配收入、资产情况等）；针对优化客户管理目的，征信机构在分析前面已采集的数据基础之上，还要针对客户的还款以及贷款使用情况进行数据采集，例如客户账户平均余额、违约次数、款项去向等；针对实现利润最大化目的，征信机构需要更复杂的数据采集和更详细的数据分析，除了要对多个宏观经济变量进行观察之外，还要针对客户的交易信息、消费特征、相关商业收费状况等多个方面进行数据采集。

一般情况下，这些所需数据可以从下面四个渠道进行采集。其一是金融机构和其他授信机构。金融机构和其他授信机构（主要是其中的消费信贷机构或部门）

一般能为消费者提供多种信贷服务和信用产品,它们因此获取的大量客户的消费数据、付款数据、还款数据最为真实。因此这些消费信贷机构或部门成为优质和可靠的信用数据来源。以美国为例,美国征信机构所采集到的个人信用数据大部分就来源于消费信贷机构。其二是第三方数据处理公司。这类公司通常会为分析消费者的社会行为或经济行为而收集相关数据,因此也成为个人信用数据的主要来源之一。其三是消费者查询行为。很多客户由于好奇或为了开展新的生活规划,常常主动查询自己的信用档案,以了解和掌握自己的信用记录。他们的信用查询行为也成为衡量个人信用的征信数据之一。其四是公共记录。政府机构公开公布的政府记录或数据也是必须关注的个人信用数据来源。这类数据通常揭露客户的偷税、漏税、欠税等行为,从反面提供了数据来源。

但是由于数据来源范围广泛,相关机构或部门进行数据采集时所采用的统计口径往往不一致,征信机构收集到的个人信用数据不能直接带入模型进行计算,而需要对数据进行预处理,避免因为数据的缺失、异常、统计口径不一、噪声数据的干扰等情况造成个人信用评分的偏差。通过数据预处理,可以有效改善所收集数据的质量,提高个人信用评分的准确程度和有效性,提升决策制定的效果。方法为:根据对个人信用评分目的,按照一定规则删除或处理不合格数据;将数据的格式和属性根据模型和计算方法的要求进行标准化转换和规范化转换,成为适合建模和计算的数据格式。

(二) 指标权重对信贷配给的优化

根据上述个人信用评分系统优化目标,首先要解决评级系统中存在的个人信贷配给问题。而数据指标权重均衡则能够有效解决信息不对称引起的信贷配给。

在经济活动中,信贷申请者具有信息优势,能够完全掌握有关自身还款能力的信息,包括个人目前收入及收入在将来可能发生的变动、家庭情况、贷款用途的合理性等,此外,信贷申请者对于还款行为也具有掌控性。当贷款申请者的还款能力降低时,他会选择拒绝偿还贷款,且有时尽管贷款申请者具有还款能力,他也会基于利润最大化的考虑存在拒绝偿还贷款的可能,此时风险即被转嫁给银行。这些信息反映在数据指标方面，如果对所有指标进行无区别监控，监督成本往往会高于贷款所带来的机会成本，基于此，银行会拒绝部分能够满足现行利率条件的借款者，造成个人信贷配给的发生。因此，银行对于借款人的信用评级监管应该是有侧重的调查、有权重的分析。这样才能降低信息不对称引起的个人信贷配给。

个人信用评分体系中，加入对指标权重的优化分析后，个人信贷市场均衡利率和均衡贷款均有所降低，且相对而言，尽管银行的利润有所降低，但是市场可以达到均衡配置，银行面临的信用风险也大大减小。此外，个人信用评分过程中对指标权重的优化分析有助于提高银行对高违约风险客户的鉴别能力，增加了对符合条件用户的贷款，提高了信贷市场效率，实现了对信息不对称带来的信贷配给的优化调节。

（三）样本容量对信贷配给的优化

"逆向选择"是在信息不对称下所产生的一种市场配置扭曲的现象。在个人信贷市场中，银行在对个人贷款申请进行审核时，与申请者之间存在信息不对称的现象，银行通过个人信用评分模型的模拟分析，了解个人违约的风险大小。在这种情况下，如果个人信用评分的学习样本容量过小的时候，训练样本的匹配性减低，即在样本中无法找到最契合的样本与新样本对比分析，便会造成评分精度的不准确，在评分的过程中出现错判的概率增大，此时，银行便会把贷款发放给不合格的申请人而非合格的申请人，造成逆向选择，引发个人信贷配给。但是，如果学习样本容量过大，在进行训练样本的匹配评分过程中，会大大增加成本，造成银行信用评级监管成本浪费。此种情况下，高违约风险的个人贷款申请者获得了贷款，低违约风险的个人贷款申请者的贷款申请被拒绝。正是因为这种逆向选择的存在，银行往往选择降低贷款供给，导致"惜贷"现象发生，贷款供给小于贷款需求，信贷配给由此产生。因此，找到合适的样本容量规模有助于解决逆向选择引起的个人信贷配给。

（四）样本配比对信贷配给的优化

在个人信用评分系统中，样本配比偏差将导致道德风险概率的增加。个人信贷的道德风险是指贷款申请者在获得贷款后，由贷款获得者不负责任，或者贷款获得者不努力工作、贷款用在其他用途上等因素导致其偿贷能力降低，进而导致贷款获得者并未按时偿还贷款的行为。由于道德风险的存在，银行会倾向于提高利率，或者减少贷款供给，从而带来信贷配给。

因此，在评分过程中，好样本比坏样本的比例过大时，评分结果会出现"过度优化"问题，银行根据评分结果过度发放贷款，会造成贷款获得者不按时偿还贷款的行为风险增大，引发道德风险，最终引起银行贷款供给减少，产生个人信贷配给问题。然而，当好样本比坏样本比例过小时，评分结果严重失真，银行紧缩贷款金额，会造成利润损失。

在对样本配比进行优化后，个人信用评分使均衡利率和实际利率的距离拉大，客户因利率升高而产生第一类道德风险的概率将会降低，客户发生第一类道德风险的可能将被完全消除。而对于第二类道德风险，银行对个人信用评分较低的贷款申请者要求提供更高价值的抵押物或者质押物，此时，贷款获得者的违约成本增加，其选择第二类道德风险的可能性降低。因此，合适的样本配比能有效规避道德风险引起的个人信贷配给。

综上，在个人信用评分体系中，通过指标权重的优化、样本容量的优化、样本配比的优化将有效抑制信息不对称、逆向选择、道德风险引起的个人信贷配给。

五　结论

在信贷过程中，由于借贷者个人在向银行等金融借贷机构申请贷款时，或银行对借贷者进行信用监管的过程中，往往会出现由于信息不对称、逆向选择等问题引起的个人信贷配给错位现象，导致银行优质贷款未达到最优发放比率，高风险贷款增加引致违约风险概率增加。本文深入分析了信贷配给问题产生的原因、机理，以及信用评分在控制信贷配给偏差中的作用和效用，并从样本指标以及结构的微观层面进行分析，得出信用评分能够有效控制、管理个人信用风险，解决信贷配给引起的经济问题。

参考文献：

苟琴、黄益平：《中国信贷配给决定因素分析——来自企业层面的证据》，《金融研究》2014年第8期。

黄伟宏：《信息不对称状况下的信贷配给》，《上海金融》2011年第9期。

任建军：《信贷配给理论发展、模型与实证研究》，《金融论坛》2009年第4期。

苏峻、何佳：《关系型信贷：一个机遇信贷配给的模型》，《数学的实践与认识》2011年第41期。

王婷、江钰媛：《从微观角度研究信贷配给》，《中国集体经济》2015年第36期。

晏艳阳、刘戈：《经济学层面上的道德、信任、信用与征信》，《财经理论与实践》2006年第3期。

Bogan V L, Turvey C G, Salazar G, 2015, "The Elasticity of Demand for Microcredit; Evidence from Latin America", *Development Policy Review*, 33(6), 725~757.

Conning J, Udry C, 2007, "Rural financial markets in developing countries", *Handbook of Agricultural Economics*, 3, 2857~2908.

Drakos K, Giannakopoulos N, 2011, "On the determinants of credit rationing: Firm-level evidence from transition countries", *Journal of International Money and Finance*, 30(8), 1773~1790.

Jaffee D M, Russell T, 1976, "Imperfect information, uncertainty, and credit rationing", *The Quarterly Journal of Economics*, 90(4), 651~666.

Keeton W R, 1979, Equilib Credit Ration, Dissertations-G

Stiglitz J E, Weiss A, 1981, "Credit rationing in markets with imperfect information", *The American economic review*, 71(3), 393~410.

Turvey C G, He G, Kong R, 2011, "The 7 Cs of rural credit in China", *Journal of Agribusiness in Developing and Emerging Economies*, 1(2), 100~133.

珠三角科技与社会发展协调性评价[*]

珠三角科技与社会发展协调性评价[*]

贾品荣^{**}

摘　要： 本文分析区域科技和社会的协同性机理，建立区域科技发展指数、区域社会发展指数；在此基础上，建构区域科技与社会协调发展指数模型，并选择珠三角地区进行区域科技与社会协调发展的实证分析。结果显示，珠三角地区九市可以分为三大主要协调组：深圳为高协调组，广州、佛山与东莞组成中协调组，中山、惠州、珠海、江门和肇庆为失调组。这表明珠三角地区的科技与社会发展有着明显的不均衡特征。通过对珠三角地区驱动因素分析，发现高协调区域的共有特点是具有较高的科技发展水平，低协调区域社会发展缺乏科技支撑，从而导致科技与社会难以协调发展。最后，进一步提出促进珠三角地区科技与社会协调发展的对策建议。

关键词： 区域科技　区域社会　珠三角地区经济　协调评价

　＊　基金项目：国家软科学计划重大项目，项目编号：GXS1D003。

　＊＊　贾品荣，南开大学经济学博士、博士后，北京科学学研究中心学术委员会委员，副研究员，主要研究方向：技术经济与管理。

一 引言

作为 STS（科学、技术、社会）的研究对象，科学、技术、社会都具有一定的数量关系，而要准确把握科学、技术与社会之间的关系，就需要确定这些研究对象的量的规定性，这就应采用定量研究。当前，已有一些关于科学、技术与社会的定量研究。定量研究重点是科技与经济的关系，尤其是对科技促进经济增长作用的定量研究。杨建仁对中部六个省会城市科技与社会的关联进行了实证研究，进行了两者关系相关分析和因果关系检验，发现了科技与社会之间的线性相关性与因果关系，验证了它们的关联。董晔、安尼瓦尔·阿木提构建了新疆科技进步和经济社会发展水平的评价指标体系，对"九五"以来新疆科技与经济社会协调发展状况进行了定量研究。张磊从系统的角度对区域创新系统与区域经济发展之间的协调性进行了分析，系统地阐述了两者协调的基本内涵、主要特征、协调所需要的外部条件以及相互作用机制。张维维动态监测了中国经济社会协调发展水平。

然而，从目前来看，研究文献偏向于科技与经济的研究，对社会的研究没有深入到生态环境、生活质量等层面，缺乏对省市区层面的比较研究。这样看来，缺乏将科学技术与社会置于统一的框架结构中并将科技发展与社会发展密切结合起来的系统研究。因此，积极拓展科技与社会的研究领域，采用先进的数理统计方法对区域科技与社会的关系进行定量研究，就具有重要意义。本文分析了区域科技和社会的协同性机理，建立了区域科技发展指数、区域社会发展指数，在此基础上，建构区域科技与社会协调发展指标体系，并选择珠三角地区进行了区域科技与社会协调发展的实证分析。

二 区域科技与社会发展协调性机理

区域科技和社会发展协调性机理是指在保持区域科技和区域社会系统要素均

衡发展的同时，围绕区域整体发展目标，充分利用和促进科技和社会之间的交互作用，实现区域发展的整体优化。区域科技与区域社会协调性机理见图1。

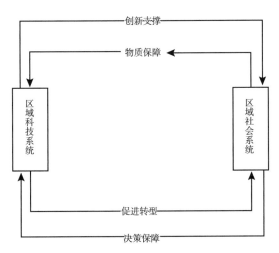

图1　区域科技与区域社会协调性机理

要点之一：区域社会对区域科技发展提供物质保障。区域社会对区域科技的协同作用主要体现在区域社会为区域科技的进步和发展提供必要的人力、物力和财力支持。区域科技的发展是依赖科学共同体推动的，科学共同体是区域科技活动的主要和直接参与者，其所创造的科技思想所演化的科技生产力是推动区域社会发展进步的直接力量。在区域科技和区域社会的协同中，区域社会为区域科技发展所提供的物质保障是区域科技系统实践所必需的重要前提。在区域社会与区域科技的互动机制中，区域社会教育为区域科技的科学共同体提供教育输入，为区域科技供给人才、提供人力支持；区域社会经济则为区域科技的发展提供经济补偿和物质资助，为区域科技的发展提供财力支持；区域社会管理则为区域科技发展提供必要的决策、物力支持，通过对区域科技共性关键技术问题的解决，实现协同合作与优势资源互补。

要点之二：区域社会为区域科技发展提供制度决策保障。区域社会系统要素的政府及其他相关公共部门通过税收、金融支持、产业政策、人才政策以及专项计划等相关政策供给为区域科技发展提供制度引导和决策咨询。区域社会能够充分发挥宏观调控和协调作用，尤其是在新科技产生、发展的初级阶段，这不仅有效地调节了区域科技系统内部要素之间的关系，同时也协调并发展了区域社会与区域科技之间的相互作用。由于新事物的产生、发展需要经历一个漫长的阶段，其中不乏艰难和倒退的情况，在这种情况下，区域科技很难通过自身得以完全自主的发展，很难通过市场机制自发地诱导企业投资。这需要政府结合区域实际情况，发挥行政干预的作用，以适当的决策制度和咨询机制为手段，协调区域科技与其他系统要素之间的关系，引导科学共同体进行合作，尤其是推动研究机构的知识和技术向中小企业转移，沟通知识生产力和现实生产力发展，保障增加高校科技创新人才的输出机制，促进系统各主体间的协同创新发展。

要点之三：区域科技系统为区域社会系统核心竞争力的提升提供创新支撑。区域科技系统所包含的研究机构包括高等院校、科研院所等，是知识创造、技术研发和人才培养的重要载体，是区域社会进步最重要的创新资源。区域社会的竞争是综合实力的竞争，这种竞争的核心来源于科技创新资源。科技创新资源既包括人才供给，也包括高新技术、研究成果的供给。通过科技系统要素，包括共建实验室、中试基地、企业技术中心、孵化中心等多种方式，实现区域科技系统与区域社会系统的协同发展；通过区域科技系统为区域社会系统的核心竞争力提供科技力量。区域科技系统中的科技研究机构所构成的协同创新网络能够降低交易成本和网络合作风险，是区域科技实现创新的有效方式；而区域科技的创新能够推动科技的革新，在带动区域科技发展的同时，也能够促进区域社会进步。

要点之四：区域科技系统能促进区域社会系统转型。社会系统的供求矛盾包括市场自发的供需矛盾，也包括科技系统中的其他要素，例如技术中介、风险投资组织、科技市场、行业协会、行业学会、技术转移中心、生产力促进中心等信息不对称所造成的科技供求矛盾。区域社会系统的风险性和复杂性特征决定了区域社会系统在自身发展壮大过程中的艰巨性，除了需要相应的市场经济能量外，区域科技系统的创新也是一个重要的核心竞争因素。区域科技系统通过对资源自然性的不均分配的协调，通过提高资源使用率，从根本层面上解决区域社会系统因为自发市场带来的供求矛盾和信息不对称问题。在区域科技系统与区域社会系统的协同创新网络中，区域科技系统的"黏合"和"纽带"作用，促进了知识和技术的转移和扩散，推动了技术成果的产业化，解决了区域社会系统内部的供需矛盾，带动了区域社会发展和核心竞争力的强化。

三　区域科技与社会发展的协调性评价模型

区域科技与社会协调性评价包括建构区域科技发展指数、区域社会发展指数，本文在此基础上，研究区域科技发展与区域社会发展的相关性，建立区域科技与区域社会发展协调性评价模型。

（一）区域科技发展指数

区域科技发展系统可分为三个考察模块：科技投入、科技产出、科技对社会的影响。科技投入、科技产出两个模块体现国际关注原则，科技投入与产出是科技活动的两个重要方面，是区域科技发展的最直接反映。科技对社会的影响模块体现全面发展原则。全面发展的内涵要求科技进步的成果能够全面惠及社会。本文根据全面、协调与可持续发展要求和科学发展内涵，以国际权威机构经典观点的高频指标为重点，结合文献梳理和专家意见，建立了区域科技发展评价指标体系。

——区域科技投入。主要是指一个地区科技人才、资金、设备等各项科技资源投入的数量。本文从区域科技的 R&D 经费、科技活动人员两方面进行评价。

——区域科技产出。主要是区域科技通过科学技术活动得到的科技成果。本文选择专利授权量、高新技术产业出口额、高新技术产业总产值共 3 项评价指标。

——区域科技对社会的影响。区域科技发展对社会的影响，反映的是科技进步对社会产生的增量，体现科技促进经济转型和社会进步。本文主要从工业固体废物综合利用率、工业废水达标排放率、邮电业务总量、百人固定电话和移动用户数、公共图书馆与博物馆数、社会劳动生产率、万元 GDP 综合能耗等 7 项指标衡量。工业固体废物综合利用率、工业废水达标排放率反映区域科技发展与生态环境的和谐水平、可持续发展能力，进一步体现了环保科技对社会的影响；邮电业务总量、百人固定电话和移动用户数反映信息科技对社会的促进作用；公共图书馆与博物馆数反映文化科技对社会的促进作用；社会劳动生产率是反映劳动力要素产出效率的重要指标；万元 GDP 能耗反映能源利用效率的高低以及经济发展的可持续性程度，衡量区域经济增长方式转变情况。

基于以上分析，本文构建了区域科技发展评价模型。

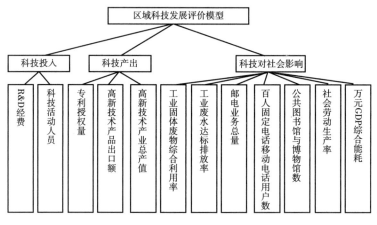

图2　区域科技发展评价模型

（二）区域社会发展指数

区域社会发展的最高标准是经济的发展和人类本身的全面发展。评价区域社会的发展应以经济发展水平和人的全面发展为中心来构筑区域社会评价指标体系框架。

区域社会的第一层关系为区域社会的发展必须依托于一定的经济发展环境。具体衡量指标为人均 GDP、城镇居民可支配收入、农民人均纯收入、城乡居民储蓄总额、第三产业占 GDP 比重等 5 个方面。

区域社会的第二层关系表现为区域社会自身内部各个要素之间的关系，这个关系细分开来可以分为四个层面。

——区域社会发展的平台支撑：生态环境。唯物史观认为，人类历史是通过物质生产劳动创造出的历史，由此形成的物化的社会关系结构既是人与人的关系组成的社会系统，也是人与自然的关系形成的生态系统，两者是同一事物的两个方面。这就说明生态环境对于区域社会发展的重要性。生态环境的考核衡量指标主要包括：垃圾无公害处理率、污水处理率、城市人均绿化面积3个方面。

——区域社会发展的主体要素：人口素质。作为区域社会发展主体的人，其素质的提高对于区域社会的发展有着密切关系和重大意义。衡量指标主要包括高等教育在校人数、每万人拥有科技人员数、每万人在校大学生数3个方面。

——区域社会发展的主要内涵：生活质量。区域社会的发展是最终服务于人类的长远利益，因此判定区域社会发展的重要指标就是人类的基本生活质量。衡量指标主要包括城镇恩格尔系数、城镇人均住房面积、人均生活用电量、每万人口卫生技术人员数量4个方面。

根据上述分析，本文建构"四系统"的区域社会发展评价模型。所谓"四系统"是指除经济环境系统外，把区域社会内部细分为三个系统：生态环境系统、人口素质系统、生活质量系统。

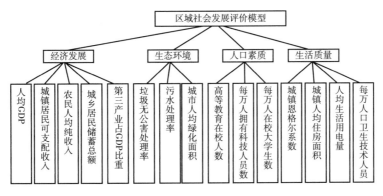

图3　区域社会发展评价模型

（三）区域科技与社会发展协调性评价模型

1. 协调性评价的定义

区域科技发展与社会发展的协调性评价是研究区域科技发展与区域社会发展的相关性。协调性评价是以系统论为指导，在复杂大系统内对各子系统的协同行为产生出的超越各要素自身的单独作用进行考量，以形成对整个系统的统一作用和联合作用为目标，取长补短以促进各子系统在复杂大系统内的有机融合。

对于区域科技系统而言，协调性评价对于区域技术创新协同研究以及区域内技术创新资源的整合、加快区域内技术创新的有序扩散、形成区域技术创新协同网络，并最终形成地区甚至国家级的创新簇群，具有重要的意义；而对于社会系统而言，协调性评价对于区域社会的经济、政治、文化发展、公共决策的制定、公共利益的协调以及区域公众社会参与等方面也有促进和完善作用。

2. 协调性评价的方法

本文运用因子分析法对区域科技与区域社会发展进行量化处理。因子分析法能够将相关比较密切的几个变量归在同一类中，以较少的几个因子反映原始资料的大部分信息，从而达到分析的目的。

通过对科技与社会两大系统相互作用的分析可知，二者的协调发展最终追求的是实现相互促进、共同发展的互动状态，$T(x)$ 和 $S(x)$ 正向发展趋势的相关性越大，表明两者之间的关系越协调。根据这种思想，本文在二者协调度的评价上选用相关分析方法，以 $T(x)$ 和 $S(x)$ 的得分作为自变量定义二者协调度评价函数为：

$$C = \left[\frac{T(x) \times S(x)}{(T(x) + S(x)/2)^2} \right]^K \tag{1}$$

其中，C 为协调度（$0 \leq C \leq 1$），K 为调节系数（$K \geq 2$），C 反映了区域科技与社会发展协调性的数量程度。C 越接近 1，说明区域科技与社会发展协调性越高；反之，协调性越低。

协调度 C 仅仅反映了系统的协调程度，并不能反映出系统所处的发展水平，因此，本文在此基础上将协调度与系统发展水平的高低进行综合，进一步表明系统中区域科技与社会发展的协调度，用 C_D 表示：

$$C_D = \sqrt{C \times (\alpha T(x) + \beta S(x))} \tag{2}$$

其中 α，β 均为待定系数，且满足 $\alpha + \beta = 1$。基于上述研究和分析，本文根据协调度 C_D 值的大小将区域科技与社会发展的协调程度划分为 5 个等级。

表1 区域科技与社会发展的协调程度

C_D值	0~0.2	0.2~0.4	0.4~0.6	0.6~0.8	0.8~1.0
协调度等级	严重失调	低度失调	初级协调	中度协调	高度协调

四 数据处理及指标权重

（一）数据标准化处理

为了解决数据大小与量纲对评估结果的影响，本文首先对选取的指标进行标准化处理。需要说明的是，所选指标对系统有正向影响，则采用公式（3）进行标准化；反之，则采用公式（4）进行标准化。

正向指标：$C_{ij} = (X_{ij} - \min X_i)/(\max X_i - \min X_i)$ （3）

负向指标：$C_{ij} = (\max X_j - X_{ij})/(\max X_j - \min X_j)$ （4）

$\max X_j$ 是指标最大值，$\min X_j$ 是最小值。C_{ij} 是标准化后的值。

（二）指标权重的确定

本文采用信息熵方法来计算各指标的权重，因为这种方法由数据驱动，这就意味着由此方法得到的结果完全依赖于数据本身，避免权重计算的主观性。具体计算过程如下：

指标标准化：

$$Y_{ij} = X_{ij} / \sum\nolimits_{i=1}^{m} X_{ij} \tag{5}$$

每个指标的信息熵：

$$e_j = -1/\ln m \sum\nolimits_{i=1}^{m} (Y_{ij} \times \ln Y_{ij})(0 \leqslant e_j \leqslant 1) \tag{6}$$

熵冗余：

$$d_j = 1 - e_j \tag{7}$$

每个指标的权重：

$$W_j = d_j / \sum\nolimits_{j=1}^{n} d_j \tag{8}$$

其中 n 是每个系统中指标数，m 为年数。i 和 j 分别代表年份和指标。

五　珠三角地区科技与社会发展协调性评价

（一）指标权重

本文采用 2009~2013 年珠三角地区（包括广州、深圳、珠海、佛山、惠州、东莞、中山、江门和肇庆）的数据，数据来源为历年《中国统计年鉴》、各地方统计公报以及各地方统计年鉴。计算指标的权重值结果如表 2 和表 3 所示。

表2　区域科技发展的指标权重

准则层	指标层	指标权重
科技投入	R&D经费	0.6295
	科技活动人员	0.3705
科技产出	专利授权量	0.3282
	高新科技产品出口额	0.4776
	高新技术产业总产值	0.1942

准则层	指标层	指标权重
科技对社会影响	工业固体废物综合利用率	0.0070
	工业废水达标排放率	0.0001
	邮电业务总量	0.5527
	移动电话年末用户数	0.3232
	公共图书馆与博物馆数	0.0084
	社会劳动生产率	0.0758
	万元GDP综合能耗	0.0327

表3　区域社会发展的指标权重

准则层	指标层	指标权重
经济发展	人均GDP	0.1856
	城镇居民可支配收入	0.3116
	农民人均纯收入	0.3059
	城乡居民储蓄总额	0.1935
	第三产业占GDP比重	0.0034
生态环境	垃圾无公害处理率	0.2681
	污水处理率	0.2885
	城市人均绿化面积	0.4433
人口素质	高等教育在校人数	0.0721
	每万人拥有科技人员数	0.8724
	每万人在校大学生数	0.0554
生活质量	城镇恩格尔系数	0.0014
	城镇人均住房面积	0.0089
	人均生活用电量	0.6291
	每万人口卫生技术人员	0.3606

资料来源：本文计算。

（二）珠三角地区科技与社会发展协调度

结合表2和表3的权重指标，计算2009~2013年珠三角地区科技和社会发展指数以及协调度水平，如表4所示：

表4 珠三角地区科技社会发展指数及协调度

年份	广州			深圳			珠海		
	科技	社会	协调度	科技	社会	协调度	科技	社会	协调度
2009	0.3393	0.3032	0.5650	0.5171	0.6209	0.7480	0.0480	0.2684	0.2047
2010	0.4021	0.3663	0.6185	0.7092	0.6697	0.8296	0.0629	0.2843	0.2472
2011	0.3492	0.3990	0.6089	0.6540	0.6926	0.8199	0.0622	0.3652	0.2299
2012	0.3750	0.4619	0.6399	0.7811	0.7559	0.8764	0.0738	0.4315	0.2508
2013	0.4875	0.5597	0.7202	0.8419	0.7404	0.8858	0.0795	0.4327	0.2654
	佛山			江门			肇庆		
年份	科技	社会	协调度	科技	社会	协调度	科技	社会	协调度
2009	0.1866	0.2606	0.4599	0.0376	0.0759	0.2111	0.0125	0.1147	0.0894
2010	0.2365	0.2396	0.4879	0.0484	0.1605	0.2301	0.0220	0.2444	0.1106
2011	0.2198	0.3452	0.5053	0.0468	0.2135	0.2128	0.0205	0.2678	0.1003
2012	0.2520	0.3747	0.5383	0.0560	0.2764	0.2284	0.0278	0.4187	0.1103
2013	0.2846	0.4101	0.5701	0.0622	0.2931	0.2435	0.0314	0.2796	0.1432
	惠州			东莞			中山		
年份	科技	社会	协调度	科技	社会	协调度	科技	社会	协调度
2009	0.0462	0.1362	0.2285	0.2008	0.4255	0.4876	0.0813	0.2886	0.2950
2010	0.0695	0.1642	0.2857	0.2471	0.5164	0.5410	0.0935	0.2658	0.3264
2011	0.0709	0.1914	0.2857	0.1866	0.5448	0.4597	0.0897	0.3877	0.2982
2012	0.0764	0.2980	0.2811	0.2188	0.6139	0.5000	0.1064	0.4364	0.3284
2013	0.0848	0.3360	0.2952	0.2431	0.6537	0.5293	0.1195	0.4865	0.3486

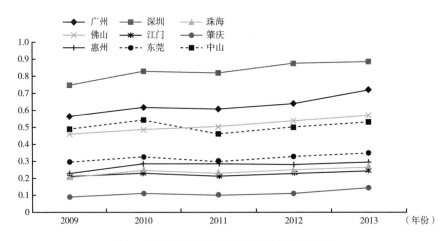

图4 珠三角地区科技社会协调度发展折线图

（三）珠三角地区科技与社会发展协调度比较分析

结合表4和图4可以看出，2009~2013年珠三角地区科技与社会发展协调度存在明显的差异。2013年年末，深圳协调度达到0.8858，处于高度协调阶段，是整个珠三角地区科技与社会发展最协调区域；广州、佛山与东莞，其协调度分别达到了0.7202、0.5701和0.5293，并且分别处于中度和初级协调阶段；中山、惠州、珠海、江门和肇庆在研究区间年末的协调度分别为0.3486，0.2952，0.2654，0.2435和0.1432，这些市分别处于低度失调与严重失调阶段。由此可见，珠三角九市可以分为三大主要协调组：深圳为高协调组；广州、佛山与东莞组成中协调组；中山、惠州、珠海、江门和肇庆为失调组。这就表明珠三角地区的科技与社会发展有着明显的不均衡特征，整体协调水平表现不佳。

为了进一步了解这一情况，分别对珠三角各市的协调度变动与其驱动因素加以分析。深圳市科技与社会发展协调度从2009年的0.7480上升为2013年的0.8858，从中度协调发展为高度协调。深圳市也是珠三角地区科技与社会具有最高协调度的地区，从图3也可看出，其协调度一直处于最高水平。不同于其他市，深圳是珠三角地区唯一的科技水平高于社会水平的城市，这也说明了区域科技与社会发展协调水平需要由科技发展作为支撑。值得注意的是，2011年深圳市科技与社会协调度出现下降，是由于科技活动人员由2010年的160148人下降为2011年的155912人。但随后几年，科技活动人员有显著提升，从而带动了科技发展水平的提升，促进协调度的提高。

广州市科技与社会发展协调度从2009年的0.5650上升为2013年的0.7202，从低度协调发展为中度协调。虽然广州市的协调度在整个珠三角地区属于高水平，但可以看出其协调发展潜力在前三年不足，2012年后得到改善，协调度快速提升。从其驱动因素可以发现，影响广州协调度的主要因素是科技因子，但科技发展水平时高时低，阻碍科技与社会的协调发展。进一步分析，广州市邮电业务总量由2010年的10516543.9万元下降为2011年的5253228.87万元，这导致了广州2011年科技与社会协调度轻微下降。在科技产出指标中，广州市高技术产品出口额出现较大的波动，影响了科技水平的平稳发展。

同期，佛山市科技与社会发展协调度由 0.4599 上升到 0.5701，处于初级协调阶段。由图 4 可以看出，佛山市科技与社会发展协调度呈线性上涨，说明佛山市注重科技与社会的协调发展，科技与社会发展水平的差距基本保持稳定，科技水平略低于社会水平，因此，佛山市在今后的发展中应当注重科技投入，促进科技与社会发展向较高协调水平迈进。

同期，东莞市科技与社会发展协调度由 0.4876 上升为 0.5293，处于初级协调阶段。与佛山市不同的是，东莞市拥有较高的社会发展水平，但其科技水平几乎没有明显的发展变化，从而严重阻碍了东莞市科技与社会发展协调度的提升。2011 年，东莞市科技水平出现显著下降，主要是由于工业固体废物综合利用率的下降，比上年下降了 15.83 个百分点。说明东莞市应当注重发展绿色科技与绿色生产，切实降低经济发展所带来的环境损害。

同期，中山、惠州、珠海、江门和肇庆属于科技与社会发展失调区。其中肇庆情况最差，属于严重失调，其余四市为低度失调。从驱动因素看，这五个市都有一个共同的特点，即科技发展水平比较低，比如惠州、肇庆、江门和珠海，其科技发展水平不足 0.1，中山市到 2010 年超过 0.1。这说明，这些地区的科技发展不足严重阻碍了区域科技与社会协调发展水平；另一方面也说明珠三角地区科技投入、科技产出以及科技对社会的影响在各市之间发展严重不均衡，同时高科技发展区域没有很好地实现科技溢出效应。

六　促进珠三角地区科技与社会协调发展的政策建议

从对珠三角地区科技与社会协调发展的分析可以看出，珠三角地区中的深圳有着高科技发展水平、高社会发展水平以及高协调度水平，但是高科技发展区域没有很好地实现科技溢出效应，未能带动珠三角其余地区的发展。为促进珠三角地区的科技与社会协调发展，本文给出如下政策建议：

首先，重视科技发展，加强科技投入。通过对珠三角地区驱动因素分析，我们可以发现高协调区域共有的特点是具有较高的科技发展水平，低协调区域缺乏科技支撑社会发展水平的作用，从而导致科技与社会难以协调发展。因此，珠三角地区应利用多种政策手段，积极拓宽科技资金的来源渠道，加大科技投入力度，优化科技投入结构，构建多元化的科技投入机制。建立以财政投入为引导、企业投入为主体、银行贷款为支撑、社会集资和引进外资为补充、优惠政策作辅助的全社会多元化科技投入体系。形成政府、企业、其他社会力量共同参与的 R&D 投入和科技创新发展新格局。

其次，加强统筹规划，避免科技资源的过分集中。珠三角地区科技与社会协调发展存在明显的区域差异，并且高协调地区依旧具有强劲的增长趋势，而低协调地区增长趋势不明显。因此，应当积极加强珠三角地区的区域合作，实现资源的优势互补。深圳应当充分发挥其科技优势，鼓励科技知识的外溢，建立有效的科技产权保护制度，促进周边科技发展水平的提升。

最后，重视环境保护，加强对企业绿色生产的重视。珠三角地区在经济发展过程中应重视对环境的保护，控制企业污染行为，注重绿色可持续的发展模式。加强地区联合立法、统一规划、统一标准、统一监测、协同治污、联防联控，共同改善区域生态环境质量，加快推进生态环保领域率先突破，共同打造珠三角生态修复环境改善示范区。

七　结论

本文分析区域科技和社会的协同性机理，建立区域科技发展指数、区域社会发展指数。在此基础上，建构了区域科技与社会协调发展指数模型，并选择珠三角地区进行了区域科技与社会协调发展的实证分析。

本文探索构建的区域科技与社会协调发展评价模型是 STS 的定量研究。尽管构建的模型并不是很完善，但基本上反映出区域科技与区域社会的定量关系，揭示出科技与社会的现状，着重分析了珠三角地区科技与社会协调发展状况，提出促进珠三角地区科技与社会协调发展的对策建议，为政府相关部门促进科技与社会协调发展提供借鉴参考。随着研究的深入，在区域科技与社会总体协调之外，还可以研究单项协调，譬如科技与生态环境、科技与生活质量的关系，进一步深化研究。

参考文献：

杨建仁:《区域科技竞争力理论及其在中部六省会城市的实证研究》，南昌大学博士论文，2011。

董晔、安尼瓦尔·阿木提:《区域科技与经济社会发展协调度评价》，《经济问题探索》2010年第 12 期。

张磊:《区域创新系统与区域经济发展的协调性及测度研究》，河北工业大学硕士论文，2006。

张维维:《中国经济社会协调发展的动态监测、影响机理及实现路径研究》，浙江大学博士论文，2014。

基于偏最小二乘和结构方程的
股票投资收益影响因素的比较研究[*]

李 华 豆士婷 王 宾^{**}

摘 要： 本文运用偏最小二乘方法构建企业财务指标对股票投资收益影响的模型，然后运用结构方程模型研究企业财务及投资者情绪对股票投资收益的影响，比较分析发现财务指标对股票投资收益存在影响，而且在引入投资者情绪之后，财务指标及财务指标对股票投资收益的影响系数都发生了变化，最后根据结果提出相关建议。本文的研究为投资者做出理性的投资决策提供了一定的参考，并且对于企业建立健全内部运行机制及其长久发展和证券市场的健康稳定发展具有深远意义。

关键词： 股票收益 财务指标 投资者情绪 偏最小二乘 结构方程

一 前言

在经济全球化、金融自由化的背景下，证券市场处于前所未有的深刻变革之中，随着中国证券市场的不断发展和日益壮大，证券市场已成为中国居民和机构

———————————

    * 中国博士后基金（2014M561134）；国家自然科学基金（71371092）。

    ** 李华，中国社会科学院数量经济与技术经济研究所博士后，辽宁科技大学教授；豆士婷，中央财经大学博士生；王宾，中国社会科学院农村发展研究所博士后。

投资的重要途径。而伴随着人们生活水平的提高，闲置资金越来越多，人们纷纷投资证券市场，参与股票投资的热情日益提高，因此人们对股票投资收益影响因素的关注达到了一个新的高度。

在对股票收益影响因素的研究中，林虎、孙博、刘力通过日度交易数据构造出的换手率波动的指标，发现它对于未来收益率有着稳定并且显著的解释能力。周孝华、傅能普发现公司市值、账面市值比、净营运资产、市净率和管理费用对股票收益率具有显著影响。Arnott、Kelso、Kiseadden 和 Maccodo 在 1959 年分析确定了国外盈利、市净率、市盈率和公司大小是四种主要影响因素。Hou 等在对 49 个国家超过 27000 只个股的月度收益率的研究之后，发现包括动量因素和现金流价格因素在内的多因素模型对股票收益率有显著的相关性。Ang 等、Guo and Savickas 通过对美国股市的研究，表明股票收益率与股票的特质波动率之间有显著的负相关关系。

之后，学者们把焦点放在投资者情绪这一特殊变量上。在关于投资者情绪对股票收益影响的研究中，Baker 等在理论上分析了情绪对股票价格的影响机理，在实证检验上，探究了投资者情绪的测度指标，发现情绪对于个股及市场整体收益均具有显著的重要影响。随后，在其基础上最终确定了用波动溢价（PVOL）、IPO 数量（NIPO）、首日收益率（RIPO）、市场成交量（TURN）来衡量情绪，最终得到全球情绪衡量指数。Baker 等的研究用一种新颖的方法研究了全球投资者情绪的衡量指数问题，但六个国家中缺少中国这一复杂的国家。王美今、孙建军从中国股市的现实情况出发，发现投资者情绪的变化显著地影响沪深两市收益。蒋玉梅和王明照发现股票收益对于情绪的敏感度存在差异。张利平、王琳根据中国 A 股市场的特性，利用因子分析方法编制投资者情绪指数，发现投资者情绪指数对股票收益有较强的解释能力。

相关研究中对财务或投资者情绪的独立研究相对较多，对于其相互作用的研究却相对鲜有。本文将根据 Baker 等的研究，在其基础上研究在中国这一复杂环境中投资者情绪与股票收益的关系问题。在财务指标的基础上引入投资者情绪，首先运用偏最小二乘方法构建模型，研究企业自身财务情况对股票投资收益的影响，然后利用结构方程模型构建模型研究企业自身财务情况和投资者情绪对股票投资收益的影响，最后比较分析投资者情绪对股票投资收益的影响问题，得到股票投资收益系统、全面的影响因素。克服了忽略整个财务指标体系中的其他方面而仅把个别指标考虑在内的不全面的情况，将企业自身指标及市场情况和投资者情绪都考虑在内，更加全面而系统，对指导投资者投资决策更具客观意义。

二 理论分析

（一）股票收益影响因素的相关分析

上市公司是发行证券募集资金的运用者，是资金使用的投资收益的实现者，其经营成果反映在财务中，即企业财务是决定股票投资收益的主要因素。企业财务包括一些财务指标和盈利能力，而其财务运行的好坏直接影响股票收益。故而需要根据投资行为决策的理性、非心理因素和财务管理学的财务指标体系，建立特定股票市场环境下财务指标变量对投资收益影响的模型。

投资者情绪是股票市场环境中投资个体决策中存在的非理性心理因素，是有关投资者投资意愿或预期的市场人气指标。行为金融理论认为投资者情绪对股票投资收益有一定的影响，情绪的存在必定会影响投资决策，导致投资收益的不同。在市场不完备、羊群效应较明显的国家，投资者情绪对股票投资收益的影响程度更大。

本文以财务指标和投资者情绪作为变量，研究股票投资收益的影响因素，将会为建立健全证券市场运行机制、提高上市公司的自身品质以及提高投资者的投资决策水平提供可靠的依据和科学的指导，对于促进证券市场的发展以及资源合理配置具有深远的意义。

（二）方法介绍

在研究股票收益影响因素的实证研究中，学者们大多采用回归分析、因子分析等方法。比如张利平、王琳利用因子分析法；蒋玉梅、王明照，雷光勇、王文、金鑫以及周孝华、傅能普都运用回归分析方法来研究股票投资收益影响因素的问题。

在投资者情绪对股票收益影响的研究中，学者大多采用主成分分析方法构建投资者情绪指标体系，然后进行回归分析。蒋玉梅、王明照用回归分析方法，张利平、王琳利用因子分析法构建投资者情绪指数。

本文采用偏最小二乘方法进行回归分析，用结构方程模型来检验投资者情绪和企业自身情况对股票收益的影响，有其特殊的意义。

1. 偏最小二乘方法

无论是因子分析还是多元回归分析方法，都不及偏最小二乘方法在回归分析方法中简便、强大。偏最小二乘方法由伍德和阿巴诺等人于 1983 年首次提出，是一种新型的多元统计数据分析方法。它的基础是最小二乘法，可以集多元回归分析、典型相关分析和主成分分析的基本功能于一体。

偏最小二乘以其是主成分分析、多元线性回归和典型相关分析的结合，不必刻意处理多重共线性，而在研究财务指标对股票收益的影响因素中，财务指标不可避免存在多重共线性，因此选用偏最小二乘能够省去检验多重共线性的步骤。同时，偏最小二乘方法在实证研究中图形功能强大，在建模的同时能够实现数据结构的简化，并且能够直观体现所要说明的问题。另外，偏最小二乘能够处理自变量多、样本容量小情况下的建模，不必受到任何限制。因此，本文运用偏最小二乘回归方法构建模型来研究企业财务情况对股票收益的影响。

2. 结构方程模型

结构方程模型是在已有的因果理论基础上，用与之相应的线性方程系统表示该因果理论的一种统计分析技术，整合了一般统计检验方法、路径分析与验证性因素分析，可以分析变量之间的因果关系，它包括了因子分析与路径分析的优点，同时又弥补了因子分析的缺点，不必受到路径分析的假设条件的限制。

结构方程模型包括测量模型与结构模型。测量模型部分能够求出观察变量与潜在变量之间的关系；结构模型部分能够求出潜在变量与潜在变量之间的关系。

结构方程模型最大的特点是能够处理存在潜在变量的被解释变量的测度问题。由可能解释潜在变量和数据能够直接获取的观察变量来构建潜在变量的指标体系，进而构建股票收益影响因素的综合体系。本文研究中投资者情绪是一个无法直接衡量的定性变量，财务指标也需要具体的指标来测量，因此无法直接研究投资者情绪和财务指标对股票投资收益的影响，也可以说投资者情绪和财务指标都是可能解释投资收益的潜在变量。而常用方法无法处理存在潜在变量的模型分析。在这种情况下，结构方程模型就成为本文所选择的建模方法，该方法能够分析出投资者情绪和财务指标的观察变量对潜在变量的解释程度以及投资者情绪和财务指标这些潜在变量对股票收益影响的解释程度。

三　财务指标对股票收益影响的偏最小二乘分析

企业财务状况对股票投资收益存在一定的影响，因此根据财务管理理论和投资决策逻辑归纳方法，建立财务指标体系并抽取高适应性的财务指标作为影响投资收益的变量，特别是针对投资个体在决策过程中所考虑的财务状况的行为规律，筛选变量，并利用投资决策理论和数理建模方法特别是偏最小二乘方法，建立基于财务指标的投资收益影响因素的偏最小二乘模型。

（一）样本及指标选取

在相关研究中，周孝华、傅能普选取公司市值、账面市值比、净营运资产、市净率和管理费用作为解释变量来构建面板数据模型，李训、曹国华将财务指标分为盈利能力、资产负债管理能力、偿债能力、现金流量能力、成长能力5个方面，并选取具有代表性的具体财务指标分行业进行实证研究，发现大多数财务指标不显著。Hirshleifer等的研究表明，投资者对公司资产负债表的关注度较高，其中净营运资产对股票收益的影响显著。Chen等提出18个解释变量预测股票收益率，结果表明市净率、净营运资产、研发费用等财务指标对股票收益率有较显著的解释力。

为研究企业财务指标对股票投资收益的影响，本文以股票投资回报率作为被解释变量，选取财务指标从公司盈利能力、偿债能力以及发展能力方面深入分析，并选取具有代表性的具体指标财务杠杆系数、每股净资产、每股息税前利润、净资产收益率、资产报酬率、流动比率、速动比率、净利润增长率、总资产增长率、总资产周转率以及资产负债率作为解释变量。具体变量设计如表 1 示。

表1 变量设计

变量名称		定义	意义
盈利能力	净资产收益率	净利润/股东平均权益	反映股东权益的收益水平
	资产报酬率	息税前利润/资产平均总额	资产的获利能力
营运能力	总资产周转率	营业收入净额/资产平均总额	经营质量和企业的总资产效率综合评价
偿债能力	流动比率	流动资产/流动负债	测量企业的流动资产偿还债务的能力
	速动比率	速动资产/流动负债	测量公司内流动资产中能够即刻变现来偿还短期债务的实力
	资产负债率	总负债/总资产	评估公司的负债综合指数
发展能力	净利润增长率	（当期净利润–上期净利润）/上期净利润	衡量企业发展能力
	总资产增长率	总资产本年增长额/资产年初总额×100%	表现企业当期资产的规模的增减

本文以制造业上市公司作为研究对象，数据来自于国泰安金融数据库，然后运用偏最小二乘分析方法，结合 SIMCA-P11.5 软件，进行偏最小二乘建模。

（二）模型构建

在构建基于财务指标的股票投资收益影响因素的偏最小二乘模型前，首先需要对该模型的可行性进行分析。本文通过验证因变量 Y 和自变量 X 之间是否存在显著的线性关系以及模型的散点图来确定研究的可行性。

偏最小二乘回归通过采用成分提取的方式进行建模，可以用 t_1 对 u_1 散点图

· 277 ·

（如图 1）来观测 t_1 和 u_1 的相关关系。t_1 是自变量系统的第一成分，u_1 是因变量系统的第一成分。由图 1 可以看到，散点基本在对角线附近，因此可以认为因变量 Y 和自变量 X 之间存在显著的线性关系，模型设定合理。

椭圆图是在 t_1/t_2 平面图的基础上绘制的，在对数据进行初步分析后，对存在的特异点进行处理，得到没有特异点的 t_1/t_2 平面图，如图 2 示。图中样本点全部分布在椭圆内，不再存在特异点，因此可以认为模型拟合效果良好，因此可以运用偏最小二乘分析方法构建模型。

在确定偏最小二乘模型可行性后，根据偏最小二乘回归方法原理构建偏最小二乘模型，运用 SIMCA-P 软件进行模型回归，得到回归结果如表 2 示。

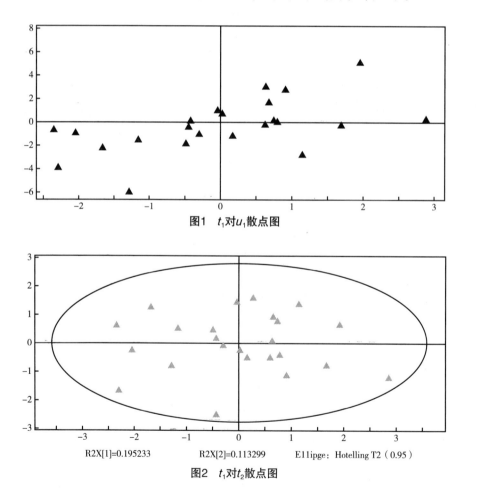

图1 t_1 对 u_1 散点图

R2X[1]=0.195233   R2X[2]=0.113299   E11ipge：Hotelling T2（0.95）

图2 t_1 对 t_2 散点图

表2　偏最小二乘回归结果

变量	标准化回归系数
财务杠杆系数X_1	0.20
净资产收益率X_2	0.06
资产报酬率X_3	0.02
流动比率X_4	-0.20
速动比率X_5	-0.18
净利润增长率X_6	0.20
总资产增长率X_7	0.09
总资产周转率X_8	0.14
资产负债率X_9	-0.14

因此，建立模型：

$$Y=0.20X_1+0.06X_2+0.02X_3-0.20X_4-0.18X_5+0.20X_6+0.09X_7+0.14X_8-0.14X_9$$

在股票收益的影响因素中，财务杠杆系数、净资产的收益率、资产报酬率、总资产周转率、净利润增长率、总资产增长率与股票收益的影响是正向，并且影响系数分别为 0.20、0.06、0.02、0.14、0.20、0.09。流动比率、速动比率、资产负债率与股票投资收益负相关，此消彼长，影响系数分别为 -0.20、-0.18、-0.14。

（三）模型分析

由以上偏最小二乘模型有以下发现。

（1）企业财务情况对股票投资收益确实有一定的影响。其中，总资产增长率、财务杠杆系数、净资产收益率、总资产周转率、资产报酬率、净利润增长率与股票收益正相关，流动比率、速动比率、资产负债率与股票投资收益负相关。因此，企业需要使其财务机制的运行更健全，以获得更多的投资和更好的发展。

（2）财务杠杆系数、净资产收益率、资产报酬率、总资产周转率、净利润增长率、总资产增长率与股票投资收益正相关。指标值越大，股票投资收益也就越好。

（3）流动比率、速动比率、资产负债率与股票投资回报率之间负相关。指标值越小，收益越好。

从研究结果来看，制造业中的财务指标对股票投资收益存在显著的影响。因此，企业应当运用一切可能的手段经营好企业内部的财务发展。

四 财务情况和投资者情绪对股票收益影响的结构方程分析

（一）变量设计

在 Baker、Wurler 等的研究中，所构建的投资者情绪指数包括换手率、封闭式基金折价率、IPO 数量和首日收益率、红利溢价率以及股权发行比率六个指标，之后的研究中是利用波动溢价（PVOL）、IPO 数量（NIPO）、首日收益率（RIPO）、市场成交量（TURN）来衡量情绪。本文以此为依据，在其基础上，结合结构方程模型的特性，选取上市公司为研究对象，运用的是截面数据，因此剔除市场指数，保留企业自身的指标，然后根据中国的特性，设计指标体系。

1. 投资者情绪指标体系的设计

依据客观、全面、可操作等原则和已有学者的研究，本文选择 IPO 首日交易股数、成交量、IPO 上市首日的个股收益率和换手率作为衡量投资者情绪指标。

成交量。张利平、王琳等把成交量作为投资者情绪的一个指标。成交量是股票市场的成交额和数量，反映了市场流动性和投资者参与，成交量大的市场流动性强，投资者参与度高。以成交量衡量投资者的情绪，当投资者情绪乐观时，会对股市充满信心，则成交量会变大。

IPO 首日交易股数。代表该只股票上市首日的交易股数，首日上市便将资金投入该企业，首日交易股数反映了投资者对该企业的信心程度，亦即对该企业投资的投资者的情绪高涨;反之,首日交易股数相对较少则投资者投资该企业的情绪相对低迷。

IPO上市首日的个股收益率。IPO行为与市场"热"与"冷"有着密切的关系,首日收益率作为投资者情绪的测量指标有着坚实的理论和实务基础。IPO首日收益率高则投资者情绪高涨;反之,投资者情绪低迷。

换手率。表示股票市场在一段时间内股票的流动性的强弱,价值越高,流通性越好,进出市场比较容易,具有较强的变现能力,这意味着股票交易更加活跃,人们就愿意选购该股票,情绪比较乐观;反之,说明关注该股票的人较少,情绪就相对悲观。因此,将换手率作为投资者情绪的一个衡量指标,理论可行。

2. 指标设计

为研究股票投资收益的影响因素,本文以股票投资回报率为被解释变量,以投资者情绪、获利能力、财务指标作为潜在自变量,选取能够解释潜在变量的指标作为观察变量。财务指标选择财务指标体系中的营运能力、盈利能力、发展能力和偿债能力指标体系中的具体指标。具体指标选择资产报酬率、每股收益、资产负债率、流动比率和净利润增长率。这些指标涵盖了财务指标体系中的四大能力,能够有效衡量企业的经营状况。

除了投资者情绪与财务指标,还有一些比较重要的指标,比如市盈率、市销率、账面市值比等,也是重要因素,为了获得更好的拟合结果,将其划分为市场指标,加入指标体系中研究股票投资收益的影响因素。具体变量设计见表3。

表3 结构方程模型变量设计

潜在变量	观察变量
投资者情绪	成交量a_1,IPO首日交易股数a_2,换手率a_3,上市首日的个股收益率a_4
市场指标	市盈率a_5,市销率a_6,账面市值比a_7
财务指标	资产报酬率a_8,每股收益a_9,资产负债率a_{10},流动比率a_{11},净利润增长率a_{12}
股票投资收益	股票投资回报率Y

（二）结构方程模型构建

在对变量进行结构方程模型检验之前，一般要先对数据质量进行信度和效度检验以及详细的因子分析。但是由于本文采用后验方式，也就是直接通过结构方程里的因子结构反过来验证数据的信度和效度，而且本章数据全部来源于CASMER 金融数据库，一般情况下，也不需要进行信度和效度检验。因此本文直接对数据建立初步模型。

本文以制造业作为研究对象，选取 300 家上市公司 2014 年的数据作为样本，数据来自国泰安 CSMAR 数据库和锐思金融数据库，运用 Amos17.0 软件，建立初始结构方程模型如图 3 所示。

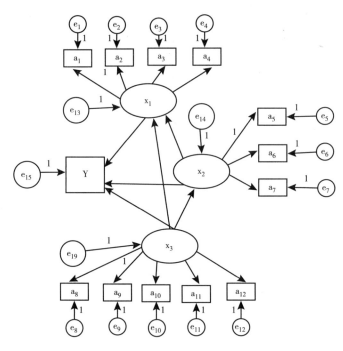

图3　结构方程模型

在初始模型中，假定投资者情绪、财务指标、获利能力存在相关关系，同时都影响股票的投资收益。为了验证这些假设，本文经过筛选数据，然后运用Amos17.0软件进行拟合，经过对模型的不断拟合与修正，得到结果如图4所示。

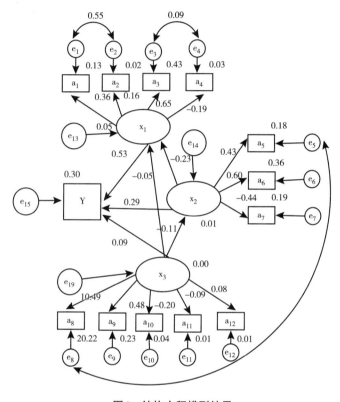

图4　结构方程模型结果

在图4所示结构方程模型的结果中，可以看到投资者情绪、财务指标、获利能力等潜在变量对其影响的显著性，以及相互之间的相关关系和对被解释变量股票投资收益的影响。证明了其相互之间的相关关系和对股票投资收益的影响。

(三)　模型检验

模型运行之后需要对结构方程模型的结果进行分析和检验，标准化的回归系数及其显著性检验结果如表4所示。

表4　标准化的回归系数及其显著性检验

项目	项目	标准化回归系数	C.R.	检验
市场指标	财务指标	-0.106	-1.602	par_15
投资者情绪	市场指标	-0.231	-1.222	par_13
投资者情绪	财务指标	-0.049	-0.761	par_14
a_1	投资者情绪	0.363	—	通过
a_2	投资者情绪	0.155	1.844	通过
a_3	投资者情绪	0.652	2.459	通过
a_4	投资者情绪	-0.186	-1.422	不通过
a_5	市场指标	0.426	—	通过
a_6	市场指标	0.599	2.840	通过
a_7	市场指标	-0.437	-2.991	通过
a_{12}	财务指标	0.085	2.035	通过
a_{11}	财务指标	-0.088	-2.183	通过
a_{10}	财务指标	-0.198	-4.278	通过
a_9	财务指标	0.483	—	通过
a_8	财务指标	1.491	1.872	通过
Y	投资者情绪	0.533	3.122	通过
Y	市场指标	0.292	2.157	通过
Y	财务指标	0.090	2.069	通过

其中，Estimate 表示影响系数的估计值，C.R 为检验统计量，相当于回归分析中的 t 检验，当其大于 1.65 时，表示达到 0.1 的显著性水平，即 C.R > 1.65。表 4 详细列示了通过 t 检验的指标。通过该表可以看到，潜在变量中投资者情绪与财务指标对其影响显著。

表5　拟合检验结果

	评价指标	取值范围	指标值	拟合情况
绝对适配指数	C.R/DF	小于5，可以接受；小于2，不受模型复杂度影响	1.429	非常好
	GFI	0~1，>0.9	0.943	非常好
	AGFI	0~1，>0.9	0.910	非常好
	RMSEA	<0.1，拟合好；<0.05，非常好；<0.01，拟合非常出色	0.044	非常好
增值适配指数	IFI	0~1 >0.9，非常好 >0.8，比较好	0.937	非常好
	CFI		0.934	非常好
	NFI		0.818	比较好
	NNFI		0.910	非常好
简约适配度指数	PGFI	>0.50	0.591	比较好
	PNFI	>0.50	0.598	比较好

从模型的评鉴结果来看（见表5），绝对适配度指标全部达到非常好的拟合结果，拟合度高达90%以上，增值适配度指数也基本达到非常好的状态。另外，简约适配度指数也达到50%以上，全部符合标准。因此，模型的评鉴结果达到了理想状态，非常好。结构方程模型的结果也具有非常可靠、客观的解释能力。

（四）模型分析

由以上研究可以得到。

（1）市场指标、投资者情绪及财务指标都会对股票收益率有一定的影响，并且都是正相关关系。其中，对其影响最大的是投资者情绪，其次是市场指标和财务状况。

（2）投资者情绪因素对股票收益影响最大。在投资者情绪的指标因素中，换手率、成交量、IPO首日交易股数对收益有解释能力，且都是正相关关系。其中，换手率对投资者情绪的影响最为显著，其次是成交量、IPO首日交易股数。

（3）市场指标对收益的影响次之。在市场指标因素中，对股票收益具有解释能力的是市销率、市盈率和账面市值比。市销率和市盈率、股票收益存在着正相关关系。账面市值比与股票投资收益负相关。

（4）公司财务状况对股票投资收益也有一定的影响。其中，资产报酬率、每股收益、净利润增长率与股票投资收益正相关。流动比率、资产负债率与股票收益负相关，指标值越小，收益越大。

五　比较分析及投资建议

通过偏最小二乘方法建立的企业财务指标对股票投资收益的影响模型，以及通过结构方程模型建立的财务情况及投资者情绪对股票收益的影响模型，可以得到如下结论。

企业财务情况与股票收益存在显著的相关关系。企业财务运行良好则股票收益好。因此，企业应当想方设法使财务情况运行良好。

无论考虑投资者情绪与否，一些指标都影响股票收益，比如净利润增长率、资产报酬率。但是考虑投资者情绪后，净利润增长率对股票收益的影响从 0.20 变成了 0.085，资产报酬率由 0.02 变为 1.49，说明考虑投资者情绪后，会削弱净利润增长率对股票收益的影响，投资者考虑更多的是企业的资产报酬率，造成了不理性投资。

资产负债率、流动比率与股票收益存在负相关关系。当考虑投资者情绪后，资产负债率对股票收益的影响系数由 −0.14 变为 −0.198，流动比率由 −0.2 变为 −0.088，说明投资者会考虑更多的是企业的资产负债率，而忽视了流动比率。因此，理性的投资决策应当把流动比率摆在一个正确的位置，避免损失。

当考虑投资者情绪后，部分财务指标对股票收益的影响变得不显著，比如总资产周转率等，对这部分财务指标的忽略可能会导致投资决策的失误，导致投资损失。因此，理性的投资者应当把财务指标体系的相应指标考虑在内。

企业的投资者情绪与股票收益也有显著的相关关系。而市场指标对它的影响也不容忽视。考虑投资者情绪后，企业的财务情况变成了相对最弱的股票收益的影响因素。因此，投资者投资时应当更全面地考虑其影响因素，把企业投资者情绪和市场指标考虑在内，并且应当放在一个相对重要的位置。

根据以上分析，提出以下建议。

投资者应树立正确的投资理念，考虑投资者情绪对收益的影响，理性投资。

企业应建立良好的运行机制，提高获利能力，改善财务状况。

证券监督机构应当加强监督力度，改善股票市场运行机制，提高市场信息透明度，为投资者和上市公司打造健康的投资平台。

结　论

当今时代，投资活动正在成为人类财务活动的新热点，而对投资收益影响因素的实证分析能够为投资者提供一定的参考，能够让企业的投资活动更有效率。本文的结果证实了财务指标、投资者情绪确实对股票投资收益存在显著的影响，并得到了投资者情绪、企业财务情况与股票收益的相互作用机制，从投资者、上市企业及证券机构三个角度提出了提高投资效率的相关建议。企业若要筹集更多的资金，获得较为乐观的投资者情绪，也必须从自身经营成果、财务运行上获得良好的效益。本文的研究使企业能够更好地吸引投资，提高投资效率，使投资者能够认清形势，做出科学的决策，理性投资，从而完善股票投资市场，使资本市场健康稳定发展。

参考文献

林虎、孙博、刘力:《换手率波动、转售期权与股票横截面收益率》,《金融研究》2013 年第 12 期,第 181~193 页。

周孝华、傅能普:《中国 A 股市场个股收益影响因素的实证分析》,《技术经济》2013 年第 8 (32) 期,第 113~117 页。

王美今、孙建军:《中国股市收益、收益波动与投资者情绪》,《经济研究》2004 年第 10 期,第 75~83 页。

蒋玉梅、王明照:《投资者情绪与股票收益:总体效应与横截面效应的实证研究》,《南开管理评》2010 年第 3 期,第 150~160 页。

张利平、王琳:《投资者情绪与股票收益研究:基于 A 股市场数据》,《产业与科技论坛》2013 年第 12（20）期,第 111~112 页。

雷光勇、王文、金鑫:《公司治理质量、投资者信心与股票收益》,《会计研究》2012 年第 2 期,第 79~87 页。

李训、曹国华:《中国上市公司股票收益率影响因素的实证研究》,《重庆大学学报》2006 年第 29（10）期,第 143~153 页。

Arnott, R.D. Kelso, S. "Kiscadden and Maccodo. Forecasting Factor Returns: An Intriguing Possibility". *Journal of Portfolio Management*.1999, 16:28-35.

Hou, K., Karolyi, A., Kho, B. "What factors drive global stock returns"?. *Review of Financial Studies*, 2011, 24 (8):2527-2574.

Ang, A., Hodrick, R., Xing, Y., Zhang, X. "The cross-section of volatility and expected returns". *Journal of Finance*, 2006, 61 (1):259–299.

Guo, H., Savickas, R. "Relation between time-series and cross-sectional effects of idiosyncratic variance on stock returns". *Journal of Banking and Finance*, 2010, 34 (7):1637–1649.

Baker, M., J. Wurgler. "Investor Sentiment and the Cross-section of Stock Returns". *The Journal of Finance*, 2006, 61 (4): 1645-1680.

Baker, M., J. Wurgler. "Investor Sentiment in the Stock Market".*The Journal of Economic Perspectives*, 2007, 21 (2): 129-151.

Baker M, Wurgler J, Yuan Y. "Global local and contagious investor sentiment". *Journal of Financial Economics*, 2012, 104 (2): 272-287.

Hirshleifer D, Hou K, Teoh S, et al. "Do investors over value firms with bloated balance sheets?". *Journal of accounting and economics*, 2004, 38 (12):297-331.

Chen Xuanjuan, Kenneth A K, Tong Yao, et al. "On the predictability of Chinese stock returns". *Pacific-Ba-sin Finance Journal*, 2013, 18: 403-425.

大数据对中国经济社会影响及应对措施[*]

李京文[**]

摘　要：大数据作为一种重要的战略资产，已经渗透到国民经济的每个行业，对于社会经济的发展具有重大的推动作用。本文在研究大数据重大意义的基础上，指出了大数据的技术构成和实质，探寻了大数据对信息产业、经济发展、社会发展的影响，最后，阐明了为充分发挥大数据的价值应采取的政策建议。

关键词：大数据　信息产业　政策建议

一　研究大数据的重大意义

数据是我们从事科学研究和生产、生活时经常使用的基本手段，就如同生产中所必需的原材料一样，时时刻刻都离不开。它们通常是一些数字，如 1、2、3、4、5 一直到百千万、亿万。从事理工科（即自然科学）研究固然需要用它们，从事社会科学研究，如经济学，包括工业经济、农业经济、国际贸易等方面的研究和工作，也时时刻刻都离不开它们。

---

　　[*]　本文由北京交通大学、百度公司联合举办的大数据自主创新研讨会上的发言记录整理。

　　[**]　李京文，中国社会科学院学部委员、中国工程院院士、中国社会科学院数量经济与技术经济研究所研究员。

随着社会经济的发展和科学技术的进步，特别是信息技术的迅速进步，大数据、云计算，已经成为互联网、物联网之后的新兴产业革命重要构成部分之一。不仅数据规模巨大，而且质量不断提高，其内容和形态日益丰富、复杂。除了数字，图形、表格、视频和各种活动需求，已经成为数据的重要形态。大数据挖掘、分析成为人类生产、生活的重要内容，大数据时代已经到来。据预测，大数据在未来几十年内将成长为一个战略支柱产业。大数据产业的发展极具意义，随着更多有价值的数据从海量数据中被发掘出来，将会产生许多新的商业形态、新的业务模式和新的服务模式。

大数据处理正在成为新时代的信息电厂，成为知识经济的基础设施。从海量数据中提取有价值的信息，数据分析使数据变得更有意义，并将影响政府、金融、商务、医疗、娱乐、媒体等各个领域，带来革命性的变化。

大数据将丰富我们对世界的认识，从定量、结构的世界，到不确定、非结构的世界。这个转变，使我们得以了解真实信息，提高决策水平，当人类对社会和自然的数据收集较为完善并具有随时的分析能力时，我们对事件的把握及预测能力便大大增强。以云计算为基础的信息存储、分享和挖掘手段为知识生产提供了工具，对大数据分析、预测会使决策更为精准，这对现阶段的中国尤其重要。

在中国，移动互联网、电子商务、物联网以及社交媒体的快速发展也已经使我们进入了大数据时代。中国有着庞大的人群和应用市场，复杂性高、充满变化，如此庞大的用户群体，使中国成为世界上拥有最大数据的国家。大数据应用将对中国的经济社会发展和人民的政治活动与日常生活产生巨大影响，迫切需要我们研究大数据、掌握机遇，迎接挑战。解决这种由大规模数据引起的问题，探索以大数据为基础的解决方案，是中国产业升级、效率提高的重要手段。

二 大数据的技术组成及其实质

由于大数据在数据的规模、形式和内容等方面都发生了很大的变化，因而其技术构成就较传统技术复杂得多，也先进得多。大数据技术的构成可归纳为以下几部分。

①数据采集。包括数据挖取、转换和集中，即由加载工具软件把分散的异构数据源中的数据抽取到中间层后进行清洗、转换、集成，最后加载到数据仓库或数据集市中，成为联机分析处理、数据挖掘的基础。

②数据存取。即从各类数据库中将数据抽取出来供处理、分析。

③架构形成。即将海量数据形成各种类型的存储，可进行云存储、分布式文件存储等。

④数据处理。为此，首先要解决让计算机理解（读懂）自然语言的问题，它一方面是语言信息处理的一部分，另一方面它也是人工智能的核心保证之一。

⑤统计分析。需要采用各种回归技术方法对大数据进行分析，包括用不同的假设检验、显著性检验、差异分析、相关分析、T检验、方差分析等回归技术方法，以发掘事物运作的内在规律。

⑥数据挖掘。包括分类、估计、预测、相关性分组或关联规则、聚类、描述和可视化，复杂数据类型挖掘（例如 Text、Web、图形图像、视频、音频等）。

⑦模型预测。即构建预测模型、机器学习、建模仿真等。

⑧结果呈现。即云计算、标签云、关系图等。

通过上述大数据技术组成描述可见，大数据技术主要应用于非物质事件的信息处理，并不涵盖物质性因素等硬件部分。但是，把这些信息变成无形资产，却可极大地提高物质因素的自我价值。由此可知，"大数据"的实质是一种"对数据进行管理的数据"。面对日益多元化的生产系统，人们无力去管理每一个数据源，而要根据这些数据的属性，创建不同的管理类型。这种对数据分门别类的管理，已经超过人类目前看到或感受到的客观事实。因为无论来自哪个方向的客观事实，都能够让人们超越过去的时空，去探索该事物表象背后的未来趋势与动态，然后再据此预测未来。

因此，"大数据"会像其他生产要素那样成为经济运行中决策的重要资源，为新技术革命创造不可或缺的资源环境。

三　大数据对信息产业本身的影响

大数据的热潮兴起于新一代信息技术的融合发展，物联网、移动互联网、数字家庭、社会化网络等应用使数据规模快速扩大，对大数据的处理和分析的需求日益旺盛，推动了大数据领域的发展。反过来，大数据的分析、优化结果又反馈到这些应用中，进一步改善其使用体验，支撑和推动新一代信息技术产业的发展，并将为信息产业带来新的增长点。据国外估计，全球数据在2015年达到10万亿TB。面对爆发式增长的海量数据，基于传统架构的信息系统已难以应对，同时传统商业智能系统和数据分析软件在面对以视频、图片、音频等非文字的非结构化数据为主的大数据时，也缺少有效的分析工具和方法。信息系统普遍面临升级换代的迫切需求，为信息产业带来新的、更为广阔的增长点。

同时，大数据将加速信息技术产品的创新融合发展。大数据面临着有效存储、实时分析等挑战，必将对芯片、存储产业产生重要影响，将推动一体化数据存储处理服务器、内存计算等产品的升级创新。对数据快速处理和分析的需求，将推动商业智能、数据挖掘等软件在企业级的信息系统中得到融合应用，成为业务创新的重要手段。

四　大数据对经济领域的影响

大数据作为一种重要的战略资产，已经不同程度地渗透到国民经济的每个行业和部门，其深度应用不仅有助于企业经营活动，还有利于推动国民经济发展。麦肯锡研究所的研究表明，在医疗、零售和制造业领域，大数据每年可以提高劳动生产率0.5~1个百分点。

在宏观层面，大数据使经济决策部门可以更敏锐地把握经济走向，制定并实施科学的经济政策。事实表明，电子商务集团阿里巴巴就从其掌握的大量交易数据中更早发现了国际金融危机的到来，而其基于每天实时交易数据提供的数据分析，也为制定并实施经济政策提供了重要参考。联合国发起的"全球脉动"(Global Pulse)项目，使用自然语言解密软件分析社交网站和文本消息中的信息，从而帮助预测某个地区的失业率、支出削减或是疾病暴发等现象，目标在于利用数字化的早期预警信号来提前指导援助项目，以防止这个地区重新陷入贫困和其他困境。大数据的影响对改进经济信息统计和指导政策制定都有促进作用。简单地讲，相对于传统经济统计而言，大数据引发的变革主要表现在以更快的速度、更广泛的范围，提供更全面、更为细致的数据。

在微观方面，大数据可以提高企业经营决策水平和效率，推动创新，给企业、行业领域带来价值。一是增加销售收入。零售商可通过对海量数据的实时分析掌握市场动态并迅速做出应对，通过精准营销增加营业收入。二是提高效率。制造业企业通过整合来自研发、工程和生产部门的数据以便实行并行工程，可以显著缩短产品上市时间并提高其质量；在市场和消费者方面，大数据能够帮助消费者在更合理的价格范围内找到更合适的产品来满足自身的需求，提高附加值。三是推动创新。企业可从产品开发、生产和销售的历史大数据中找到创新的源泉，从客户和消费者的大数据中寻找新的合作伙伴，从售后反馈的大数据中发现额外的增值服务，从而改善现有产品和服务，创新业务模式。四是大数据可使企业的生产经营更加智能。例如服装企业，通过对来自门市店铺的大量消费者行为数据、网上得到的体验数据，以及社交网络消费者评价等大数据进行分析，就能迅速反映需求，然后科学研发、精准营销。大多数行业能够这样做时，将大大促进中国经济从"中国制造"向"中国创造"转型。

当前，一场以大数据为核心的商业变革正在兴起。从搜索引擎、社交网络、电子商务平台等IT企业，到电信运营商、航空公司、物流企业，再到医院、超市、饮料制造等传统企业，由大数据引发的商业变革如火如荼。众多的企业实践和研究案例表明，数据分析在广度和深度上的拓展能够帮助企业增强竞争力，提高盈利能力。

（一）大数据对信息统计的影响

随着计算机和互联网的普及以及电子商务的发展，越来越多的经济行为被记录下来。在传统意义上，经济统计一般只细分到产品、行业层面，通常以月为频率，条形码出现后，记录可以具体到每一次交易行为。而对于淘宝、亚马逊等网上购物平台，能被记录的则不仅仅是交易行为，还包括消费者从搜索、对比、选择、购买，一直到售后评价等一系列操作。事实上，电信、医疗、物流等其他行业，都在实现更详尽的记录。

传统经济统计数据有两个缺陷：一是存在滞后性，二是低频率。而大数据可以在这些方面做出改进。例如各国消费者物价指数 (CPI) 的发布一般都存在滞后期，以中国为例，通常要等到下个月的 9 号左右才发布本月份的 CPI 数据，而"在线价格指数"是对市场价格的实时跟踪和汇总，不存在滞后性，从而能为货币政策制定提供更为及时的信息。同时，在线价格指数可以做到以天为频率，甚至更高频率，从而能用来更细致地分析通货膨胀规律和定价行为。而且，该指数与资本市场走势还具有相关关系。

传统的经济统计工作在未来将大数据化——以往生产统计更多地停留在行业层面 (或局限于规模以上企业)，而未来可能是针对所有企业；传统的消费统计主要基于抽样调查，而未来可能具体到每个家庭或个人；传统的价格统计 (比如通常所说的"CPI 指数") 中仅包含几千种商品、涉及几万个调查销售网点，而今后可能包含几万种商品、所有在线销售商和大部分线下销售网点。随着大数据技术的成熟，"样本即总体"将成为趋势，抽样变得越来越不重要。

相对于传统经济统计来说，大数据引发的变革主要在四个方面：时效性提高、记录更加准确、覆盖的经济行为面更广、对单次经济行为的记录更加精细。简单地讲就是更快、更准、更广、更细。麻省理工学院斯隆商学院的两位教授正在主持一项名为"百万价格工程"的研究计划，他们通过搜集互联网上不同国家各种零售商品的价格数据，编制了各国的"在线价格指数"。谷歌和百度先后推出了基于互联网搜索频率的"谷歌指数""百度指数",将互联网用户对特定关键词的搜索量通过统计学方法编制成指数,用来反映大众对于该关键词关注度的变化趋势。

阿里巴巴推出了基于淘宝电商平台的"iSPI"系列指数,这些指数以网络交易的实时数据为基础,能够反映食品、烟酒及其他用品、衣着等十多个商品和服务类别的网络零售价格和交易量的变化趋势,可以辅助洞悉通货膨胀、经济增长、居民消费等宏观经济指标。

另外,传统经济统计的思想是以样本表征总体,这种分析结果与实际情况可能出现偏差。而大数据时代的经济信息统计包含的样本量则大得多,甚至可以覆盖全部总体,从而包含更多的信息量。例如,通过对比在线价格指数和官方 CPI 可以发现,美国的在线价格指数与官方发布的 CPI 契合得很好;而对于阿根廷,在线价格指数系统性地大幅高出官方发布的通货膨胀率。

在行业层面,大数据也能发挥作用。例如,互联网搜索引擎频率数据对中国汽车市场的需求量具有很强的预测力;基于互联网搜索量构建的"中国汽车需求先导景气指数"不仅能够提高销量预测的精度,还能够增强预测的时效性。又如,国家为了防治艾滋病,需要掌握艾滋病的分布情况,过去采用传统的问卷、现场采访等的手段,既费人力、物力,又不够准确和及时。利用大数据分析,就可以实时地了解艾滋病的分布情况和严重程度,政府就可以及时地合理分配资源。另外,随着大数据相关技术的成熟,公共部门和私人企业过去积累的大量"垃圾"数据有可能重新焕发光彩。比如用微观居民和企业的用电量数据指导智能电网建设、用交通事故和犯罪数据指导警力布局、用消费和税收数据指导收入分配、用客流量数据指导铁路和民航调配、用互联网关键词传播数据进行流行病预防,等等。

(二) 补充而非替代

需要指出的是,大数据之于传统经济统计,是补充而非替代。基于抽样、调查、汇总等程序获得的数据仍将在经济分析和政策制定中发挥重要的作用。横向来看，传统统计方法在经济增长、税收、贸易、收入分配等领域的统计上具有主导优势，而大数据在物价、通货膨胀、失业率、消费等方面的统计上更具有优势。

五　大数据对社会发展的影响

"大数据"一词被越来越多的人提到。从表层意义上看，人们用它来描述和定义信息爆炸时代产生的海量数据。实际上，大数据的渗透能力远超过人们的想象，不管是在物理学、生物学、环境生态学等领域，还是在军事、金融、通信等行业，大数据正在迅速膨胀，没有一个领域可以不被波及。大数据正在改变甚至颠覆着我们所处的整个时代，对社会发展产生了方方面面的影响。

（一）大数据下的生活方式变革

在大数据时代，用户会越来越多地依赖于网络和各种"云端"工具提供的信息做出行为选择。从社会大方面上看，这有利于提升我们的生活质量、和谐程度，从而降低个人在群体中所面临的风险。比如美国的网络公司 Farecast 通过对 2000 亿条飞行数据记录的搜索和运算，可以预测美国各大航空公司每一张机票的平均价格的走势，如果一张机票的平均价格呈下降趋势，系统就会帮助用户做出稍后再购票的明智选择。反过来，如果一张机票的平均价格呈上涨趋势，系统就会提醒用户立刻购买该机票。通过预测机票价格的走势以及增降幅度，Farecast 的票价预测工具能帮助消费者抓住最佳购买时机，节约出行成本。未来，通过对大数据信息的整合，这项技术可以广泛应用到其他领域，比如宾馆预订和贵金属、房产的购买等，只要这些领域内的产品差异不大，同时存在大幅度的价格差和大量可运用的数据，就都可以应用这项技术。人们应用这些专业网站提供的预测价格，在进行购物和消费时也会变得越来越理性。

从互联网浩瀚的数据宝藏中获取资料进行自动运算处理的计算机工具正在快速普及，处在一线的是正在迅速发展的人工智能技术，如自然语言处理、模式识别以及机器学习，那些人工智能技术可以被应用到多个领域。现在，Google 的无人驾驶汽车已经在加州行驶了几千公里，未来我们可以通过人工智能与汽车产生互动，从而使自动驾驶得以实现，当然，这些都是基于大量数据解析的结果。又如，越来越智能化的手机语音助手随着人们提供的数以百万计的数据，正变成人们的个人小助理，为用户提供提醒、天气预报、收发邮件、行程安排等多种服务，未来所能解决的问题也越来越多。

（二）大数据下的营销方式变革

有数据显示，Twitter 平均每天产生 3.4 亿条消息，而 Facebook 每日则有 40 亿条信息在扩散。随着社交网络的全球扩张，数据大爆炸正在改写营销规则。社会化媒体的广泛应用带来了海量的数据。数字科技的发展越来越深刻的影响到营销的方法论以及效率，这个时代已经完全不是此前单纯的数字媒体化年代。网络媒体正在从单纯的内容提供方进化成开放生态的主导者，大数据时代的社会化营销重点是理解消费者背后的海量数据，挖掘用户需求，并最终提供个性化的跨平台的营销解决方案。

在大数据时代，整个营销系统的变量越来越多，各种新势力与传统力量在系统中不断耗散与协同。这些日益增加的复杂性最终导致了整个系统的目标慢慢开始失焦，那些在传统营销时代原本理所当然的方法论开始变得不确定。未来，将会有越来越多的企业通过各种用户产品、数据库对用户行为进行一系列的数据洞察、分析和挖掘，深度剖析每一个用户族群，通过差异化标签在品牌和受众之间建立社会化的营销关联。而对大数据营销价值的挖掘成为在线营销领域面临的课题，也就是企业可以通过追踪用户浏览网页及购物习惯智能地提升精准投放广告的能力，从而得到更高的投资回报率。

（三）大数据下的医疗方式变革

在公共卫生和医疗领域，大数据的预测有望为人们提供强大的健康保障。通过对上万名自闭症患者家庭背景、居住地区、饮食、环境差异等数据的收集，我们或许可以发现这种疾病的成因。研究人员已发现，Google 搜索请求中诸如"流感症状"和"流感治疗"之类的关键词出现的高峰要比一个地区医院急诊室流感患者增加出现的时间早两三个星期 (而急诊室的报告往往要比浏览慢两个星期左右)。通过类似现象的判断，我们可以提前预测疾病的暴发，更有针对性地做出预防。

(四) 大数据增强社会管理水平

大数据在政府和公共服务领域的应用，可有效推动政务工作的开展，提高政府部门的决策水平、服务效率和社会管理水平，产生巨大社会价值。欧洲多个城市通过分析实时采集的交通流量数据，指导驾车出行者选择最佳路径，从而改善城市交通状况。

六　中国开展大数据研究与应用的情况与案例

近年来，中国已启动对大数据的研究与应用，并已取得可喜的成果。主要有以下几个方面。

①交通运输领域的研究与应用，比较突出的是北京交通大学对铁路、民航、轨道交通等方面的预测与分析。

②北京交通大学已经整合现有城市轨道交通基础数据，建立信息服务平台，预测客源、市场与成本、收益及发展趋势。从道路和城市交通系统中的居民出行和车流数据提取、分析，把握居民的出行大数据，为城市交通系统建设与布局提供决策依据。

③百度公司与中国科学院合作对艾滋病等流行病进行大数据收集与分析，以计算、预测其发展趋势并制定对策。

七　应对大数据的建议

社会的各种组织要建立和完善处理"大数据"的组织机构。政府机构、行业组织和大型企业要建立专门的数据治理机构来统筹数据治理工作。例如数据治理委员会、大数据管理局等，数据治理的重点在于数据定义的一致性和数据的质量。在大数据时代，不同系统之间的数据要进行整合，因此要有统一的元数据定义，这不仅是中国而且是全世界当下都在面临的挑战。各个领域和行业的数据标准制定得好，将会起到事半功倍的效果。就单个企业而言，要认识到，未来的竞争是知识生产率而不是劳动生产率的竞争，数据分析产生的价值可能比较碎片化，分布在商业流程的各个环节，数据挖掘的投资回报也有不确定性，但企业领导必须有眼光，把数据治理的工作尽快统筹起来，为增强企业在大数据时代的竞争力做好准备。此外，数据治理机构的负责人应该由组织的高层领导担任，否则标准无法推进到全局，也改善不了整个行业或组织的情况。

开放数据。数据增值的关键在于整合，但自由整合的前提是数据的开放。开放数据是指将原始的数据及其相关元数据以可以下载的电子格式放在互联网上，让其他方或组织自由使用。开放数据和公开数据是两个不同的概念，公开是信息层面的，是一条一条的；开放是数据库层面的，是一片一片的。开放也不一定代表免费，企业的数据，可以以收费的形式开放。开放也是有层次的，可以对某个群体、某个组织，也可以对整个社会开放。在大数据的时代，开放数据的意义，不仅仅是满足公民的知情权，更在于让大数据时代最重要的生产资料——数据自由地流动起来，以催生创新、推动知识经济和网络经济的发展，促进中国的经济增长由粗放型向集约型转型升级。

鼓励、扶持基于数据的创新和创业。可以是政府为主导建立大数据产业园，对新兴企业提供办公场所等便利条件或者现金支持，但更有效的方式是调动全社会的力量。例如，拨款支持大数据开源社区、程序员协会等民间组织的建设，通过扶持类似的民间团体，快速推进新技术、新理念在全社会的传播和普及；再如，以开放的数据为基础，举办应用程序开发大赛，向全社会征询数据使用、创新的意见，主办方可以是政府，也可以是企业，拿出一定的资金，奖励最优秀的应用程序，激发民间蕴藏的创新力量。

在全社会弘扬数据文化。数据文化，是尊重事实、推崇理性、强调精确的文化。回顾历史，要承认中国是个数据文化匮乏的国家，就现状而言，中国数据的公信力弱、质量低，数据定义的一致性差也是不争的事实。这方面，政府应该发挥主导作用，首先在公共领域推行数据治国的理念，要认识到，在大数据时代，公共决策最重要的依据将是系统的数据，而不是个人经验和长官意志。过去深入群众、实地考察的工作方法虽然仍然有效，但对决策而言，系统采集的数据、科学分析的结果更为重要。政府应加大数据治国的舆论宣传，将数据的知识纳入公务员的常规培训体系，力争在全社会形成"用数据来说话、用数据来管理、用数据来决策、用数据来创新"的文化氛围和时代特点。

加强对数据信息的保密与安全防范，从硬件、软件到人才都要用自己可靠的管理。

要围绕个人和企业数据安全，逐步加强隐私立法。任何技术都是双刃剑，大数据也不例外。如何在推动数据开放的同时有效地保护公民隐私，将是大数据时代的一个重大挑战。

要加强大数据技术开发与管理人才的培养。

八　总结

大数据时代是信息社会运作的必然结果，它令人类的信息社会迈上了一个台阶。在农业社会，人们以土地为核心资源，到工业时代转为能源资源，到信息社会则将变更为数据资源。谁掌握数据以及数据分析方法，谁就将在这个大数据时代胜出。无论是商业组织还是国家，只要充分发挥大数据时代的价值、迎接好大数据面临的挑战并及时应对，就会处于大数据时代领域里的不败之地。

参考文献

孟妍:《电子商务：如何让"大数据"为你盈利》,《中国电信业》2012 年第 12 期,第 46~47 页。

高珍、谢玉婧:《电子商务系统中的大数据处理》,《计算机光盘软件与应用》2012 年第 21 期,第 111~112 页。

陈云海、黄兰秋:《大数据处理对电子商务的影响研究》,《电信科学》2013 年第 3 期,第 17~21 页。

钟瑛、张恒山:《大数据的缘起、冲击及其应对》,《现代传播（中国传媒大学学报）》2013 年第 7 期,第 104~109 页。

王雍:《电子商务的大数据时代》,《成功营销》2012 年第 9 期,第 3 页。

姚尧:《大数据时代的智能物流》,《中国经济信息》2013 年第 7 期,第 70~71 页。

白洁:《大数据应用》,《信息安全与通信保密》2013 年第 10 期,第 13~16 页。

钱晓东、王蕾:《论数据挖掘与电子商务的契合》,《图书情报工作》2010 年第 10 期,第 135~138 页。

居民选择 P2P 网贷产品影响因素的实证分析

——以襄阳市为例

张 诚 乔 红 李 娇*

摘 要： 本文以襄阳市市民为例，从投资人的角度出发，运用探索性因子分析、双隐含层神经网络模型、逐步回归模型探究 P2P 网络创新借贷中投资者投资的影响因素。结果显示 P2P 创新网贷的三大类影响因素为：投资可靠性因素、投资便利性因素和投资风险因素；同时发现襄阳市 P2P 网络借贷普及度低，居民熟悉度不高；网贷平台业务处理效率、服务质量、操作规范、坏账率特别是风控措施受到襄阳市居民的高度重视。

关键词： P2P 网络创新借贷 探索性因子分析 神经网络 回归分析

一 引言

P2P 网络借贷是英文 "Peer to Peer" 的简称，是近年来从国外引进的一种小额借贷创新型业务，在国内被称为 "人人贷"。 P2P 网络借贷起源于欧美，随着 2007 年

* 张诚，长江师范学院副教授，同济大学经济与管理学院博士，上海财经大学金融学院博士后，主要研究方向为互联网及供应链金融、国际结算；乔红，华中农业大学应用统计硕士研究生，研究方向：数理金融；李娇，湖北文理学院物流管理本科生，研究方向：物流管理。

拍拍贷在上海成立，这种新型借贷模式挺进中国金融市场。在中国经过 8 年发展现已粗具规模，近两年更是呈现爆炸式增长的态势，并迅速由上海等发达地区扩展到二、三线市场。典型的 P2P 网贷平台有拍拍贷、人人贷、红岭创投、宜信等。然而，这种借贷模式在中国的发展也潜藏着极大的风险。据互联网金融垂直门户零壹财经监测，2014 年 10 月，问题 P2P 平台激增，共有 38 家平台出现问题，超过了 2013 年 11 月的34 家，创下了自 P2P 平台在中国出现以来的最高纪录。38 家"出事"平台中，纯诈骗跑路的平台占到一半左右，共有 17 家，出现提现困难的有 11 家，网站停运和出现问题后跑路的分别为 5 家。2015 年 3 月 5 日，李克强总理在政府工作报告中首次提出"互联网 +"行动计划，强调 2015 年要全面推进"三网"融合，制定互联网行动计划，推动互联网金融等行业健康发展。个体小微企业在中国社会经济生活表现了独特的生命力和活力，在带动襄阳市经济的进一步发展、增加就业等方面发挥着越来越重要的作用。然而"融资难"却成为小微企业进一步发展壮大的瓶颈，通常小微企业的资金需求具有"小、快、急、频"的特点，并且缺乏抵押物，而传统金融在小微企业及个人贷款业务方面却无法惠及。随着襄阳市经济的稳步发展，居民家庭收入逐年增加，"金融理财"成为老百姓关注的话题。一方面，人们理财的意识和理财需求越来越强烈，进一步刺激了襄阳市居民的投资需求，据调查发现，襄阳市居民有强烈的理财愿望但是没有行动，原因是警惕投资风险，始终驻足观望；另一方面，少有的大众投资也只是局限于货币基金方面，传统的投资理财方式（房地产、股票、基金、债券、黄金等）已经无法满足大众投资需求。近两年 P2P 网络借贷从中国一线城市扩展到襄阳，并迅速落地生根，不断发展壮大。2014 年 8 月，口碑贷的成立标志着 P2P 网络借贷正式落户襄阳。目前，如何解决资金供需矛盾成为襄阳市金融业亟须解决的难题。

二 国内外文献研究综述

(一) 国外文献研究综述

从人口特征来看，Barasinska 发现女性贷款者在选择借款者时，往往选择信用水平较高、风险较小，但愿意提供较高水平利率的借款者。除了对性别的研究，Raving 还对借款者的肤色、种族对借款成功率和借款利率的影响进行了研究，他通过对 Prosper 上的数据进行回归，发现黑人的违约率相对较高。Pope 和 Sydnor 研究表明，非洲裔美国人借贷成功的可能性要比那些具有相近信用评级的白人低 25%~34%，同时非洲裔美国人贷款的利率比白人贷款的贷款利率高 0.6% 和 0.8%。然而就预期回报率而言，非洲裔美国人的贷款要明显差于白人的贷款。因此，非洲裔美国人较高的借款年利率并不足以弥补其更高的违约概率。而 Gonzalez 和 Loureiro 通过经济学实验发现青年人会被认为是高风险和高违约率的群体，他们往往会得到较少的借款。相比之下，成年人会得到较多的借款。

从财务因素来看，Iyer 和 Herzenstein 研究发现借款人的财务状况对其借款成功率有显著影响。Puro 在研究哪些措施能够帮助借款人成功地借到款项时，提出借款成功率的主要影响因素包括信用得分、总负债偿还比率、当前拖欠记录，最终给出了各个信用等级下借款人订单完成状况的拟合方程发现，在 P2P 网络借贷上的投资者面临对借款者的"硬信息"（如对借款者的信用记录、财务状况等）不够了解的情况下，可以用借款者的"软信息"作为弥补。Petersen 认为软信息一般不能像硬信息（如借款人的财务数据）那样完全用一个数字或分数来总结。

从社会资本角度来看，学者发现当 P2P 网贷平台借款人信用评分低时，社会资本发挥重要作用，资金借出者会更多参考借款人的社会资本。Freedman 和 Rodan 认为网络借贷平台显示借款人的信用评分较低时，而资金借出者更多地会参考借款人的社会资本。Lin 等人将社会资本按熟人是否参与竞标等指标分为五个层次，对社会资本与 P2P 网络借贷行为进行回归分析，发现关系型的社会资本对于较少资金交易过程中的信息不对称问题有着显著效果，而结构型社会资本的影响就不大。Hope 和 Stiglitz、Udry 等人的研究发现，非正式的投资者和金融机构利用借款人的社会网络因素来确定借款的违约风险，故借款人的社会网络因素在 P2P 贷款市场中也发挥着重要的作用。Herrero-Lopez 评估了社会互动对 P2P 小额贷款市场的影响，结论指出，加入"可信社团"的借款人的借款成功率提高了两倍。

从借款人自我陈述角度看，Lin M.、Prabhala N. R. 和 Viswanathan S 以及 Freedman S. 和 Jin G. Z 均指出，借款人的基本信息是投资者对其还款可能性进行评估的主要参照因素，影响着投资者最终的投资决策。Herzenstein 利用 prosper 上的数据证实借款人信用、个人背景特征、努力程度对借款成功率有影响。Mingfeng Lin 通过对 Prosper 平台的借贷交易数据分析后发现，借款人的信用评分与借贷成功率成正比，对信用得分较低的借款人会提出相对较高的借贷利率，然而其违约风险会更高。Larimore 分析了借款人列表上的语言描述，对借款人提出了如何增强借款申请说服力的建议。

（二）国内文献研究综述

从 P2P 网贷市场的发展原因看，陈静俊认为 P2P 网络借贷不仅高效而且提高了资金的利用效率，同时有利于民间借贷的阳光化。王梓淇认为银行等金融机构因自身的规章制度和资金成本问题使中低收入人群难以获得传统融资。而 P2P 的产生，刚好弥补了银行等金融机构的不足。它主要面对的客户就是这类无抵押、贷款额度小的客户群。雷舰认为 P2P 平台数量增长迅猛，近几年 P2P 网贷平台数量呈现出高速增长的态势，年均增幅接近 200%。形成这一态势的原因，一是政策层面对普惠金融的支持，二是对 P2P 网贷行业尚未设立有效的准入门槛。

从 P2P 网贷市场的发展现状来看，孔令君认为，近些年来 P2P 网贷平台在中国取得了巨大的发展。作为一个新兴的行业，其在成长过程中既取得了令人瞩目的成绩，也出现了令人担忧的乱象。毫无疑问，P2P 网贷对中小企业、个人融资难的问题提供了一种解决思路，未来的 P2P 网贷在金融体系中将扮演重要的角色。黄磊、朱珊庆认为，中国最早的 P2P 平台成立于 2007 年，由于监管、征信体系、风险控制等配套机制不健全，在其后两三年间，P2P 平台未能得到正常发展。张鼎威认为，P2P 网络借贷存在相关法律不健全、个人征信系统和信息披露制度不完善、平台对第三方存款落实不到位、市场准入与退出制度尚未明确等风险。

从影响投资者出借行为的角度来看，郭阳发现，在中国 P2P 小额贷款市场中投资者的"羊群行为"是影响借款成功率、借款投标人数、成交利率的一个重要因素。宋文的研究表明，P2P网络借贷平台上的抵押担保信息（Guarantee）、信用信息（Credit），是对网络借贷行为影响最大的因素，能极大地影响出借人的出借意愿。借款人的历史表现信息（Record）、借款信息（Loan）以及借款人的人口特征信息（Demographic）等因素，也分别从感知收益、感知风险以及信任度各个方面对网络借贷行为有着相当重要的影响。宁欣以人人贷为例研究了P2P网络借贷中个人信息对借贷成功率的影响，得出信用得分越高、学历越高、年龄越大、已经结婚、已购住房则能获得借款的概率越大，反之越小的结论。孔雪萍通过调研发现，投资者的风险承受能力与出借意愿正相关。投资者的风险承受能力主要涉及影响投资者有多大能力承担风险的相关因素，其中包括投资者的年龄、财富值、所供养的家庭人数、文化程度、年收入等。左茹霞等发现，借款期限、资金杠杆、平台知名度和运营时间等对投资者的出借行为有较大影响。

从国内P2P网贷市场存在的问题及对策来看，王艳、陈小辉和邢增艺指出了目前网络借贷平台中存在的问题，建议将网络借贷纳入金融监管和管理的范畴。吴晓光、钮明等通过分析P2P网络借贷的经营模式，从借贷双方的利益出发，提出了完善相关监管和法律的建议。王蕾的实证研究表明，P2P存在明显的信息不对称问题。雷舰认为，P2P网络借贷存在五个问题：流动性及准备金问题、担保及关联问题、中间账户监管缺失问题、网贷平台异化产品问题、信息纰漏及信息安全问题。黄磊、朱珊庆认为，国内P2P行业处于无准入门槛、无行业标准、无监管政策的"三无"状态，进入成本极低，市场环境不成熟、投资者不成熟，导致国内P2P平台的发展路径与国外出现了较大偏离。目前国内P2P的共性问题是P2P业务仅有其形未得其神的问题。高勇针对P2P网贷存在的问题从法律、监管机制、资金托管机制、征信体系等方面给出了相关建议。而林天维和石友蓉、徐荣贞等提出了促进中国P2P网络借贷平台风险管理的对策建议：完善平台信用评价体系；构建平台抵押担保体系；设立风险控制管理部门；加强多个部门之间协作和信息沟通；制定有效的风险应急预案。

（三）国内外文献研究评述

对比国内外研究现状来看，国外学者偏向于实证研究，这与国外 P2P 借贷平台发展程序、网络借贷平台运作模式清晰、监管明确、信用制度完善有关。在国内，平台的运作模式尚未成熟，并且 P2P 网络借贷的交易数据很难获取，这导致对 P2P 网络借贷的定量研究难以进行。目前国内学者研究内容主要是针对 P2P 网络借贷的起源和发展、平台的运营模式以及监管缺失与法律空白问题方面，学者少有对构建具体的、由多方参与的 P2P 网络借贷模式进行研究，对影响投资人为何选择 P2P 产品的影响因素研究甚少。本文立足襄阳市，从投资人的角度出发探究 P2P 网贷中投资人投资影响因素，对弥补学术上的研究空缺、提高网络中介平台的服务效率和服务质量、提高 P2P 网络借贷交易成功率有重要的现实意义。

三 基于 Factors Analysis、Neutral Network、Backward Regression 对 P2P 的研究

（一）P2P 网络借贷中投资者影响因素研究与变量分析

1. P2P 网络借贷研究的概念模型

综合国内外研究成果以及国内学者的一些看法，为了研究需要，我们可以做出如图 1 所示的 P2P 网络借贷中投资者影响因素的概念模型。

2. 通过该 P2P 网络借贷概念模型，将影响因素分为四大类型，提出如下理论假设。

（1）投资者的风险承受能力与投资人出借意愿呈正相关；

（2）投资者个人投资理财行为与投资人的出借行为呈正相关；

（3）网络借贷平台综合实力与投资人出借意愿呈正相关；

（4）借款人信息描述的可靠性与投资人出借意愿呈正相关。

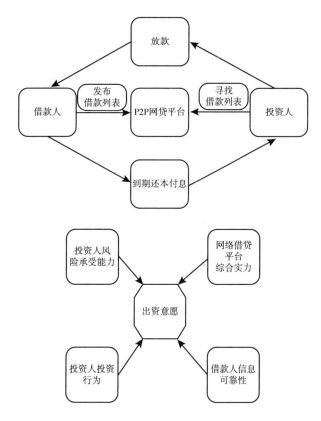

图1　P2P网络借贷中投资者影响因素概念模型

3. 问卷的设计和发放

本研究的问卷设计除了借鉴先前学者已有的研究成果外，还针对 P2P 网络借贷本身特点对具体问题进行设计，并通过预调查不断完善问卷，问卷每个潜变量都设有两个及以上的测量问项。此外，问卷还必须通过信度和效度检验，均能应用于实证研究。本次调查问卷包含三部分内容：襄阳市居民基本情况，襄阳市居民理财行为，投资人综合影响因素量表（后续分析的主成分变量）。在问卷中分别采用了单选题、多选题和李克特量表定序三种题型。问卷初稿设计了 40 个问题，通过汇总预调研过程中被调研者的反馈意见以及调研组对问卷预调研数据的进一步分析，最后决定删减 6 道题目，问卷定稿最终保留了 34 道题目（见附）。

本次调查采用面访式调查方法，随机向襄阳市区居民发放 200 份调查问卷，回收有效问卷 171 份，问卷有效回收率达到 85.55%。

4. P2P 网贷影响因素样本描述性统计分析

投资人的个人特征分析如下。

（1）性别：男士占被调查人数的比例是 51%，女士占被调查人数的比例是 49%，性别比例接近于 1:1。（见表 1）

表1　问卷调查样本性别分布

单位：%

性别	人数	比率
男	87	51
女	83	49

（2）年龄：年龄在 25 岁以下的居民约占被调查者总数的 24 %；年龄在 25 ~ 35 岁的比例为 46%，约占调查人数的一半，为本次调研的主要群体；年龄在 36 ~ 46 岁的人数约为总数的 15%；年龄在 46 岁以上的比例为 15%。（见表 2）

表2　问卷调查样本年龄分布

单位：%

年龄	人数	比率
25以下	40	24
25~35	79	46
36~46	26	15
46以上	26	15
累计	171	100

（3）样本户籍结果状况：在调查样本中，75% 是城镇居民，25% 是农村居民，城乡比例为 3:1，说明此次调研对象中，城镇居民居多。

（4）学历：在被调查群体中，学历在高中及以下的群体占31%，所占比重比较高；学历为专科的所占比例是27%，约占总体的1/4；学历为本科的所占比例是35%，比重最大；学历为本科以上的比例是7%。可推断出，襄阳市居民受教育水平总的来说还是比较高的。（见表3）

表3　问卷调查样本学历分布

单位：%

最高学历	人数	比例
高中及以下	53	31
专科	46	27
本科	60	35
本科以上	12	7
累计	171	100

（5）职业分布状况：襄阳居民的职业种类很多，且其分布不均匀。有30%是不便分类的其他从业人员；商业、服务业人员达24%；专业技术人员占20%；18%的居民职业是国家机关、党群组织、企业、事业单位负责人；农、林、牧、渔、水利业生产人员和军人所占比例较少。（见表4）

表4　问卷调查样本职业分布

单位：%

职业	人数	比率
国家机关、党群组织、企业、事业单位负责人	31	18
专业技术人员	34	20
商业、服务业人员	40	24
农、林、牧、渔、水利业生产人员	2	1
生产、运输设备操作人员及有关人员	6	4
军人	5	3
不便分类的其他从业人员	52	30
累计	170	100

（6）样本月均闲钱状况：月均可支配闲钱在500元以下的比例是16%，501~1000元的比例是22%，1001~2000元的比例是19%，2000元以上的比例是43%。从总体来看，襄阳大多数居民的可支配闲钱都在2000元以上，襄阳市居民的经济水平较为乐观，为居民选择互联网金融投资理财提供保障。

表5　问卷调查样本闲钱分布

单位：元，%

月均闲钱	人数	比例
500以下	27	16
501~1000	38	22
1001~2000	32	19
2000以上	73	43
累计	170	100

（7）样本收入状况：襄阳居民年收入在0~30000元的频率为32%，所占比例最大，说明约有1/3的襄阳居民年收入处于这一低水平；年收入在30000~50000元的比例为28%，接近1/4的人群年收入处于中级水平；年收入在50000~70000元的比例为17%；年收入在70000元以上的比例为15%，高收入群体较少。没有收入的比例为8%，在被调查者中，包含一定比例25岁以下居民，其中包含部分在读学生。由调查结果显然可知，襄阳市居民收入目前属于中低水平。（见表6）

表6　问卷调查样本收入分布

单位：元，%

年收入	人数	比率
0	14	8
0~30000	54	32
30000~50000	47	28
50000~70000	29	17
70000以上	26	15
累计	170	100

（二）信度和效度分析

信度分析用来测量量表的可靠性和稳定性。在李克特态度量表中常用的信度检验方法是 Cronbach's Alpha 系数，用来观察问卷各项目的内部一致性。效度是反映结果能测量到所有对象的程度。本文采用 KMO 取量适当性检验，KMO 值介于 0~1 之间，该值越大，则表明变量的共同因子较多，进行因子分析的效果则较好。而对于 KMO 值的标准，一般认为 KMO>0.70 即可接受，若 KMO>0.90 则代表非常好。

其中 Cronbach's Alpha 系数的计算结果为 0.948，可见此量表信度非常好，可以进行主成分分析，在主成分中抽取主因子。

表7　Cronbach's Alpha信度系数

可靠性统计量		
Cronbach's Alpha	基于标准化项的Cronbach's Alpha	项数
0.948	0.949	19

在针对期望影响因素的效度分析中，方差（Chi-Square）值为 2360.148，显著性（Sig.）的值为 0.000,小于 0.05，可见 KMO 和 Bartlett's 检验显示效度好。

表8　KMO 和 Bartlett's 效度检验

KMO 和 Bartlett's 检验		
	Kaiser-Meyer-Olkin衡量抽样充足率	0.920
巴特利特球形的测试	Approx. Chi-Square	2360.148
	df	171
	显著性	0.000

从上述可靠性分析、KMO 和 Bartlett's 检验的结果来看，此次调研的数据是有效的，能够用于下面一系列的推断性统计研究。

（三）因子分析

可得 KMO 值为 0.920，即所有变量间的简单相关系数平方和大于偏相关系数平方和，适宜做因子分析；巴特利特球形度检验值的近似卡方为 2360.148（df=15）P=0.000，拒绝原假设，说明原变量之间存在相关性，适宜做因子分析。

表9 居民选择P2P产品影响因素主成分分析

单位：%

成分	初始特征值			提取平方和载入			旋转平方和载入		
	合计	方差的百分比	累积百分比	合计	方差的百分比	累积百分比	合计	方差的百分比	累积百分比
1	9.986	52.556	52.556	9.986	52.556	52.556	6.173	32.488	32.488
2	1.745	9.182	61.738	1.745	9.182	61.738	3.963	20.856	53.345
3	1.086	5.715	67.453	1.086	5.715	67.453	2.681	14.109	67.453
4	0.891	4.689	72.142						
5	0.808	4.254	76.397						
6	0.709	3.732	80.128						

主成分结果如表 9 所示，包括特征根由大到小的排列顺序、各主成分的贡献率和累积贡献率。第一主成分的特征根为 9.986，它解释了总变异的 52.556%；第二主成分的特征根为 1.745，它解释了总变异的 9.182%；第三主成分的特征根为 1.086，它解释了总变异的 5.715%。故本例选取了 3 个主成分，此时的累计贡献率达到了 67.453%。

由主成分碎石图可以清楚地看出三个主成分贡献率的变化程度，通过计算可以得出投资可靠性的因子权重为 77.9%，投资便利性因子权重为 13.6%，投资风险因子权重为 8.5%。可以看出投资可靠性的因子权重是最大的，而投资风险因子和投资可靠性因子的权重较小，这说明投资可靠性因素对投资人的投资选择影响是最显著的。运用具有 Kaiser 标准化的正交旋转法，得到如表 10 所示旋转成分矩阵。

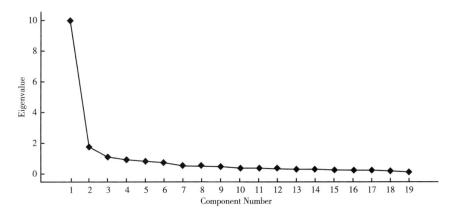

图2　居民选择P2P产品影响因素主成分碎石图

表10　居民选择P2P产品影响因素主成分

旋转成分矩阵a			
成分			
	1	2	3
民众口碑	0.644	0.087	0.182
资金担保	0.612	0.239	0.388
反馈速度	0.775	0.254	0.259
平台实力	0.771	0.201	0.268
专业化程度	0.781	0.259	0.120
规范运作	0.773	0.256	0.280
服务质量	0.777	0.268	0.106
处理效率	0.772	0.336	0.074
坏账率	0.256	0.209	0.832
风控措施	0.308	0.191	0.814
借款用途	0.285	0.491	0.469
信用等级	0.617	0.297	0.396
还款能力	0.640	0.331	0.431
信息真实性	0.651	0.232	0.430
投资收益	0.348	0.647	0.181
投资时间	0.214	0.719	0.223
金额大小	0.156	0.842	0.069
债券可转让性	0.266	0.786	0.164
资金流动性高	0.250	0.801	0.182

注：旋转法为具有 Kaiser 标准化的正交旋转法。

按照"方差极大法"对因子载荷矩阵旋转，从旋转后的因子载荷矩阵可以看出，综合因子 1 在反馈速度、平台实力、专业化程度、服务质量上有较大载荷；综合因子 2 在金额大小、债权可转让性和资金流动性上的载荷较大；综合因子 3 在坏账率和风险控制上有较大载荷，主成分的个数确定为三个。

根据上述数据分析结果，我们可以归纳出影响 P2P 网贷的三大类主要因素。

投资可靠性因素。包含民众口碑、资金担保、反馈速度、平台实力、专业化程度、规范运作、服务质量、处理效率、信用等级、还款能力和信息真实性等信息。这些因素对于投资者来讲是考量其投资是否可靠的重要因素，网络借贷的成功率会随着投资可靠性增强而提高，在投资决策中是非常重要的参考依据。

投资便利性。包含借款用途、投资收益、投资时间、金额大小、债权可转让性和资金流动性等信息。投资便利性因素是反映投资人在选择某项投资项目时考察的关于该项目可获得的难易程度，较强的便利性往往更容易吸引投资。因而投资项目的收益越高、投资时间越短则借贷成功率就越高。

投资风险。包含坏账率和风险控制等信息。投资风险是投资人在选择投资项目时最直观考察的因素，风险越高则借贷成功率就越低。它也是投资人在做投资决策时的重要参考依据。

（四）双隐含层神经网络模型分析

由于近年来投资平台坏账跑路的现象频繁发生，我们进一步利用双隐含层神经网络模型对 P2P 投资风险进行研究。首先将风险控制水平作为坏账率的直接影响因子，其次将平台实力、专业化程度、规范运作、信用等级、信息真实性、借款用途等 6 个因素作为辅助因子，平台坏账率作为因变量输出端，通过 MLP 多层感知器数据运行后可以得到图 3 如下。

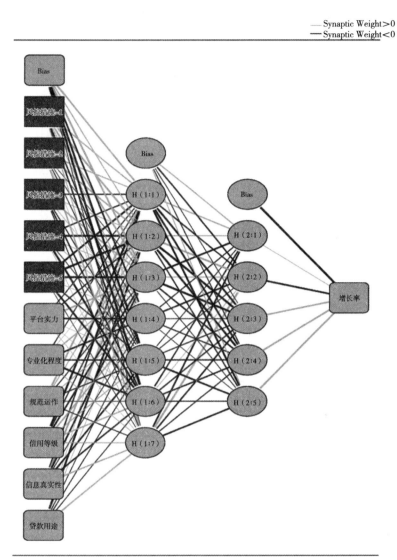

Hidden layet activation function：Hyperbolic tangent
Output layetr activation function：ldentity

图3　P2P投资风险（坏账率、风险控制）双隐含层神经网络

　　从图3的双隐含层神经网络模型可以看出因素之间的交织相互作用状态结果，之间的联系、作用和权重可以通过表11获知。

表11　输入层、隐藏层、输出层因素之间的参数估计

Predictor		Predicted												Output
		Hidden Layer 1							Hidden Layer 2					坏账率
		H (1:1)	H (1:2)	H (1:3)	H (1:4)	H (1:5)	H (1:6)	H (1:7)	H (2:1)	H (2:2)	H (2:3)	H (2:4)	H (2:5)	
INput Layer	(Bias)	0.548	0.284	0.677	-0.416	-0.671	-0.773	-0.069						
	[风控措施=1]	0.338	0.854	0.501	0.182	-0.294	-0.321	0.213						
	[风控措施=2]	0.304	0.449	-0.023	-0.039	-0.125	0.020	0.371						
	[风控措施=3]	-0.322	0.103	0.404	0.030	-0.172	-0.317	-0.149						
	[风控措施=4]	-0.298	-0.625	0.090	0.046	-0.053	-0.649	0.028						
	[风控措施=5]	-0.574	-1.41	-0.999	0.052	-0.278	-0.572	-0.038						
	平台实力	-0.205	-0.279	0.573	-0.469	0.037	0.010	0.036						
	专业化程度	-0.180	0.011	0.356	-0.427	-0.315	-0.584	0.151						
	规范运作	0.633	0.238	-0.194	0.189	-0.226	-0.011	-0.156						
	信用等级	-0.710	-0.253	-0.427	0.457	0.231	0.356	0.236						
	信息真实性	-0.314	0.663	-0.452	-0.106	-0.423	-0.372	0.411						
	借款用途	0.023	-0.608	0.066	-0.118	-0.179	-0.170	0.458						
Hidden Layer	(Bias)								0.309	-0.327	-0.069	-0.149	0.204	
	H (1:1)								0.346	-0.312	-0.529	-0.520	-0.541	
	H (1:2)								0.265	0.678	-0.825	-0.661	-0.282	
	H (1:3)								-0.508	0.268	-0.681	-0.349	-0.093	
	H (1:4)								-0.210	-0.405	-0.083	-0.249	-0.036	
	H (1:5)								-0.111	-0.141	-0.225	-0.306	-0.482	
	H (1:6)								-0.302	0.096	-0.303	-0.340	-0.213	
	H (1:7)								-0.423	0.844	-0.355	-0.214	-0.433	
	(Bias)													-1.024
	H (2:1)													0.145
	H (2:2)													-0.528
	H (2:3)													0.544
	H (2:4)													0.671

从表11输入层、隐藏层、输出层之间的参数估计可以清楚地看出,输入层的因素(风控措施、平台实力、专业化程度、规范运作、信用等级、信息真实性、借款用途)对隐藏层各个隐含因素的参数影响的大小以及正负作用关系。同样,也可以直观地看出隐藏层各个隐含因素对输出层(坏账率重要性)的参数影响的大小以及正负作用关系。

表12 P2P投资风险影响因素的重要程度

	Independent Variable Importance	
	Importance	Normalized Importance
风控措施	0.309	100.0%
平台实力	0.072	23.2%
专业化程度	0.074	23.9%
规范运作	0.146	47.3%
信用等级	0.154	49.9%
信息真实性	0.113	36.6%
借款用途	0.133	43.0%

从表12可以看出,风控措施对于P2P网贷平台坏账率重要性影响相关性最大,其次是信用等级、规范运作与P2P网贷平台坏账率相关性较大,其他几个因素也对P2P网贷平台坏账率有一定的影响。

(五)逐步回归法分析

采用向后(Backward)逐步回归法对回归变量进行筛选。首先,用坏账率对截距项以及信用等级、风控措施、规范运作等变量进行回归,回归结果如下。

表13 向后逐步回归法

	回归系数	T检验
截距项	0.209	0.446
信用等级	0.065	0.290
风控措施	0.723	0.000
规范运作	0.129	0.086
R^2	0.602	
调整后的R^2	0.595	

从表13可知，运用向后逐步回归法对原始变量进行筛选，最后留下了信用等级、风控措施、规范运作三个变量。整个回归方程的拟合优度为0.602，调整后的拟合优度为0.595，这说明整个方程的拟合效果并不好。从变量的T检验可知，在5%的显著性水平下，只有风控措施通过了检验，截距项、信用等级和规范运作均没有通过检验。其次，剔除常数项进行回归，结果发现剔除常数项后仍然不能通过检验。最后，剔除常数项和信用等级变量后的检验结果如表14。

表14 最优的回归结果

	回归系数	T检验
风控措施	0.761	0.000
规范运作	0.201	0.086
R^2	0.982	
F检验	4557.0936（0.000）	

从表14的回归结果可知，剔除常数项和信用等级变量后，回归结果更优。其中拟合优度为0.982，整个方程的拟合效果很好。风控措施和规范运作的系数均在5%的显著性水平下显著，且通过了F检验，进一步说明了整个方程回归的效果很好。

设F为坏账率的重要性，R_1为风控措施重要性，R_2为规范运作重要性，那么有回归方程：

$$F=0.761R_1+0.201 R_2+u$$
$$（13.521）（3.674）$$
$$（0.000）（0.000）$$

从回归方程可以看出，居民选择投资P2P平台的风控措施重要性和规范运作的重要性的回归相关系数为0.761和0.201。回归方程进一步证实了风控措施和规范运作对居民的影响都较强，但风控措施的重要性更强。

综上所述，对襄阳市居民选择P2P产品影响因素的实证研究结果表明：① P2P

互联网金融作为新兴投资理财方式，居民熟悉度低，传统理财方式依然是大部分襄阳居民的首选，传统媒介仍然充当理财信息的主要传播方式；②不同性别的理财经验和年均投资次数有较大差异，理财信息关注度总体不高，并且最高学历与年收入对年投资次数的影响相当重要；③网贷平台业务处理效率、服务质量、操作规范、风控措施和坏账率受到襄阳市居民的高度重视；④借款人信息描述的真实性以及还款能力受到投资人的普遍关注，借款人还款能力和投资人投资收益的保障程度是正相关的，投资收益和资金流动性是投资人考虑的双重投资因素。

四　政策及建议

P2P网络借贷创立的目的是解决小微企业的融资问题，针对实证研究得出的结论，笔者从网贷平台、投资人及政府等监管机构三个方面给出建议。

（1）网贷平台角度。首先，网络借贷平台需有针对性地加大推广力度、多种方式分层实施；其次，网络借贷平台需提高综合实力，强化P2P网贷平台操作规范、提升平台操作专业化程度、提高服务质量和信任度，只有网贷平台的综合实力提升了才具有更强的市场竞争力；最后网贷平台应明确定位、谨慎经营、规避风险、稳中前行、循序渐进、主动登记、合法经营、实事求是。

（2）投资人的角度。投资人应慎重投资，不可盲目追求高收益而忽视风险。避免投资过于集中，分散投资风险，注重经济学家"不要将所有的鸡蛋放在同一个篮子里"的主张。P2P属于高风险投资，投资人要慧眼识金、科学筛选网贷平台，并根据自己的风险承受能力来做选择性的投资。

（3）政府角度。首先应加强备案登记制度建设，可以在一定程度上减少违规操作、恶意诈骗事件的发生，相关的监管机构应及时出台监管细则，规范整个网贷市场秩序；其次是将P2P借贷纳入人民银行征信系统。目前，人民银行征信中心收购的上海资信公司已与100多家P2P网贷平台合作拟建立独立的征信系统，待时机成熟的时候，采取先报数据后服务的方式将网站信用数据与人民银行个人征信系统对接。

综上所述，为了促进 P2P 网络借贷平台的健康发展，应使网贷平台加大推广力度并提高安全性。同时，投资人需了解更多的金融知识，能够甄别各类网贷平台信用风险的大小，能够进行风险与收益之间合理配置。中国政府应该健全和完善 P2P 网贷相关的法律制度，加大打击各类违法犯罪网贷平台的力度。

参考文献

王梓淇:《P2P 网络借贷平台探析》,《时代金融》2012, (3):38-40.(11):82-85。

陈静俊:《P2P 网络借货——金融创新中的问题和对策研究》,《科技信息》2011 年第 13 期,第 12~13 页。

雷舰:《中国 P2P 网贷行业发展现状、问题及监管对策》,《金融前沿》2015 年第 8 期,第 71~76 页。

黄磊、朱珊庆:《P2P 市场分析及银行应对策略探讨》,《银行业经验管理》2015 年第 2 期,第 25~30 页。

孔令君:《P2P 网贷平台的中国难题与应对底线》,《金融监管》2014 年第 7 期,第 47~51 页。

宁欣:《P2P 网络借贷中个人信息对借贷成功影响的理论与实证研究》,中南大学硕士学位论文,2013 年。

邹红、喻开志:《中国城镇居民家庭的金融资产选择特征分析——基于 6 个城市家庭的调查数据》,《工业技术经济》2009 年第 5 期。

史代敏、宋艳:《居民家庭金融资产选择的实证研究》,《统计研究》2005 年第 10 期,第 43~49 页。

孔雪萍:《P2P 网络借贷中投资者出借意愿影响因素分析》,西北农林科技大学硕士学位论文,2014。

王蕾:《P2P 网络借贷平台融资可获得性研究》,东北财经大学硕士学位论文,2014。

宋文:《P2P 网络借贷行为研究》,上海交大硕士学位论文,2013。

郭阳:《中国 P2P 小额贷款市场借贷成功率 影响因素分析》,天津大学管理学院,2012。

王艳、陈小辉、邢增艺:《(2009) 网络借贷监管中的空白及完善》,《经济生活》,第 46~47 页。

高勇:《P2P 网络借贷平台中的中美比较分析及启示》,《改革探索》2015 年第 1 期,第 31~45 页。

吴晓光:《曹一论加强 P2P 网络借贷平台的监管》,《南方金融》2011 年第 4 期,第 32~35 页。

钮明:《"草根"金融 P2P 信贷模式探究团》,《金融理论与实践》2012 年第 2 期, 第 58~61 页。

张鼎威、肖立强、薛韩珍、周雅青、徐燕琴、兰陈金:《P2P 网络借贷平台的发展与风险控制》,《财经纵横》2017 年第 2 期, 第 56~58 页。

林天维、石友蓉:《中国 P2P 网络借贷平台内部控制评价——以人人贷平台为例》,《改革与战略》2017 年第 33 期, 第 55~58 页。

徐荣贞、殷元星、王帅:《P2P 网络借贷平台运营模式及风险控制思考——基于信息不对称视角》,《财会月刊》2017 年第 5 期, 第 33~38 页。

左茹霞、王言、李宇红:《P2P 网络借贷成交量影响因素分析》,《财会月刊》2017 年第 3 期, 第 118~122 页。

网贷之家年度报告: http://www.wangdaizhijia.com/news/hangye/16368.html。

P2P 跑路潮再度来袭: http://news.163.com/14/1106/02/AAB7KQF000014AED.html。

财经网, http://economy.caijing.com.cn/20150305/3832729.shtml。

Barasinska, N., "The role of gender in lending business: Evidence from an online market for peer-to-Peer lending", *Working Paper FINESS*, 2009.

Raving, E., "Love&Loans: The Effect of Beauty and Personal characteristics in Credit Markets", *Social Science Electronic Pubishing*, 2008.

Pope, D.G, Sydnor,J.R., "What's in a Picture? Evidence of Discrimination from Prosper.com". *Journal of Human Resources*, 2008.

Iyer R et al., "Screening in new credit markets: can individual lenders infer borrower creditworthiness in peer-to-peer lending?", *Scholarly Artides*, 2009.

Herzenstein M, Andrews R L, Dholakia UM, "The democratization of personal consumer loans? Determinants of peer-to-peer lending communities", *Bulletin of University of Delaware*, 2008.

Puro L, Teich J E, Wallenius H, Wallenius J, "Borrower decision aid for people-to-people lending", *Decision Support Systems* 2010(49), 52-60.

Petersen, M. A., "Information: Hard and soft". *Northwestern University*, 2004.

Seth Freedman,Ginger Zhe Jin, "Learning by Doing with Asymmetric Information:Evidence from

Prosper.com", *National Bureau of Economic Research*, 2009.

Lin,M., "Peer-to-Peer Lending:An Empirical Study", Conference on Information Systems (p. 8). San Francisco: Association Systems. 15th Americas for Information.

Hope K, Stiglitz J E, "Imperfect information and rural credit markets: puzzles and policy perspectives", *The World Bank Economic Review*, 1990, 235-250.

Udry C, "Risk and insurance in a rural credit market: an empirical investigation in Northern Nigeria", *Review of Economic Studies*, 1994, 495-526.

Sergio Herrero-Lopez, Aithne Sheng-Ying Pao, Rahul Bhattacharyya, "The effect of social infraction on P2P lending", *MAS 662J: Final Project*.

Lin M, Prabhala N, Viswanathan ,"ludgmg borrowers by the company they keep: social networks and adverse selection in online peer-to-peer lending", *Smith School of Business*, University of Maryland, 2009, 1-52.

Michal Herzenstein. Utpal M. Dholakia, Rick L. Andrews,"Strategic Herding Behavior in Peer-to-Peer Loan Auctions", 2010.

Seth Freedman, Ginger Zhe Jin, "Learning by Doing with Asymmetric Information:Evidence from Prosper. com", *Nber Working Papers* 2011.

Larrimore L, Jiang L, Larrimore J et al., "Peer to peer lending: the relationship- between language features, trustworthiness, and persuasion success", *Journal of Applied Communication Research*,2011,39(1):19-37.

Gonzalez L, Loureiro Y K, "When Can a Photo Increase Credit? The Impack of Lender and Borrower Profiles on Online P2P Loans", *Journal of Behavioral and Experimental Finance*, 2014 (2), pp.44-58.

Loureiro Y K,Gonzalez L., "Competition Against Common Sense: Insights on Peer-to-Peer Lending as a Tool to Allay Financial Exclusion", *International Journal of Bank Marking*, 2015, 33(5),pp.605-623.

附：关于襄阳市居民选择 P2P 产品影响因素分析的市场调研

尊敬的女士/先生：

您好！我们是湖北文理学院大三学生，我们正在进行一项关于襄阳市居民选择 P2P 产品影响因素的市场调研活动。此问卷信息仅用于学术研究，承诺不会泄露任何信息，请您放心填写并做出真实的选择，非常感谢您对本次调查活动的大力支持！请在合适的项目打"√"（注释：P2P 即人人贷）

1. 您的性别：

    A. 男   B. 女

2. 您的年龄：

    A.25 岁以下   B.25~35 岁   C.36~46 岁   D.46 岁以上

3. 您在城镇还是农村居住：

    A. 城镇   B. 农村

4. 您的最高学历：

    A. 高中及以下 B. 专科   C. 本科   D. 本科以上

5. 您的职业：

    A. 国家机关、党群组织、企业、事业单位负责人；

    B. 专业技术人员；

C.商业、服务业人员；

D.农、林、牧、渔、水利业生产人员；

E.生产、运输设备操作人员及有关人员；

F.军人；

G.不便分类的其他从业人员

问题	非常不重要	不重要	中立	重要	非常重要
6.民众口碑对您选择网络平台的影响	1	2	3	4	5
7.网络平台提供第三方资金担保重要吗	1	2	3	4	5
8.网络平台能及时处理客户反馈重要吗	1	2	3	4	5
9.平台实力重要吗	1	2	3	4	5
10.平台团队专业化程度重要吗	1	2	3	4	5
11.平台运作规范重要吗	1	2	3	4	5
12.平台服务质量重要吗	1	2	3	4	5
13.平台业务处理效率重要吗	1	2	3	4	5

14.您月均可支配的闲钱：

A. 500 元以下　　　　B. 501~1000 元

C. 1001~2000 元　　　D. 2000 元以上

15.您年收入大约为：

A. 0 元　　　B. 0~30000 元　　　C. 30000~50000 元

D. 50000~70000 元　　　E. 70000 元以上

问题	非常不重要	不重要	中立	重要	非常重要
16.平台年坏账率对您重要吗	1	2	3	4	5
17.平台风控措施会对您重要吗	1	2	3	4	5

18. 您是否了解 P2P 互联网金融?

    A. 不太了解   B. 比较了解

    C. 了解   D. 非常了解

19. 您通常选择什么投资理财方式?

    A. 银行存款   B. 余额宝

    C. 炒股或者买基金   D. 其他

问题	非常不重要	不重要	中立	重要	非常重要
20.融资方借款款项的用途对您重要吗	1	2	3	4	5
21.融资方的信用等级对您重要吗	1	2	3	4	5
22.融资方的还款能力对您重要吗	1	2	3	4	5
23.融资方信息描述真实对您重要吗	1	2	3	4	5

24. 年平均投资次数:

    A. 从不   B.1~3 次   C.4~6 次   D.6 次以上

25. 您是否有互联网金融理财的经验:

    A. 有经验   B. 没有经验

26. 您有多长时间的投资理财参与经验:

    A.1 年以下   B.1~3 年   C.4~6 年   D.6 年以上

27. 您对互联网金融理财这种新颖的理财方式的关注度:

    A. 不关注   B. 偶尔关注   C. 关注   D. 非常关注

问题	非常不重要	不重要	中立	重要	非常重要
28.投资收益率对您重要吗	1	2	3	4	5
29.项目投资时间对您重要吗	1	2	3	4	5
30.借款金额大小对您重要吗	1	2	3	4	5
31.债权可以转让对您重要吗	1	2	3	4	5
32.资金流动性高对您重要吗	1	2	3	4	5

33. 您从哪里了解到理财信息：

　　A. 报纸、电视等传统媒介　　　　B. 亲朋好友推荐

　　C. 金融机构专业人士推荐　　　　D. 广告宣传

34. 您是否能熟练使用网络：

　　A. 是　　　　　　　　　　　　　B. 否

附　　录

中国社会科学院博士后流动站简介

中国社会科学院博士后流动站始建于 1992 年 11 月，是中国社会科学领域最早建立的博士后流动站之一。20 多年来，在人社部、全国博管会的大力支持，以及院所各级领导的重视和关怀下，中国社会科学院博士后流动站建设取得了长足发展和进步。

20 多年来，中国社会科学院博士后流动站建设日益完善。一级学科博士后流动站由建站初期的 3 个发展到 2017 年的 16 个，分别是：应用经济学、理论经济学、工商管理、农林经济管理、中国史、世界史、考古学、法学、社会学、民族学、哲学、中国语言文学、外国语言文学、马克思主义理论、政治学和新闻传播学；实现了中国社会科学院一级学科博士点全覆盖，形成了完备的博士后学科招收体系。2015 年，在全国博士后评估工作中，中国社会科学院法学、理论经济学、应用经济学、社会学、民族学、哲学、中国语言文学、外国语言文学、中国史等九个学科博士后流动站被评为"优秀"，是全国参评学科获优率最高的单位。

目前，中国社会科学院具备博士后招收资格的单位从 1993 年的 4 个发展到 37 个，分别是①文哲学部：文学研究所、民族文学研究所、外国文学研究所、语言研究所、哲学研究所、世界宗教研究所等 6 个研究所；②历史学部：考古研究所、历史研究所、近代史研究所、世界历史研究所、中国边疆研究所等 5 个研究所；③经济学部：经济研究所、工业经济研究所、农村发展研究所、财经战略研究院、金融研究所、数量经济与技术经济研究所、人口与劳动经济研究所、城市发展与环境研究所等 8 个研究所；④社会政法学部：法学研究所、国际法研究所、政治学研究所、民族学与人类学研究所、社会学研究所、社会发展战略研究院、新闻与传播研究所等 7 个研究所；⑤国际研究学部：世界经济与政治研究所、俄罗斯东欧中亚研究所、欧洲研究所、西亚非洲研究所、拉丁美洲研究所、亚太与全球战略研究院、美国研究所、日本研究所等 8 个研究所；⑥马克思主义研究学部：马克思主义研究院、当代中国研究所；⑦研究生院。

2013 年 8 月，中国社会科学出版社、社会科学文献出版社被人社部批准设立博士后科研工作站；2015 年 10 月，方志出版社被人社部批准设立博士后科研工作站。

截至 2015 年年底，中国社会科学院共招收博士后 2996 人（其中，自主招收博士后 2632 人，工作站联合招收博士后 364 人）。招收博士后人数约占全国博士后人数的 2%；约占全国哲学社会科学博士后人数的 9%，系哲学社会科学领域招收博士后规模最大的单位。

截至 2015 年年底，中国社会科学院共出站博士后 1786 人（其中，自主招收博士后出站 1595 人，工作站联合招收博士后出站 191 人）。在站博士后共计 1210 人（其中，自主招收博士后在站 1037 人，工作站联合招收博士后在站 173 人）。在站总人数较 2014 年年底增加 8%。

中国社会科学院出站博士后有 2/3 去往高校和科研院所工作，其余 1/3 主要去往政府机关和企业等。出站后留院工作的博士后为 294 人，其中，已有 70 余人被评为研究员，12 人担任所局级领导，23 人荣获"中国社会科学院优秀科研成果奖"。这些留院博士后为中国社会科学院的科研工作注入了新鲜血液，促进了相关学科、交叉学科和前沿学科的发展，提高了科研成果产生的数量和质量。

中国社会科学院数量经济与技术经济研究所博士后流动站简介

中国社会科学院数量经济与技术经济研究所的前身，是成立于 1980 年 1 月 18 日的中国社会科学院技术经济研究所，1982 年，中国社会科学院经济研究所数量经济研究室和工业经济研究所现代化管理研究室并入后，更名为数量经济与技术经济研究所。数量经济与技术经济研究所博士后流动站于 1992 年设立，1993 年首次招收博士后。现包含两个一级学科：应用经济学和工商管理，涵盖数量经济学、技术经济学、会计学专业。数量经济与技术经济研究所博士后流动站现有博士后合作导师 20 人。

数量经济与技术经济研究所博士后流动站自建站至 2017 年，累计招收博士后研究人员 140 余人，目前在站 69 人，其中大部分来自全国各地高校、科研院所、大型企业，同时还与多家大型企业科研单位联合招收培养了 5 名企业博士后。截至 2015 年年底，已培养出站 70 余位博士后研究人员，他们在站期间均取得了可喜的研究成果，出站后多人成为国家中高级领导干部，大多数人成为所在单位的科研骨干和学术带头人，其中还有获得"政府特殊津贴"、成为"新世纪百千万人才工程国家级人选"、获"省部级人才计划和人才工程人选"等称号多人。有十余位出站后留所工作，目前已经成为活跃在数量经济与技术经济研究所科研第一线的业务骨干。

数量经济与技术经济研究所充分发挥经济学和管理学学科优势，本着有利于博士后人员实践成才、有利于促进所内科研工作的原则，充分调动博士后人员的积极性，鼓励博士后人员广泛参加科研课题研究、参加学术交流，鼓励博士后进行博士后科学基金资助的申报，在近几年中，数量经济与技术经济研究所博士后共有 40 人次获得博士后基金资助，基金资助总额达 320 余万。在 2010 年人力资源和社会保障部进行的"全国博士后工作评估"中，应用经济学博士后流动站荣获"全国优秀博士后科研流动站"称号。2015 年，在"全国博士后工作评估"中国社会科学院应用经济学博士后科研流动站被评为优秀，其中包括数量经济与技术经济研究所流动站。

十几年来的工作实践表明，数量经济与技术经济研究所博士后流动站的建设，有利于推动全所学术交流，有利于促进社会科学领域高级人才的培养和流动，使科研队伍能始终保持朝气蓬勃的活力。数量经济与技术经济研究所同企业博士后工作站联合招收的博士后，为企业提供了多项具有较高学术价值和实际应用价值的报告，完成了一些对企业长远发展具有重大意义的课题研究，为企业创造了良好的经济效益。数量经济与技术经济研究所博士后流动站将进一步加强学科建设，完善博士后工作管理制度，加强博士后科研管理，为博士后研究人员创造更多更广的科研工作机会。进一步促进高级人才流动、学术交流，促进交叉学科发展，为经济管理领域高级人才的使用和培养发挥更大的作用。

Abstract

Research on Comment of New Normal Economy based on Modern Marxist Political Economics

Cheng Enfu

Abstract: Chinese economy showed the feature of fitness and health quality and efficiency from 2015, this paper evaluated and prospected the current economy based on Modern Marxist Political Economics, and deemed that it should discuss from the point of economic growth, independent innovation, industrial structure, ecological environment, regional coordination, improve people's livelihood, the mixed ownership, the synergy of financial development, market and government, moderate expansion of demand and reform of the supply front, which would expound within the framework of the logic of economic development, combined with the situation of economic operation.

Keywords: Modern Marxist Political Economics; New Normal Economy; Macroeconomic Development; Economic Structure; Economic Reform

Research on Status and International Comparison of Human Resource in Science and Technology in China

Luo Hui   Huang Yuanxi   Zhao Linjia

Abstract: Human resource in science and technology (HRST) is an important carrier for innovating talents. The HRST's total structure and utilization efficiency would determine national scientific and technological innovation strength and development potential. This paper analysis the basic situation of HRST in China, and pointed that China had entered the golden age of the release of the bonus of HRST. At last, this paper pointed out that some suggestions for solving outstanding problems in Chinese HRST developing.

Keywords: Human Resource in Science and Technology; Total Structure; International Comparison

The Reform of the Supply Side with Multi-dimensional and Time-frequency Management and Avoiding the Reform of Trap

Li Jincheng

Abstract: In the new normal background, CCCPC put forward the reform of supply side, which is to make Chinese economic growth maintain stable and sustained, avoiding fall into the "Middle-income Trap" and supporting foundation for rise of China in the future. In 2016, CCCPC has put forward a five crucial task of top-level design, clarified the theory and path, at the same time, the central government mentioned that China supply side reforms was not copy of the Western Supply School, but a structured, strengthen comparison study of multi-dimension, combine history, seize the opportunity. China's previous economic reform is not plain sailing, if the timing and intensity of reform were not appropriate, there would be greater economic pain, the new normal would not cause the new economy, and fall into the trap of reform. This paper argues that the reform of supply side along with multi-dimensional and time frequency management can avoid the mistakes, and maximize efficiency of the reform.

Keywords: Multi-dimensional Reforms; The New Normal; The Reform of Supply Side; The Reform of Trap; Time Frequency Management

The Practice of Quantization of the Rule of Law and Its Faultiness

Hu Huixin

Abstract: With legal discourse power having been widely accepted, it became a highly valued subject to learn to judge the level of legal development by using index evaluation method and to boost the development by neutralizing technological modes. Currently, rule of law index is of unique significance in China that using practice of quantization method to promote the development of law has gradually become an important means in local legal practice throughout the country. Quantization of rule of law will be helpful for the government and court to look for gaps on account of existing standards of the rule of law and thus to find out the acting point of the construction of society rude by law. The Index of Government under the Rule of Law, as well as the Index of Judicial Fairness, is an important type of evaluating index in the Quantization of the rule of law. China's practice, based on the gime of two kinds of above-mentioned indexes, reflects the feature of isostructuralism. To set up seientific and reasonable quantitative assessment system of local rule of law, problems in the following four aspects should be solved:1.The harmonization between the theoretical research on rule of law and the establishment of assessment index; 2.The neutrality of assessment of local rule of law; 3.The reasonableness of the establishment of index contents; 4.The organic integration of quantitative methods and qualitative methods.

Keywords: Rule of Law Index; Evaluation Practice; Quantitative Assessment

International Capital Flows: Countries along "The Belt and Road" Compared with Developed Countries

Hou Zhe

Abstract: This paper studies the main factors of transnational capital flow between different economies, selects the first quarter of 2010 to the fourth quarter of 2015 as the sample. This paper finds that for countries along B&R the economic growth rate and interest are the most important pull drives of emerging economies' capital flows, the change of global risk appetite and the economic growth is the most important push drives. For developed countries, the rate of exchange rate changes is the pull factors, America's GDP growth rate and interest rate is the driving factor, Global risk index only play the role of promoting in the net capital flows. The results of panel VAR variance decomposition show that Global risk index and the rate of exchange rate movements explain ability is around 14%, and the explanatory power of economic growth is less than 2%.

Keywords: The Belt and Road; International Capital Flows; Pull Factors; Driving Factor

Research on How to Support Linking One Belt and One Road with Developing Northern Australia by Development-oriented Finance

Meng Gang

Abstract: Linking One Belt and One Road initiated by China with developing northern Australia by Australia is one of the most important economic cooperation in South Pacific area. Within the framework and perspective of development-oriented finance, this article explains the strategic targets of One Belt and One Road and the related construction fields, such as infrastructure, energy and mineral resources, agribusiness, industry park; Specifying the six main contents of developing northern Australia: simpler land arrangements to support investment, developing the north's water resources, business trade and investment gateway, infrastructure to support growth, northern workforce for growth, good governance for northern Australia; analyzing the four main cooperation fields and presenting thoughts and suggestions for development-oriented finance to deepen cooperation.

Keywords: One Belt and One Road; Australia Developing Northern Australia; Development-oriented Finance

Prediction and Analysis of the Resource Potential about Energy Agriculture Development in Our Country

Jia Fengling   Qi Jianguo   Liu Qiang

Abstract: In order to consider the potential of energy agriculture, on the basis of the analysis of the current situation of energy resources supply and demand and of energy agricultural production, resource potential of energy agriculture are predicted by the comprehensive prediction method in China. The results show that by 2020, 2025, 2030, the gap of China's energy demand will reach 889, 410 thousand tons, 1088430 thousand tons and 1287460 thousand tons of standard coal, and energy agriculture is expected to supply 757350 thousand tons, 829970 thousand tons and 903590 thousand tons of standard coal, which can meet the energy demand gap of 70%, 76% and 85%. Finally, countermeasures and suggestions are put forward from six aspects, which are vigorously developing the planting, making full use of forest biomass waste, speeding up the development and utilization of energy plants, accelerating the construction of energy agriculture industry chain and speeding up the cultivation of biomass energy industry market environment.

Keywords: Energy Agriculture; Resource Potential; Biomass Energy; Energy Plant

Industry Exchange Rate, Economies of Scale and Labor Productivity

Miao WenLong   Zhang Dejin

Abstract: Exchange rate fluctuations are bound to have an impact on the productivity of a country's industry. In the long term, according to the theory of the relationship between exchange rate and productivity, The paper calculates China's 27 manufacturing industries real exchange rate during 1998-2011, over the past ten years, the real exchange rate rises on the whole, but exists clear differentiation between industries; Exchange rate appreciation leads export share's decline of low efficiency enterprise, but expands the survival of the enterprise sales revenue and market size, the economies of scale will help enterprises to reduce production costs and improve the efficiency of capital use, and promote the enterprise productivity; In addition to the size of the sales, capital labor ratio and foreign inflows have a positive effect on labor productivity. It is urgent to further improve the RMB exchange rate formation mechanism of the market, increase the flexibility of RMB exchange rate, improve the financial market, reduce the cost of capital of enterprise financing, to provide the necessary financial support for technological progress of enterprises.

Keywords: Exchange Rate Appreciation; Economies of Scale; Labor Productivity

Exchange Rate Regime, Financial Liberalization and Enterprises' Export Persistence

Nie Jing

Abstract: Enterprises' export persistence plays an important role in the stable development of export trade. Based on the 8-digit export product data of manufacturing enterprises in China, this paper analyzes the effect of financial liberalization on Chinese enterprises' exports persistence before and after the reform of exchange rate regime in 2005. The results show that financial liberalization has positive and significant effect on enterprises' export persistence. The effect of financial liberalization on enterprises' exports persistence is positive but relatively limited before the reform of exchange rate regime, while the influence of financial liberalization on enterprises' exports persistence is improved after the reform of exchange rate regime. The empirical evidences of subsamples suggest that the impact of financial liberalization on enterprises' exports persistence is increased significantly after the reform of exchange rate regime especially in the eastern provinces and high-tech industries. The evidences provide important reference for the further development of export trade in China.

Keywords: Exchange Rate Regime; Exchange Rate Volatility; Financial Liberalization; Export Persistence

Power Structure and Firm Bargaining Wages

Gao Liyuan

Abstract: Wage, which is the labor price under Walrasian equilibrium, is the primary element in first order distribution process, and also cause the income unbalance. The bargain power is the key to the wage of workers. In this paper we set up a distribution power function of firm owner, labor union and workers to talk about the effect of private resources in wage bargain. It is remarkable that the the different institution parameter cause different distribution result among workers. By the simulation we know that the advanced economic efficiency is helpful to increase the common wages of workers.

Keywords: Power Structure; Bargaining Wage; Income Gap

Study on Population Dynamics and Health under the Background of Macroeconomics in China

Xu Jing

Abstract: To analyze the development trends of the growth of GDP, ultra-low fertility, ageing, chronic diseases morbidity, diseases death tree and structure on cause of death in China, this research will provide empirical evidences on the reformation of policy to government. Based on the time series analytical perspective, making use of historical longitudinal descriptive analysis as methodology, this research conducted the systematical analysis on the development trend of growth rate of GDP, Total Fertility Rate (TFR), proportion of 65+, morbidity, death rate of diseases, structure on cause of death in China. Results revealed that since 2010, China's economy development went downstairs in the track, whereas, GDP kept the sustainable increase by a medium-to-high speed of 7%. Since 2000, China came to ultra-low fertility country rank around the world, meanwhile, which also stepped into ageing development country rank with rapidest speed around the world. In China, residents in urban were the major population who suffered from chronic diseases. Breathe system disease, brain vessel disease and coronary heart disease became to exposed type with the higher frequency occurrence in chronic diseases. Whereas, malignant tumor, brain vessel disease and coronary heart disease were composed of 65% cause of death in chronic diseases above, which jeopardized on the health and longevity of residents in city and rural of China severely. Moreover, five critical chronic diseases were composed of 85% cause of death in chronic diseases, so the key point of significant transition in death tree of residents who suffered from chronic diseases in China was 2010. Therefore, China's economy began to enter the "New Normal State", meanwhile, China's society has to face the huge challenges which are aging of population age structure, higher frequency occurrence of morbidity and higher risk of lethality in chronic diseases. Therefore, it is urgent to implement the comprehensive control on chronic diseases in China.

Keywords: Growth Rate of GDP; Ultra-low Fertility; Ageing; Chronic Diseases Morbidity; Disease Death Tree

Internet Finance Driving Reform of the Supply-side Structure under Five Development Principles

Li Tongying   Zhu Hongbo

Abstract: 2016 is the first year of the 13th Five-Year Plan period, the decisive year for building a well-off society in an all-round way, and the critical year for China's economic transformation and upgrading. The new development track leading China financial industry is to locate the goals and direction of China financial reform from the height of financial service real economy development and economic structure upgrade and to adhere to the development concept of "innovation, coordination, green, open and sharing". The core of the supply-side structure reform is to improve efficiency, reduce costs and production capacity, which is consistent with Internet attributes, such as disintermediation, accurate match, etc. Internet finance can awaken "sleeping funds" in economic system from the assets to liabilities ends, to solve the imbalance of supply-side during economic transformation. Furthermore, it can also make funds flow into the entity economy, revitalize the stock, and stimulate the incremental, to help the supply-side structure reform achieve new breakthroughs and inject new vitality and impetus for the Chinese economy.

Keywords: Five Development Principles; Supply-side Structural Reforms; Internet Finance

Research on Laffer Curve in China based on Labor, Capital and Consumption Tax Rate

Du Yonghong

Abstract: Laffer Curve mainly used in research the relationship between tax rates and taxes. Labor, capital and consumption are tree key elements, which respectively studied Laffer optimal tax rate. This paper mainly calculated the average rate tax of labor, capital and consumption, the result revealed that the average showed an upward trend. And then discussed the Laffer Curve of labor income tax and capital income tax in China by general equilibrium model based on the balanced growth path of Neoclassical growth model. The results showed that it would promote 40% of the total tax by improving earned income tax and reducing capital income tax simultaneously.

Keywords: Laffer Curve; General Equilibrium Model; Tax Rates

Personal Credit Scoring Optimization Effect for Credit Rationing

Chen Haojie   Xu Pei

Abstract: Credit rationing issues exist in the credit process. Exploration of personal credit scoring has solved and optimized the credit rationing biases through mathematical induction.Micro-structural analysis is presented for personal credit scoring. Utility analysis of it is proposed in dimensions of information asymmetry, adverse selection and ethical risk. The study offers important insight toward the integral mechanisms of credit scoring optimization for credit rationing. In addition, to solve the problems of credit rationing in micro aspects, optimizations of index system and sample structure are analyzed.

Keywords: Credit Scoring; Credit Rationing; Information Asymmetry; Credit Scoring Optimization

Evaluation on Coordination between Technology and Society

Jia Pinrong

Abstract: This paper discussed the synergy mechanism between technology and society, built the regional science and technology development index, regional social development index, and then built the coordinated development index, analyzed the coordination degree between regional science and society in Pearl River Delta. The result showed that there would be divided into three parts, the first was altitude coordination group like Shenzhen, and the second was moderate coordination group like Guangzhou, Foshan and Dongguan, and the last was dysfunctional group like Zhongshan, Huizhou, Zhuhai, Jiangmen and Zhaoqing. This paper also showed that the altitude group had the characteristics of higher level of scientific and technological development; the lower coordination group had the characteristics of lack of scientific and technological support for social development. At last, this paper put forward some suggestions for promoting social and economic development.

Keywords: Regional Science and Technology; Region Society; Pearl River Delta; Coordination Evaluation

Comparative Research on Influencing Factors of Stock Return by Partial Least Squares and Structural Equations Model

Li Hua Dou Shiting Wang Bin

Abstract: This paper builds a model of the influencing factors of stock investment returns based on the enterprise's financial indicators by the partial least squares method, then it uses structural equation model to study the influences of the corporate finance and investor sentiment on stock returns, then it makes a comparative analysis. The results show that the financial indicators have a influence on the stock investment returns, and after the adding of investor sentiment, the influencing financial indicators and its coefficient have changed, and then it puts some Suggestions according to the results. It provides a certain reference for the investors to make rational investment decisions, and it has a far-reaching significance for enterprises' development and the healthy and stable development of the securities market.

Keywords: Stock Yield; Financial Index; Investor Sentiment; Partial Least Squares Model; Structural Equations Model

Research on Social Influence and Countermeasures of Big Data on China's Economy

Li Jingwen

Abstract: Big Data is an important strategic asset in current society, and it has spilled over into every sector of the national economy, and played an important role in promoting social and economic development. This paper pointed that the technical composition and nature of Big Data based on the significance of Big Data, and explored the impact on information industry, economic development and social development by Big Data. At last, this paper put forward some suggestions for improving the value of Big Data applications.

Keywords: Big Data; Information Industry; Suggestions

Empirical Analysis on Influencing Factors of Residents Choosing P2P Net Loan Products

—Case of Xiangyang

Zhang Cheng   Qiao Hong   Li Jiao

Abstract: This paper explored the influencing factors of residents choosing P2P net loan products from the perspective of investor in Xiangyang by exploratory factor analysis, double hidden layer neural network model, stepwise regression model. The result showed that investment reliability factor, factor of investment convenience and investment risk were three factors in choosing P2P net loan products. The P2P net loan penetration was low; residents were not familiar with P2P net loan products. The residents attached great importance to net loan platform business processing efficiency, service quality, operation standard, bad debt rate and risk control measures.

Keywords: P2P Net Loan; Exploratory Factor Analysis; Neural Network; Regression Analysis

后　记

由中国社会科学院、全国博士后管理委员会和中国博士后科学基金会主办，中国社会科学院博士后管理委员会和数量经济与技术经济研究所承办，中国数量经济学会、中国技术经济学会、《数量经济技术经济研究》编辑部协办的首届全国数量经济技术经济研究博士后论坛于 2016 年 10 月 26 日在北京召开。

论坛紧紧围绕"马克思主义政治经济学指导下的经济发展'新常态'理论与实践创新"主题，努力加强全国数量经济技术经济博士后之间的学术交流，培养具有创新精神的高层次人才，推动中国数量经济技术经济研究，为中国改革开放和经济发展贡献高水平智力成果。为了高质量地办好首届全国数量经济技术经济研究博士后论坛，数量经济与技术经济研究所聘请了中国工程院李京文院士、中国社会科学院学部委员汪同三为顾问专家，成立了以李平所长为主任的学术委员会，以及人事教育局局长张冠梓、数量经济与技术经济研究所党委书记李富强为主任的组织委员会，全力保障论坛顺利开展。

论坛组委会面向全国从事数量经济技术经济研究的博士后发出征文启事，国内著名高校和科研机构的博士后研究人员踊跃参加。本着质量优先、兼顾本届论坛主题的评选原则，从投稿论文中选择部分优秀论文收入本文集。

首届全国数量经济技术经济研究博士后论坛由中国社会科学院数量经济与技术经济研究所党委书记、论坛组织委员会主任李富强主持。中国工程院院士李京文，中国社会科学院学部委员汪同三、程恩富，数量经济与技术经济研究所所长李平以及来自社会科学领域的专家学者、博士后等近百人出席。

论坛邀请了中国工程院院士、中国社会科学院学部委员李京文，中国社会科学院学部委员、马克思主义研究学部主任、世界政治经济学学会会长程恩富，中国科协创新战略研究院院长罗晖，分别就生态文明建设、经济"新常态"下的热点难点问题、加强科技创新等主题作大会报告。

论坛专题交流环节博士后们围绕自己的近期研究成果展开阐述，点评嘉宾一一做出评价。整个研讨会气氛热烈，互动频繁，与会博士后及嘉宾就研究思路、模型应用等问题逐一交流。

论坛组委会表示数量经济与技术经济研究所将在总结好本届论坛的基础上，拓宽思路，为继续举办好下一届博士后论坛做充足准备，为全国相关学科博士后及青年学者提供更加广泛的学术交流平台。

图书在版编目（CIP）数据

经济发展"新常态"理论与创新：首届全国数量经
济技术经济研究博士后论坛文集 / 张冠梓, 李富强, 李
平主编. -- 北京：社会科学文献出版社, 2017.9
　　ISBN 978-7-5201-1437-0

　　Ⅰ.①经…　Ⅱ.①张… ②李… ③李… 　Ⅲ.①数量经
济学－文集　Ⅳ.①F224.0-53

中国版本图书馆CIP数据核字（2017）第233116号

经济发展"新常态"理论与创新
——首届全国数量经济技术经济研究博士后论坛文集

主　　编 / 张冠梓　李富强　李　平
副 主 编 / 张京利

出 版 人 / 谢寿光
项目统筹 / 邓泳红　吴　敏
责任编辑 / 陈　雪　吴云苓　毕春梅　安　蕾

出　　版 / 社会科学文献出版社·皮书出版分社（010）59367127
　　　　　　地址：北京市北三环中路甲29号院华龙大厦　邮编：100029
　　　　　　网址：www.ssap.com.cn
发　　行 / 市场营销中心（010）59367081　59367018
印　　装 / 三河市东方印刷有限公司

规　　格 / 开　本：787mm×1092mm 1/16
　　　　　　印　张：22.5　字　数：335千字
版　　次 / 2017年9月第1版　2017年9月第1次印刷
书　　号 / ISBN 978-7-5201-1437-0
定　　价 / 89.00元

本书如有印装质量问题，请与读者服务中心（010-59367028）联系